教育部2019年度高校示范马克思主义学院和优秀教学科研团队建设（重点选题）项目“‘形势与政策’课教学管理机制创新实践研究”（项目批准号：19JDSZK003）成果

2019年安徽省高校思想政治能力提升项目（弘扬社会主义核心价值观名师工作室）“新时代‘形势与政策’课教育教学创新名师工作室”（项目批准号：sztsjh2019-2-16）成果

2019年安徽省高校思想政治能力提升项目（高校思想政治工作领军人才）（项目编号：sztsjh2019-8-5）成果

安徽省重点马克思主义学院（安徽农业大学马克思主义学院）建设成果

地方高校形势与政策课教学新探

黄洪雷　龚小平　张　栋　徐玉祺◎著

安徽师范大学出版社
ANHUI NORMAL UNIVERSITY PRESS
· 芜湖 ·

图书在版编目(CIP)数据

地方高校形势与政策课教学新探 / 黄洪雷，龚小平，张栋等著. — 芜湖：安徽师范大学出版社，2022.7

ISBN 978-7-5676-4746-6

Ⅰ. ①地… Ⅱ. ①黄… ②龚… ③张… Ⅲ. ①地方高校—时事政策教育—教学研究—中国 Ⅳ. ①G641

中国版本图书馆CIP数据核字(2022)第046925号

地方高校形势与政策课教学新探　　黄洪雷　龚小平　张　栋　徐玉祺◎著

DIFANG GAOXIAO XINGSHI YU ZHENGCE KE JIAOXUE XINTAN

责任编辑：刘　翠　陈　艳
责任校对：阎　娟
装帧设计：张　玲
责任印制：桑国磊
出版发行：安徽师范大学出版社
　　　　　安徽省芜湖市北京东路1号安徽师范大学赭山校区
网　　址：http://www.ahnupress.com/
发 行 部：0553-3883578　5910327　5910310(传真)
印　　刷：江苏凤凰数码印务有限公司
版　　次：2022年7月第1版
印　　次：2022年7月第1次印刷
规　　格：700 mm×1000 mm　1/16
印　　张：18.5
字　　数：287千字
书　　号：ISBN 978-7-5676-4746-6
定　　价：66.00元

序　言

地方高校是指主要依托地方经济社会发展特点进行设置，其学科发展、专业设置和人才培养主要为地方经济社会发展服务，着力为地方培养高素质人才的地方所属高等院校。依据教育部数据，截至2020年6月30日，全国高等学校共计3005所（不包含港澳台地区高等学校），其中：普通高等学校2740所，含本科院校1272所、高职（专科）院校1468所；成人高等学校265所①。其中，绝大部分为地方高校。安徽省共有120所高校，除了中国科学技术大学和合肥工业大学外，其他118所均为地方高校（其中省属公办本科高校32所）。

安徽农业大学作为安徽省地方高校，是以农林生命学科为优势和特色的省政府与农业农村部、国家林业和草原局合作共建高校，是全国首批建设“新农村发展研究院”的十所高校之一，是“中西部高校基础能力建设工程”项目高校，是安徽省“特色高水平”大学重点建设高校。

“形势与政策”课是理论武装时效性、释疑解惑针对性、教育引导综合性都很强的一门高校思想政治理论课，是帮助大学生正确认识新时代国内外形势，深刻领会党的十八大以来党和国家事业取得的历史性成就、发生的历史性变革、面临的历史性机遇和挑战的核心课程，是第一时间推动党的理论创新成果进教材进课堂进学生头脑，引导大学生准确理解党的基本理论、基本

① 教育部.全国高等学校名单[EB/OL].(2020-07-09)[2021-03-30].http://www.moe.gov.cn/jyb_xxgk/s5743/s5744/202007/t20200709_470937.html.

路线、基本方略的重要渠道[①]。“形势与政策”课属于思政课，但它与其他四门思政课在内容形式、时间安排、教材使用、考核方法等方面都有较大的不同。特别是对于地方高校来说，“形势与政策”课必须结合学校特色、地方特点等进行特色化教学，挖掘教育资源，只有这样才能达到让大学生了解党和国家政策形势特别是地方经济社会发展形势的目的。

一、“形势与政策”课教育教学的独特性

“形势与政策”课既具有理论性，更带有很强的政治性、政策性、时效性、针对性。因此，它具有“常讲常新、常新常讲”以及本、专科阶段“全程不断线”的独特性。

第一，“形势与政策”课在内容形式上具有独特性。教育部社科司每学期开学前会下发《高校“形势与政策”课教学要点》（以下简称《要点》），这是根据近期党和国家重大方针政策和国内国际重要时事制定的教学要点，每学期都不一样，具有很强的时效性，也就是所谓的“常讲常新、常新常讲”。同时，“形势与政策”课教学形式也是灵活多样的，有官方的形势报告，有专家学者的政策解读，也有思政课教师的理论宣讲；有系统性的课堂教学，有专题性的实践教学，也有针对性的网络教学。

第二，“形势与政策”课在时间安排上具有独特性。按照教育部要求，“形势与政策课按平均每学期16周，每周1学时计算。本科四年期间的学习，计2个学分；专科期间的学习，计1个学分”[②]。也就是说，“形势与政策”课每学期都要开课，本科四年（专科三年）不断线，这是其他四门思政课所不

① 教育部.关于加强新时代高校“形势与政策”课建设的若干意见：教社科〔2018〕1号[EB/OL].(2018-04-27)[2021-03-30].http://www.moe.gov.cn/srcsite/A13/moe_772/201804/t20180424_334097.html.

② 中共中央宣传部，教育部.关于进一步加强高等学校学生形势与政策教育的通知：教社政〔2004〕13号[EB/OL].(2004-11-17)[2021-03-30].http://www.moe.gov.cn/srcsite/A13/moe_772/200411/t2004117_80567.html.

具有的。同时，“形势与政策”课一般是由学校党委宣传部主管，马克思主义学院（思政部）具体实施，教务处、学生处等多部门分工协作进行，教育教学贯穿于大学学习全过程。

第三，“形势与政策”课在教材使用上具有独特性。“形势与政策”课是思政课中国家没有具体要求使用统编教材的课程，与其他四门思政课必须统一使用国家统编的马克思主义理论研究和建设工程重点教材不同。这不仅是由于“形势与政策”教材具有“常编常新”的特点，更在于“形势与政策”课强烈的政策性，也就是要针对不同的地方、不同的高校、不同的专业进行有目的的针对性教学。因此，各高校一般都将反映国内外形势最新动态的《时事报告（大学生版）》和《时事》DVD作为学生学习辅导资料，同时按照《要点》自行组织编写“形势与政策”教材。可以说，各种“形势与政策”教材种类繁多。

第四，“形势与政策”课在考核方法上具有独特性。按照教育部要求，“考虑本课特点，主要考核学生对国内外形势的认识和对党的路线、方针、政策的理解。考核方法要灵活，可采用开卷考试、写论文等形式”[①]。因此，相对于四门思政课较为明确的严格考核方法，“形势与政策”课主要考核学生对课程内容的理解，目的是解决“知不知”的问题，在“懂不懂”的问题上要求并不严格，学生了解了也就达到了目的。因此，各校在“形势与政策”课考核上基本针对学生是否了解对学生进行考核，一般都是采用开卷考或写论文的形式。

二、地方高校“形势与政策”课教学必须体现地方特点、学校特色

地方高校最显著的特点就是地方性。它的生源主要来自本省，毕业生也

① 中共中央宣传部，教育部．关于进一步加强高等学校学生形势与政策教育的通知：教社政〔2004〕13号［EB/OL］．（2004-11-17）［2021-03-30］．http://www.moe.gov.cn/srcsite/A13/moe_772/200411/t2004117_80567.html.

主要是在本省就业、创业，学校的人才培养、科技创新、社会服务、合作交流等方面也都主要为地方经济社会发展服务。地方高校“形势与政策”课教学中不仅要宣传党和国家的大形势、大政策，还要有效宣传本省形势、地方政策，同时还要让学生知道自己学校的办学情况，了解自己学校的校本特色。

第一，地方高校都有自己的学科特色、办学定位和属地特征。地方高校或为综合类高校，或为农林类高校，或为理工类高校，或为师范类高校；或是研究教学型高校，或是教学研究型高校，或是教学型高校；或在沿海发达省份，或在内地较发达省份，或在中西部欠发达省份；或坐落在现代化城市感受时尚文明，或坐落在历史古城体验传统风貌，或坐落在革命圣地毗邻红色基因。如，安徽农业大学以农林学科为特色，长期以来形成了以“大别山道路精神”为标志的安农精神，致力于培养高素质的农业科技创新人才，为安徽地方经济社会发展做出了重要贡献；又如，安徽职业技术学院坚持“课堂小企业，理实交融；企业大课堂，德技兼修”的教育理念，创新“校企融合、项目带动、双轮职训”的高职人才培养模式，满足社会在产业结构调整和产业转型升级过程中对技术技能人才的需求；再如，皖西学院毗邻革命老区金寨，以本地区红色文化资源优势加强对学生的革命传统教育，培养高质量应用型人才，服务地方经济社会发展。可见，地方高校在办学定位、学科建设和学生成长成才方面的不尽相同，促使“形势与政策”课恰好能发挥其理论性、政策性、针对性的优势，有的放矢、因材施教，起到“润物细无声”的作用。

第二，地方高校“形势与政策”课教学必须紧密结合学校实际和属地特征。“形势与政策”课最主要的目的是教育学生准确把握国内国际大事、要事，全面了解党和国家大政方针，正确认识国内国际局势。但“形势与政策”课同样有与学校发展和地方发展密切联系的内容，而这些内容也需要学生认真去把握，为其成为“双创型”人才，服务地方经济社会奠定基础。以2017年下半年《要点》为例，针对“准确把握推进农业供给侧结构性改革的思路和任务”这个专题，地方农林高校的教师，就应该着重去讲，并结合学校实际和本省情况讲深、讲精、讲透；针对“准确阐释当前我国经济形势和下半年经济工作主要任务”这个专题中的“区域协同联动效应初步显现，‘一带一路’建设、京津冀协同发展、长江经济带发展三大战略深入实施，脱贫攻坚战成效明显，生态保护、环境治理取得新进展”[①]，京津冀、长江经济带等相关地区高校则应该将其与学校实际紧密结合起来。

第三，地方高校“形势与政策”课要积极组织编写切合学校实际的校本教材。《要点》实际上是教育部高等学校思想政治理论课教学指导委员会在教育部社科司指导下就每半年的“形势与政策”教学提供的一个基本提纲，《时事报告（大学生版）》实际上也是一个比《要点》再具体一些的专题性教学辅助材料。为了针对不同学校学生上好“形势与政策”课，就必须结合学校实际组织编写符合学校特点和学生需求的校本教材。其实教育部只给《要点》，没有统一组织编写教材，正是希望各地、各高校能够结合自身情况编写符合本地实际或本校特点的教材。

三、地方高校“形势与政策”课的校本教学、教材和教师

安徽农业大学是安徽省唯一一所省属重点农业大学，也是安徽省首批高水平建设大学。改革开放以来，学校从最初单纯帮助大别山区科技扶贫逐渐走出一条面向“三农”、面向安徽的科教兴农、科教兴皖、服务安徽地方经济社会发展的“大别山道路”。学校在“形势与政策”课教学中加强专题教学，特别是在农科专业学生中加强“三农”问题的形势分析和政策引导，形成了符合学校实际的校本教学、教材，打造了一支独特的校本教师队伍。

第一，凝练教学内容，开展专题教学，形成特色校本教学内容。安徽农

① 教育部高等学校思想政治理论课教学指导委员会.关于印发《2017年下半年高校“形势与政策”教育教学要点》的通知[EB/OL].(2017-09-24)[2021-03-30].http://www.moe.gov.cn/s78/A13/tongzhi/201709/t20170904_313110.html.

业大学每学期开学前，由党委宣传部、马克思主义学院按照教育部社科司《要点》，确定若干“形势与政策”教学专题，既包括党和国家重大政策、形势专题，也包括与地方和学校联系密切的形势、政策，主要包括地方经济形势以及“三农”问题。如2017年下半年，学校就确定了“学习贯彻习近平总书记‘7·26’重要讲话精神”“强军之路——纪念中国人民解放军建军90周年”“精准扶贫，打赢脱贫攻坚战——全面建成小康社会的重要方略”“同心创前路，掌握新机遇——纪念香港回归祖国20周年”等专题，其中“精准扶贫”专题与学校农科专业紧密结合，不仅要求学生学，还要求学生将安徽省扶贫攻坚学校承担的任务紧密联系起来。

第二，紧扣教学《要点》，组织编写人员，编写出版特色校本教材。安徽农业大学每学期开学前，按照教育部社科司《要点》，确定六个专题，邀请国内、省内、校内从事“形势与政策”课教学一线教师，编写专题内容（涉及安徽地方形势、政策或“三农”问题的内容邀请省内专家或校内专家撰写）。学校从2014年起，和安徽师范大学出版社合作，每学期编写出版一本校本“形势与政策”教材，教材体现校本内容、透着地方气息、展现学校特色，深受学生欢迎。

第三，强化教师队伍，形成教学合力，打造“五合一”校本教师队伍。“形势与政策”课教师队伍与其他四门思政课教师队伍既具有一致性，又具有特殊性。思政课教师以专任教师为主，而“形势与政策”课教学不仅要求教师具有较强的理论功底，还需要教师具备把握形势发展和政策变化的敏锐性和对学生学习、生活实际的深入了解。近年来安徽农业大学不断加强“形势与政策”课教师队伍建设，形成了以党委书记、校长、分管校领导、党委机关、学院党委负责人、思政课教师、思政学科背景辅导员为主体，不定期聘请地方党政领导、社会知名人士、知名校友等担任特约报告员的专兼结合、政治坚定、师德高尚、功底扎实的“形势与政策”课校本教师队伍。

总之，针对地方高校人才培养的实际特点，地方高校必须着力加强“形势与政策”课特色化教学改革研究。将“形势与政策”课教学与地方高校学科特色、办学定位、属地特征紧密结合起来，将《要点》基本要求与“形势与政策”课校本内容紧密结合起来，将丰富的教学内容与多样的教学形式紧密结合起来，充分发挥好课堂教学主渠道作用、实践教学第二课堂作用以及网络教学重要辅助作用，才能真正落实好形势与政策教育教学的“三进”工作。

（本文原载于《思想理论教育导刊》2018年第1期，此处作者对高校数据及相关注释进行了更新）

目 录

第一章　导　论

形势与政策教育是高校思想政治教育的重要内容，“形势与政策”课[1]是高校思想政治理论课的重要组成部分，是对大学生进行形势与政策教育的主渠道、主阵地，担负着培养担当民族复兴大任的时代新人的重要使命，是大学生的必修课。对广大人民群众特别是青年大学生进行形势与政策教育是我们党的优良传统。从新中国成立起，党和国家就始终高度重视高校学生的形势与政策教育，持续推动形势与政策课的内涵式发展，高校学生形势与政策教育经历了一个逐步正常化、制度化和规范化的过程。1951年，在中国共产党第一次全国宣传工作会议上，刘少奇就强调，党的宣传工作可以分作两项，一项是当前中心工作、时事政策的宣传，一项是马克思列宁主义基本理论的宣传[2]。新中国成立以来高校学生的思想政治教育也包含着这两方面的内容。其中，形势与政策教育在推进高校学生思想政治教育、深化马克思主义理论教育等方面发挥了特殊的作用。

---

① 作为课程名称，“形势与政策”课应加双引号，以下为行文连贯，将双引号省去，特此说明。

② 中央宣传部办公厅.党的宣传工作会议概况和文献：1951—1992年[M].北京：中共中央党校出版社，1994：12.

第一节　新中国成立以来形势与政策课的历史沿革

形势与政策课一直深受党中央、国务院的高度重视。新中国成立以来高校学生形势与政策教育的实践为形势与政策课的建设和发展积累了丰富的经验，对进一步认识高校学生形势与政策教育的特点和规律、加强和改进当前高校学生的形势与政策教育、增强教育效果，具有重要的理论意义和实践意义。根据新中国成立以来形势与政策课的历史背景、目标要求、重点内容和规范化程度，从课程建设角度，可将形势与政策课归结为制度化、课程化、规范化三个阶段。

一、制度化（1949—1977年）：从组织时事学习到开设“形势和任务”课

1949年9月召开的第一届全国政协会议通过了《中国人民政治协商会议共同纲领》，第四十一条规定：“中华人民共和国的文化教育为新民主主义的，即民族的、科学的、大众的文化教育。人民政府的文化教育工作，应以提高人民文化水平，培养国家建设人才，肃清封建的、买办的、法西斯主义的思想，发展为人民服务的思想为主要任务。”并在第四十七条提出，要“给青年知识分子和旧知识分子以革命的政治教育，以适应革命工作和国家建设工作的广泛需要”[①]。这成为新中国成立后过渡时期高校开展形势与政策教育的重要依据和基本指针。形势与政策教育围绕新民主主义教育等时事学习而展开，后随着国内外形势和党的方针政策的变化，逐渐正常化、制度化、课程化。

从新中国成立初组织时事学习教育到开设“形势与任务”课，形势与政策教育在高校开始正常开展，相关政策及制度陆续出台。形势与政策教育的

① 教育部社会科学司.普通高校思想政治理论课文献选编：1949—2008[M].北京：中国人民大学出版社，2008：1.

重点内容随国内外形势发展而不断变化，教学方式逐步由课外转向课内，这是形势与政策课课程化的萌芽。

（一）过渡时期：形势与政策教育主要形式为时事学习，基本内容围绕新民主主义教育和过渡时期总路线而展开

新中国成立后，新设置的教育部明确规定："新区学校安顿后的主要工作，是进行政治和思想教育。""……这种教育首先要反对买办的、封建的、法西斯主义思想，建立为人民服务的思想。"[①]因此，高校从新民主主义教育方针出发，设置的政治理论课主要为"新民主主义论（包括近代中国革命运动史）""政治经济学""社会发展史"。1951年调整为"辩证唯物论与历史唯物论""新民主主义论""政治经济学"，其中核心课程是"新民主主义论"。

1951年4月18日，教育部通令华北地区各高等学校普遍设立时事学习讲座，并成立在教务长领导下的，由学生、政治课教师、教职员工代表组成的时事学习委员会，其主要任务是推动时事学习。教育部还决定每月举办一次时事专题报告，各院校根据具体情况组织学生传达一次，并组织讨论一次，以提高学习效果。7月，教育部在《对各大行政区分别召开暑期高等学校政治课讨论会的指示》中特别指出，时事学习应着重于时事政策的教育，配合社会政治活动，解决学生现存的一般思想问题。9月，教育部在《关于华北区各高等学校1951年度上学期进行"辩证唯物论与历史唯物论"等课教学工作的指示》中指出，保持并加强"时事学习委员会"的组织，"在教务长领导下，负责计划、组织时事政策学习，结合社会政治运动，解决学生对时事政策方面的一般思想问题"[②]。这一时期，形势与政策教育还没有纳入课程体系，却密切结合当时的各种政治运动而实际存在。

1952年前后，根据中央统一布置，全国各高校结合土地改革、镇压反革命、抗美援朝、"三反""五反"运动，对高校师生普遍进行了形势和任务教

① 教育部社会科学司.普通高校思想政治理论课文献选编：1949—2008[M].北京：中国人民大学出版社，2008：4.

② 教育部社会科学司.普通高校思想政治理论课文献选编：1949—2008[M].北京：中国人民大学出版社，2008：10.

育。具体内容包括：土地改革的方针政策教育、划清敌我界限的阶级观点教育、爱国主义与国际主义教育、抵制资产阶级思想腐蚀的教育等。基本做法是：听报告、读文件，以自我批评为主，辅以师生间相互帮助。不管是学习的内容，还是学习的方式，这一时期的形势与政策教育都是结合政治运动而开展的课外教育活动。它既顺应了当时高校学生高涨的政治热情，也对促进高校学生转变政治立场，认同新生的人民政权产生了积极的成效。

1953年6月，在中国新民主主义青年团第二次全国代表大会上，刘少奇代表中共中央号召，包括高校学生在内的全体团员学习四方面的内容，即：学习马克思列宁主义的伟大学说和毛泽东著作；学习各种科学知识，特别是苏联的先进科学和技术知识；学习党和国家的各种政策；学习各种生产业务和各种工作业务知识。在这段时间里，中央文化教育委员会和教育部指示各地“特别是要加强高等学校中思想政治教育，向学生进行国家过渡时期总路线的教育和马克思列宁主义基础知识的教育，以便为国家培养大批的忠于社会主义事业而又有一定科学技术知识的专门人才”①。

从1953年秋季开始，为适应过渡时期总路线的要求，高校思想政治理论课调整为四门：“马列主义基础”“中国革命史”“政治经济学”“辩证唯物论与历史唯物论”。与此相适应，这一时期高校的形势与政策教育具有从新民主主义向社会主义转变的明显特点，其内容和要求主要在于：学习和宣传过渡时期总路线，开展共产主义道德品质教育等。

1955年4月25日，时任教育部副部长刘子载在高等工业学校、综合大学校（院）长座谈会上这样总结：“各校一般都注意了时事教育，组织了党和国家重要政策的学习，特别是深入地宣传了党在过渡时期的总路线。”②他认为，政治理论课要与时事政策教育相互密切地配合起来，引导和帮助学生理论联系实际，特别是联系社会主义建设和社会主义改造的重大实际问题，以及党

① 龚海泉，张晋峰，张耀灿.20世纪的中国高等教育：德育卷[M].北京：高等教育出版社，2003：103.

② 教育部社会科学司.普通高校思想政治理论课文献选编：1949—2008[M].北京：中国人民大学出版社，2008：19.

和国家的总路线和重要政策。他还提出，要建立经常性的时事教育制度。要结合当前国际国内的重大事件、党和国家重大方针政策以及重要纪念日和节日，定期举行各种专题讲演和报告。每个班可组织时事学习小组，定期举行时事座谈和漫谈①。

1956年12月11日，共青团中央第一书记胡耀邦在各省市团委和学校工作干部会议上指出：学校的时事和政策教育是学校思想政治教育的重要组成部分，应当作为对学生进行思想政治教育的一门课程。他指出，形势与政策的教育，可以开阔学生眼界，培养对事物的分析能力，坚定自己的人生观，这样，懂得世界大事就不会上当，同时，也密切了广大知识青年和党在思想上的联系。他还提出，学校里进行时事政策教育的时间，每两周一次，每次2小时②。

应该指出，过渡时期的形势与政策教育是和类似今天所进行的思想品德课的内容混合在一起的，同时，它与纳入课程体系的政治理论课的互补性突出，这与这一时期社会发展的政治特点是相适应的。这表明，“时事学习”已成为高等院校政治理论课程教学中的一个重要的补充内容。这是形势与政策课的萌芽和前身。

（二）全面建设社会主义时期：时事学习仍被特别强调，形势与政策教育开始进入课堂，主要内容是进行社会主义教育和“反修防修”

针对当时复杂的国际国内形势，中共中央高度重视思想政治工作。1957年2月27日，毛泽东在扩大的最高国务会议上作《关于正确处理人民内部矛盾的问题》的讲话，对各个部门放松思想政治工作的现象进行了严肃的批评。他说：“思想政治工作，各个部门都要负责任。共产党应该管，青年团应该管，政府主管部门应该管，学校的校长教师更应该管。”并强调指出：“不论是知识分子，还是青年学生，都应该努力学习。除了学习专业之外，在思想

① 教育部社会科学司.普通高校思想政治理论课文献选编：1949—2008[M].北京：中国人民大学出版社，2008：21-23.

② 李斌雄，王祝福，赵甲明.新中国成立以来高校学生形势与政策教育述评[J].马克思主义研究，2009(2)：103.

上要有所进步，政治上也要有所进步，这就需要学习马克思主义，学习时事政治。没有正确的政治观点，就等于没有灵魂。”他在这个讲话中还明确提出：“我们的教育方针，应该使受教育者在德育、智育、体育几方面都得到发展，成为有社会主义觉悟的有文化的劳动者。”[①]同年3月，在中国共产党全国宣传工作会议上，毛泽东指出，要使社会主义制度巩固起来，除了实现国家的社会主义工业化、坚持经济战线上的社会主义革命，“还必须在政治战线和思想战线上，进行经常的、艰苦的社会主义革命斗争和社会主义教育”[②]。

根据这些指示精神，高校马克思主义理论课的设置发生了相应的变化，停开了原来的四门课程，新开设了“社会主义教育”课程。就内容和组织形式而言，“社会主义教育”课程不只是单纯的政治理论教育，在一定意义上它还是形势与政策教育的一种替代。教育部政治教育司下发的《对高等学校政治教育工作的几点意见（草稿）》中明确提出：“对党的重要方针、政策、任务，毛主席的著作和国内外重大时事，应当占用政治课的正课时间及时进行教学”，以改变这之前“一般从未列入课堂内学习，甚至课外也几乎没有学习”[③]的状况。可见，即使在政治课的课程设置和教学内容发生了重大变动的情况下，“时事学习”仍然保持不变并被特别强调。从教学规律来讲，形势与政策教育开始被纳入课堂体系，尽管只是作为教学内容之一，却是形势与政策教育课程化的准备。只有通过针对性强的课堂教学并辅之以必要的社会实践才能提高形势与政策教育的效率和效果，其中，进课堂是形势与政策教育正规化的必然要求。

1961年4月，中宣部和教育部在北京召开高等学校文科教材编选计划会议，会议制定了《改进高等学校共同政治理论课程教学的意见》（1961年7月由教育部印发）。该意见提出高等学校共同政治理论课程包括两类：一是马克

① 毛泽东．毛泽东文集：第七卷[M]．北京：人民出版社，1999：226.

② 中央宣传部办公厅．党的宣传工作会议概况和文献：1951—1992年[M]．北京：中共中央党校出版社，1994：167.

③ 教育部社会科学司．普通高校思想政治理论课文献选编：1949—2008[M]．北京：中国人民大学出版社，2008：33-34.

思列宁主义基础理论，二是形势和任务。“形势和任务课为各专业、各年级的必修课程（主要内容是讲解国内外形势，党和国家的任务、方针、政策）”，课堂教学时间“一般平均每周为一至二学时”，教学方法“主要是向学生作报告和组织学生阅读文件，并辅之以座谈和讨论”①。至此，高等学校政治理论课的设置结束了只开一门“社会主义教育”课程的局面。形势与政策教育（当时称“时事政策报告和讨论”或“思想政治教育报告”）与“中共党史”“马克思列宁主义概论”并列为共同政治理论课程。这是新中国高等教育历史上第一次明确提出开设“形势和任务”课的要求并作出具体部署。1961年9月，“高教六十条”（即《中华人民共和国教育部直属高等学校暂行工作条例（草案）》）公布，第十条规定：“高等学校各专业都必须加强政治理论课程的教学，指导学生认真学习马克思列宁主义、毛泽东著作，学习国内外形势和党的方针政策，进行共产主义道德品质的教育。”条例还规定了政治理论课程的教学时间。1962年《中华人民共和国教育部关于高等学校共同政治理论课教学安排的几点意见》规定：“思想政治教育报告，一般平均每月六学时左右（可用两学时左右作为阅读文件时间）。”②1963年8月9日，教育部《关于高等学校研究生政治理论课的规定（草案）》通知指出，高等学校研究生的政治理论课内容同样包括马克思列宁主义理论和思想政治教育报告（主要是向研究生作国内外形势、党的方针政策和共产主义道德品质的报告）两个部分，这初步奠定了后来“两课”的雏形。

1964年七八月间全国政治理论课工作会议召开，会议明确了政治理论课在反对“现代修正主义”斗争中，在同资产阶级争夺青年一代的斗争中所担负的重大任务；在这次会议上，中宣部、高教部党组、教育部临时党组要求政治理论课必须“兴无产阶级思想，灭资产阶级思想”，确定高等学校共同政治理论课除继续开设“形势与任务”课外，还设置“中共党史”“哲学”“政

① 教育部社会科学司.普通高校思想政治理论课文献选编：1949—2008[M].北京：中国人民大学出版社，2008：41-42.

② 教育部社会科学司.普通高校思想政治理论课文献选编：1949—2008[M].北京：中国人民大学出版社，2008：47.

治经济学”等课。其中，“形势与任务”课的具体要求是：以阅读和讲解当前重大政策文件、报刊的重要社论和反对现代修正主义的文章为主。会议明确要求学校党委负责同志应当经常作报告，这样的课程设置和安排一直持续到“文化大革命”爆发。至此，高校政治理论课基本定型，但这种定型在“文化大革命”时期又被打断了。

（三）“文化大革命”时期：高校学生形势与政策教育的特殊时期，内容以“无产阶级专政下继续革命的理论”为中心①

1966年8月，“十六条”也就是《中国共产党中央委员会关于无产阶级文化大革命的决定》要求，“学生以学为主，兼学别样，也就是不但学文，也要学工、学农、学军，也要随时参加批判资产阶级的文化大革命斗争”。在这一方针的指导下，这一时期的形势与政策教育的任务、内容和方法都发生了根本性的变化。其任务是“斗私批修”、批判修正主义路线、狠斗资产阶级的私心杂念、歌颂“文化大革命”、大搞阶级斗争，打倒党内走资派。其中心内容是学习“无产阶级专政下继续革命的理论”。在批判修正主义的口号下，把马克思主义简单化、庸俗化、实用主义化，把许多社会主义原则当作资本主义或修正主义来批判。其方法是“大批判开路”，以所谓的“四大”即大鸣、大放、大字报、大辩论来代替制度化的形势与政策教育，并且取消了系统的、完整的马克思列宁主义、毛泽东思想的理论学习。

这一时期的形势与政策教育主要是强调所谓在“斗争中学习”，强调“要结合正在开展的政治运动学习”。1970年下半年，部分高校实行“群众推荐、领导批准和学校复审相结合”的办法恢复招生（当时称高校学生为工农兵学员），在业务课和军事体育课之外，进行所谓的“教育革命”。赋予高校学生的任务也就是所谓的“上大学，管大学，用毛泽东思想改造大学”，各高等院校的政治理论课的教学也开始恢复，开设了“以毛主席著作为基本教材的政治课”。其具体做法是，根据政治运动形势开设课程，选学有关的毛主席著

① 李斌雄，王祝福，赵甲明.新中国成立以来高校学生形势与政策教育述评[J].马克思主义研究，2009(2)：100-106.

作；改变以课本为中心、以教师为中心的方法，急用先学，边干边学。其中心内容仍然是宣传所谓的“无产阶级专政下继续革命的理论”、宣传资本主义复辟的危险性，论证“文化大革命”要七八年搞一次的必要性和合理性。“九一三”事件后，形势与政策教育开始从纠正“左”倾错误的努力中有所转变。但1973年下半年的批“复辟回潮”风打断了这种努力。学校刚刚恢复的正常秩序又遭破坏。先是批判修正主义回潮，批“师道尊严”“智育第一”，将路线教育渗透到学科领域，学儒法斗争史，之后又让学生到工厂、农村，学工、学农。

1974年1月，全国掀起了“批林批孔”运动。高等学校又陷入其中。批判活动代替了刚刚有所恢复的思想教育活动。1975年2月9日，《人民日报》发表《学好无产阶级专政的理论》的社论，传达了毛泽东关于理论问题的谈话内容。全国高校转入“无产阶级专政理论”的学习。1975年11月，采用“群众性大辩论的方法”，在全国高校开展了“教育革命大辩论”，以及“反击右倾翻案风”运动。这一时期形势与政策教育就这样始终与政治运动结合在一起。

这一时期的形势与政策教育是一种特殊形态的教育，它在相当大的程度上以特殊的样式完全替代了系统的、完整的政治理论学习和科学的政策教育。

二、课程化（1978—1997年）：从恢复形势任务教育到形势与政策课的开设

如前所述，形势与政策课程化的萌芽始于新中国成立之初高校的时事教育活动，但到1987年才首次作为一门独立的课程名称出现在国家教育行政主管部门的文件中，并延续至今。此后，形势与政策课虽然作为思想品德课被纳入思想政治教育体系，却存在课程建设和发展不均衡，教学管理不够规范等问题。

(一)实现从教学活动到课程的转化

“文化大革命”结束后，特别是党的十一届三中全会后，随着高校恢复招生，高等学校普遍加强了学生的日常思想政治教育，“文化大革命”前的四门马列主义理论课得以恢复。在恢复这些课程的过程中，1978年4月《教育部办公厅关于加强高等学校马列主义理论教育的意见（全国教育工作会议征求意见稿）》提出：“上述马列主义理论课与政治运动、形势教育、劳动教育、政治工作等，从不同角度对学生进行马列主义思想教育。各有侧重，不宜相互代替。”[①]可见，尽管在当时还没有恢复“形势和任务”课，但还是提出了形势教育的要求，且明确与马列主义理论课“不宜相互代替”。

1980年4月，教育部、共青团中央联合发出《关于加强高等学校学生思想政治工作的意见》，强调要深入贯彻党的十一届三中、四中、五中全会的精神，系统地对学生进行形势与任务的教育，进一步肃清林彪、“四人帮”在思想上的流毒，把大家的思想统一到党的政治路线、思想路线和组织路线上来，统一到党中央的一系列重大决策上来。意见指出：四项基本原则是立国的根本，是今后长期对学生进行思想教育的重要内容。“要通过马列主义理论课、形势教育课、党团组织生活和其他形式的教育活动，结合学生的思想特点，有计划地进行”[②]。这是形势教育恢复后第一次被赋予“课”的概念，实际上意味着形势教育课程化的探索再次启动。

1980年7月，教育部印发《改进和加强高等学校马列主义课的试行办法》的通知，通知明确指出马列主义理论课和形势教育及日常思想政治工作既有联系，又有区别。形势教育主要是讲解国内外形势，帮助学生正确理解党的

---

① 教育部社会科学司.普通高校思想政治理论课文献选编：1949—2008[M].北京：中国人民大学出版社，2008：71.

② 教育部社会科学司.普通高校思想政治理论课文献选编：1949—2008[M].北京：中国人民大学出版社，2008：80-81.

路线、方针和政策，应在党委宣传部门统一安排下进行[1]。这个认识显然是对前面思想政治教育实践中总是将三者混淆的一种纠偏，同时也是对于三者的一种清楚的定位和分工。根据这一要求，许多高校将每周一次的思想政治教育时间“一部分用来进行形势任务和党的路线、方针、政策的教育，一部分用来开设思想品德课，并已创造了一些新的经验”[2]。

1981年8月，教育部在北京召开全国学校思想政治工作会议，强调要对学生进行坚持四项基本原则，反对资产阶级自由化的教育。1981年起，根据中央的布置，高等学校组织师生先后学习了《关于建国以来党的若干历史问题的决议》、党的十二大文件、《邓小平文选》等重要文献，系统进行形势与任务教育。在学习中，安徽、山东等地的省市领导深入学生中，带头宣讲决议精神，受到学生的欢迎。

基于这些经验，1982年10月，教育部发布《关于在高等学校逐步开设共产主义思想品德课程的通知》，要求“形势任务教育和思想品德课可利用每周一次的思想政治教育时间，平均每周两学时，具体内容由各校根据情况统筹安排”[3]。据此，“形势教育”改称“形势任务教育”，并第一次和思想品德课相提并论，且规定了具体学时，在课程化建设方面又迈出了重要一步。

1984年9月，教育部在对加强和改进高校马列主义理论教育作出若干规定之后不久，又发出《教育部关于印发〈关于高等学校开设共产主义思想品德课的若干规定〉的通知》，重申“思想品德课和形势与政策教育，平均每周共两学时，由各校根据情况统筹安排”[4]。由此，高校马列主义理论课和思想品德课（简称“两课”）的课程体系初步形成。其中，与思想品德课并列的

① 教育部社会科学司.普通高校思想政治理论课文献选编：1949—2008[M].北京：中国人民大学出版社，2008：86.

② 教育部社会科学司.普通高校思想政治理论课文献选编：1949—2008[M].北京：中国人民大学出版社，2008：92.

③ 教育部社会科学司.普通高校思想政治理论课文献选编：1949—2008[M].北京：中国人民大学出版社，2008：93.

④ 教育部社会科学司.普通高校思想政治理论课文献选编：1949—2008[M].北京：中国人民大学出版社，2008：101.

“形势任务教育”被规范化为“形势与政策教育”。

1985年8月，《中共中央关于改革学校思想品德和政治理论课程教学的通知》发布，提出在高校的马克思主义理论教育中，“要适时地穿插各种切合学生需要的时事教育、文学艺术教育和课外活动，激发学生为社会主义伟大事业而奋斗的献身精神”①。这一时期，高校部分学生由于对改革开放的有关政策和形势认识不清而产生了困惑，引起中央高度重视。教育部于1985年10月召开专门会议进行研究，各地党政领导和高等学校积极采取对策，加强对学生的形势与政策教育。其中，1985年11月23—27日，中央顾问委员会在北京举行纪念“一二·九”运动大型座谈会，许多老一辈革命家与青年学生代表座谈，直接进行传统教育和有关形势与政策的教育，收到良好的教育效果。在这一活动的推动下，各地党政主要领导干部直接深入高等学校，面对面地同青年学生沟通思想；坚持疏导方针，因势利导，向师生介绍当时的情况；正确地对待师生的意见和要求，对正确的意见有条件的立即解决，一时条件不具备的向师生讲清情况，对错误的意见不作无原则的迁就。此后，领导干部直接到高等学校面向师生进行形势与政策教育逐渐淡化。

1986年7月，中宣部、国家教委发出《关于对高等学校学生深入进行形势政策教育的通知》，要求在新学年开学后，各地宣传、教育部门和各高等院校及时了解学生的思想动态，采取暑期社会实践汇报会、回乡见闻座谈会、省市有关负责同志和学生座谈、报告等方式，有针对性地进行形势与政策教育②。国际形势、外交问题对于高校学生思想认识的影响受到重视。其后，高校开始在文科各专业开设“世界政治经济与国际关系”课，以适应对外开放的需要。这门课被纳入政治理论课体系中，内容与形势与政策教育有重叠的部分，却不能完全替代后者。

同年底，受资产阶级自由化思潮的影响，中共中央专门发出《关于当前

① 教育部社会科学司.普通高校思想政治理论课文献选编：1949—2008[M].北京：中国人民大学出版社，2008：107.

② 教育部社会科学司.普通高校思想政治理论课文献选编：1949—2008[M].北京：中国人民大学出版社，2008：115.

反对资产阶级自由化若干问题的通知》，要求各级党政领导、各高等学校加强领导，旗帜鲜明地开展坚持四项基本原则、反对资产阶级自由化的教育和斗争，进一步稳定高校局势。坚持四项基本原则、反对资产阶级自由化的教育使广大学生的思想觉悟有很大的提高，稳定了高等学校的局势。

为了切实加强和改进高等学校的思想政治工作，国家教委专门召开全国高等学校思想政治工作会议，进行专题研究。1987年3月，国家教委发出通知，要求："各高等学校要利用教学计划中规定的形势与政策教育时间，举办专题讲座，有针对性地进行坚持四项基本原则、反对资产阶级自由化的教育。"①1987年5月，中共中央正式颁发《关于改进和加强高等学校思想政治工作的决定》（简称《决定》）。《决定》强调，高等学校必须把改进和加强思想政治工作作为自己的重要任务。进一步明确办学指导思想，坚持高等教育的社会主义方向。《决定》指出改进高校的思想政治工作：要有的放矢地进行马克思主义理论教育和形势政策教育；要经常地、有针对性地进行形势与政策教育，帮助学生正确理解党的路线、方针和政策，从而使他们坚定社会主义信念，拥护改革开放，更好地团结在党的周围。《决定》还提出：形势与政策教育应当列入教学计划②。

在总结高校思想教育课程实践经验的基础上，国家教委于1987年11月20日发出《关于高等学校思想教育课程建设的意见》，规定高等学校思想教育课程设置五门课，包括形势与政策、法律基础等，其中形势与政策为思想教育的必修课之一。要求"每学期均开设，时数根据需要由各校自行安排"，其教学目的与要求是"帮助学生了解国内外重大时事，学习党的路线、方针、政策，全面掌握'一个中心、两个基本点'，认清形势和任务，激发爱国主义精神，增强民族自信心，珍惜安定团结的局面，为建设有中国特色的社会主义

① 教育部社会科学司.普通高校思想政治理论课文献选编：1949—2008[M].北京：中国人民大学出版社，2008：117.

② 教育部社会科学司.普通高校思想政治理论课文献选编：1949—2008[M].北京：中国人民大学出版社，2008：123-124.

而奋发学习、健康成长”[1]。在开设的保证措施里又指出形势政策教育时间为每周两学时，必要时采取大报告的方式进行外，一般应分班进行教学。这表明，作为一门课程的形势与政策第一次被明确确定下来，它和思想品德教育已经有了明确的分工。之后，形势与政策教育不再是作大报告、一般化的教育方法，而是作为一门课程纳入学校的教学计划中，高校学生形势与政策教育开始走上制度化、课程化的轨道。

1988年5月，国家教委又印发《关于高等学校开设〈形势与政策〉课的实施意见》，对该课程的性质和任务、教学内容、教学原则、教学安排、师资、教材、经费等作出进一步的规定，要求将其“列入教学计划，合理地排入课表”[2]。其中规定这门课程的教学内容包括四个方面：第一，“形势与政策”课的学习目的、意义，学习的方法、途径；观察形势和理解政策的正确的立场、观点、方法。第二，当前我国社会主义建设和改革开放的任务、发展现状和趋势；党和国家实现现阶段任务的基本方针和政策；党和国家的重大活动和决策。第三，当前国际关系的状况、发展趋势、我国的对外政策；世界重大事件及我国政府的立场。第四，大学生在形势与政策方面普遍关心的重要问题的情况及政策。其后的形势与政策教育一般也都是从这四个方面根据形势发展来设计的，尤其着眼于国际形势与国内形势的发展变化，着眼于总路线（政策）、基本路线（政策）、具体政策的教育引导。在这个时期，形势与政策教育的地位与作用更加受到党和国家的重视，在高校学生思想政治教育中的地位也越来越明确。在教学实践中形成了“课堂讲授与形势报告、专题讲座相结合，请进来与走出去相结合，课堂教学与课外实践相结合”[3]的教学方法。

---

① 教育部社会科学司.普通高校思想政治理论课文献选编：1949—2008[M].北京：中国人民大学出版社，2008：133.

② 教育部社会科学司.普通高校思想政治理论课文献选编：1949—2008[M].北京：中国人民大学出版社，2008：136-137.

③ 教育部社会科学司.普通高校思想政治理论课文献选编：1949—2008[M].北京：中国人民大学出版社，2008：176.

（二）作为思想品德课纳入思想政治教育体系

1989年国际形势的急剧变化，促进了人们对于思想政治教育的反思。邓小平就讲："我们最大的失误是在教育方面，思想政治工作薄弱了，教育发展不够。"[①]他认为："思想政治教育……对于艰苦创业，对于中国是个什么样的国家，将要变成一个什么样的国家，这种教育都很少"，"对年轻娃娃、青年学生教育不够"。因此，他提出："我们要抓紧四项基本原则的教育，马克思主义基本理论的教育，搞几年风气就会变的。"[②]在加强高校学生思想政治教育方面，形势与政策教育发挥了积极的作用。1989年7月12日国家教委发出通知，要求高等学校在新学年开学后集中时间对学生进行政治教育，并加强理论课教学工作。8月，国家教委召开了有109所高校校长、党委书记参加的暑期高校工作会议。会议要求各高校深入进行形势教育，使高校成为拥护、支持、宣传改革的阵地。全国高校在新学期开学前后，都集中了一段时间组织学生进行改革开放的成就与形势以及国际形势变化的教育，在此基础上，按照中共国家教委党组的部署，从1990年下半年开始又围绕中宣部印发的《关于社会主义若干问题学习纲要（试用本）》，对学生进行坚持四项基本原则、反对资产阶级自由化的思想理论教育。

1992年邓小平的南方谈话和中共十四大的召开，掀起了中国改革开放的新高潮。建立社会主义市场经济体制的提出和实践成为形势与政策教育的时代大背景。高校学生更加关心国家的发展、更加关注自身的发展，一系列的形势热点、理论难点、政策焦点问题需要在教育者与受教育者之间展开更多的交流、更多的引导和更具体的分析。这一年，按照国家教委《高校思想政治教育课程教学改革与建设研讨会纪要》的要求，形势与政策、法律基础和思想道德修养一起作为思想品德课的必修课程固定下来。1994年，中共中央《关于进一步加强和改进学校德育工作的若干意见》要求，高校要开设时事政

① 邓小平．邓小平文选：第三卷［M］．北京：人民出版社，1993：290.

② 邓小平．邓小平文选：第三卷［M］．北京：人民出版社，1993：306，327，318.

策课或讲座，要以国内外形势以及党和国家重大方针政策为主要内容，对学生进行生动、现实的国情教育[①]。这个要求在其后的《国家教委关于颁布试行〈中国普通高等学校德育大纲〉的通知》中得到确认。这个由国家教委颁发的“德育大纲”，把党的路线方针政策和形势教育列为高校德育的重要内容，并规定思想品德课应设置思想道德修养、法律基础和形势与政策；各层次各科类的学生都要开设，“要按必修课要求学生和安排教学”[②]。此后，国家教委又于1996年10月颁发了《关于进一步加强高等学校〈形势与政策〉课程建设的意见》，对加强形势与政策课的课程建设和教学管理提出了更为具体的要求。这就是：“《形势与政策》是高校思想品德课中的一门必修课程，是对学生进行形势与政策教育的主要渠道和主要阵地。”“教学中要遵循理论联系实际的根本原则，密切结合省（市、区）情、国情和国内外大事，充分运用社会主义现代化建设和改革开放丰富生动的实践，回答学生普遍关心的问题。在教学中要突出马克思主义形势观教育，引导学生学会运用马克思主义的立场、观点、方法观察形势，从总体上把握改革开放和社会主义现代化建设的大局。”[③]这里提出了要“突出马克思主义形势观教育”的问题。文件还对形势与政策课的教学方法及教学管理工作等进行了详细的规定。

综上所述，自1987年国家教委决定在大学生思想政治教育课程中设置形势与政策必修课之后至1996年10月国家教委颁布《关于进一步加强高等学校〈形势与政策〉课程建设的意见》，形势与政策课作为思想品德课课程管理体系的一个重要组成部分，课程化建设开始大步前行。

---

① 教育部社会科学司.普通高校思想政治理论课文献选编：1949—2008[M].北京：中国人民大学出版社，2008：153.

② 教育部社会科学司.普通高校思想政治理论课文献选编：1949—2008[M].北京：中国人民大学出版社，2008：166-167.

③ 教育部社会科学司.普通高校思想政治理论课文献选编：1949—2008[M].北京：中国人民大学出版社，2008：175-176.

三、规范化(1998年至今):形势与政策课程要素的逐步完善

规范化就是形势与政策课按照一门课程的基本要求进行建设。1998年以来，就教学内容而言，教育部每年都要分上下两个学期，颁发形势与政策教育教学要点，以规范教学内容。具体地讲，教学内容立足于社会主义初级阶段的实际，紧密联系国际形势的新变化和国内改革开放的新进展，紧密联系党和国家的新举措新实践，进行深入的国情教育、形势教育、政策教育，努力回答学生关心的热点、难点和焦点问题。

1998年6月，中宣部和教育部联合印发《关于普通高等学校“两课”课程设置的规定及其实施工作的意见》（史称“两课”改革98新方案），分别对专科、本科、研究生的“两课”（马克思主义理论课和思想品德课）课时进行了安排，其中就包括形势与政策课。意见规定各层次各科类学生都要开设形势与政策课。“要列入教学计划，平均每周1学时，一般按专题进行；实行学年式考核制度，纳入学籍管理。”①这表明，高校学生形势与政策教育完全走上了制度化、规范化的轨道。

为了增强形势与政策教育与教学工作的针对性、实效性和主动性，教育部社政司组织有关专家、学者撰稿，并委托高等教育出版社《时事》编辑部，从2001年起开始定期制作出版《时事》DVD，作为该课程的指定音像教材；同时，出版《时事报告（大学生版）》作为学习辅导材料。形势与政策教育因为时效性和针对性强而在高校学生中获得了比较好的效果。但是，因为形势与政策课的特殊性，其规范化建设还存在一些问题，如有的高校没有纳入课表，在教学管理上与国家及教育主管部门高度重视有差距，课时数不足，教师队伍构成不合理，从而影响了形势与政策课的教学效果。

2004年，原有的“两课”即马克思主义理论课和思想品德课的名称被新

① 教育部社会科学司.普通高校思想政治理论课文献选编:1949—2008[M].北京:中国人民大学出版社,2008:184.

的“思想政治理论课”所取代，并在课程体系的设置上作了相应的调整，将四年制本科的“7+1”课程精简为“4+1+1”课程。形势与政策仍然作为必修课，以“1”的形式存在。2004年8月，中共中央、国务院下发《关于进一步加强和改进大学生思想政治教育的意见》，明确思想政治理论课是大学生思想政治教育的主渠道，而形势与政策教育是思想政治教育的重要内容和途径，要建立大学生形势政策报告会制度，定期编写宣讲提纲，建立形势政策教育资源库，并再次强调：“国家机关和地方党政负责人要经常为大学生作形势报告。”①为贯彻落实文件精神，11月，中共中央宣传部、教育部颁发《关于进一步加强高等学校学生形势与政策教育的通知》，明确规定，形势与政策课是高校思想政治理论课的重要组成部分，是对学生进行形势与政策教育的主渠道、主阵地，是每个学生的必修课程，在大学生思想政治教育中担负着重要使命，具有不可替代的重要作用。同时规定，要以规范化制度化建设为重点，加强形势与政策课教学管理。形势与政策课按每学期16周，每周1学时计算。本科四年期间的学习，计2个学分；专科期间的学习，计1个学分②。

2005年2月，中宣部、教育部印发《关于进一步加强和改进高等学校思想政治理论课的意见》，提出四年制本科思想政治理论课程设置为四门必修课，同时开设形势与政策课。3月9日，中宣部、教育部关于印发《〈中共中央宣传部 教育部关于进一步加强和改进高等学校思想政治理论课的意见〉实施方案》（简称“05方案”）的通知，进一步明确：“本、专科学生都要开设‘形势与政策’课，本科2学分，专科1学分。有关具体要求按照《中共中央宣传部 教育部关于进一步加强高等学校学生形势与政策教育的通知》（教社政〔2004〕13号）规定执行。”③在党中央和教育部的指导下，高校开始实施

① 教育部社会科学司.普通高校思想政治理论课文献选编：1949—2008[M].北京：中国人民大学出版社，2008：204.

② 教育部社会科学司.普通高校思想政治理论课文献选编：1949—2008[M].北京：中国人民大学出社，2008：210-211.

③ 教育部社会科学司.普通高校思想政治理论课文献选编：1949—2008[M].北京：中国人民大学出版社，2008：219.

思想政治理论课的新课程方案，将形势与政策课纳入思想政治理论课教学体系，对大学生进行形势与政策教育，形势与政策课的地位进一步凸显，规范化程度进一步提高。2007年，中宣部、教育部《关于组织2007年高校思想政治理论课骨干教师研修的实施方案》将普通高校形势与政策、当代世界经济与政治等课程的骨干教师单独设为一期，为提高形势与政策课教师教学水平和教学质量提供支持。

2011年1月，教育部印发《高等学校思想政治理论课建设标准（暂行）》，在强调按照"05方案"设置课程的基础上，特别对形势与政策课提出要求："要根据教育部下发的教育教学要点来组织教学，选用中宣部和教育部组织制作的《时事报告（大学生版）》和《时事》DVD作为学生学习辅导资料。"①2012年2月，中宣部、教育部制定《全国大学生思想政治教育工作测评体系（试行）》，把"党委政府领导每年深入高校作形势政策报告≥5人次"列为测评标准之一。2015年教育部印发的《高等学校思想政治理论课建设标》中也再次明确强调了"'形势与政策'课要根据教育部下发的教育教学要点组织教学，选用中宣部和教育部组织制作的《时事报告（大学生版）》和《时事》DVD作为学生学习辅导资料。"形势与政策课的规范化建设进一步得到加强。

2016年12月8日，习近平总书记在出席全国高校思想政治工作会议时指出："要教育引导学生正确认识世界和中国发展大势，从我们党探索中国特色社会主义历史发展和伟大实践中，认识和把握人类社会发展的历史必然性，认识和把握中国特色社会主义的历史必然性，不断树立为共产主义远大理想和中国特色社会主义共同理想而奋斗的信念和信心；正确认识中国特色和国际比较，全面客观认识当代中国、看待外部世界。"②为高校形势与政策课下一步发展明确了工作重点与方向。

---

① 教育部思想政治工作司.加强和改进大学生思想政治教育重要文献选编：1978—2014［M］.北京：知识产权出版社，2015：435.

② 习近平.习近平谈治国理政：第二卷［M］.北京：外文出版社，2017：377-378.

2018年4月12日，教育部发布《关于加强新时代高校“形势与政策”课建设的若干意见》，进一步明确强调，形势与政策课是帮助大学生正确认识新时代国内外形势，深刻领会党的十八大以来党和国家事业取得的历史性成就、发生的历史性变革、面临的历史性机遇和挑战的核心课程，是第一时间推动党的理论创新成果进教材进课堂进学生头脑，引导大学生准确理解党的基本理论、基本路线、基本方略的重要渠道。意见还明确强调，要将形势与政策课纳入学校教学计划，严格落实形势与政策课的学分，要保证本、专科学生在校学习期间开课不断线。形势与政策课的规范化程度进一步提升。

综上所述，新中国成立以来形势与政策课建设经历了制度化、课程化和规范化三个阶段。这三个阶段的逻辑演进，在时间上继起，在空间上并存，其边缘可能还有一定的重合，并不是完全取代的关系。比如说，在课程化阶段，部分高校可能还未真正实现制度化。而在规范化阶段，有的高校可能还未完成课程化任务。从目前来看，学科化可能代表着形势与政策课建设的未来方向，它能不能和其他思想政治理论课一样也成为马克思主义理论一级学科下的一个二级学科，还需要在理论和实践上进行探索和研究。

第二节　形势与政策课的地位与特征

对形势与政策课地位的研究是加强形势与政策课程建设的重要问题，也是加强思想政治理论课建设的必然要求。高校形势与政策课作为一门大学生必修的思想政治理论课，自新中国成立以来在社会主义革命、建设、改革和现代化建设中都发挥了重要作用：帮助大学生了解形势、认识形势，掌握党和国家路线方针政策；帮助大学生树立正确的马克思主义形势观、政策观。这是研究形势与政策课地位的出发点和落脚点。自1986年原国家教委决定在高等学校开设形势与政策课以来，党和政府高度重视高校学生的形势与政策教育教学，对形势与政策课的课程设置、教学内容、方式方法等做了详尽的规定。2004年，中共中央、国务院《关于进一步加强和改进大学生思想政治教育的意见》指出："形势政策教育是思想政治教育的重要内容和途径。"①2018年，教育部发布的《关于加强新时代高校"形势与政策"课建设的若干意见》指出："'形势与政策'课是理论武装时效性、释疑解惑针对性、教育引导综合性都很强的一门高校思想政治理论课，是帮助大学生正确认识新时代国内外形势，深刻领会党的十八大以来党和国家事业取得的历史性成就、发生的历史性变革、面临的历史性机遇和挑战的核心课程，是第一时间推动党的理论创新成果进教材进课堂进学生头脑，引导大学生准确理解党的基本理论、基本路线、基本方略的重要渠道。"②由此可见，形势与政策课旨在帮助高校学生确立马克思主义的形势观和政策观，是一门重要而又特殊的必修课。它的地位是由其特有的作用，中国特色社会主义大学的办学方向，思想政治理论课的任务所决定的，是独一无二的，是其他任何课程都无法取代的。

一、形势与政策课的地位是由其特有的作用所决定的

形势与政策教育必须以马克思列宁主义、毛泽东思想、中国特色社会主义理论体系为指导，特别是要以习近平新时代中国特色社会主义思想为根本遵循，紧密结合社会主义建设实践，针对学生日常学习和生活中关注的热点、焦点问题，开展世情、国情、党情教育，帮助当代大学生认清国内外形势，引导他们全面而准确地理解党的路线方针政策，坚定他们在党领导下走中国特色社会主义道路的信心，坚定崇高的共产主义理想信念。可见，形势与政策课是一门以科学理论为指导，关于国内外一定历史时期和一定阶段的形势

① 教育部社会科学司.普通高校思想政治理论课文献选编：1949—2008[M].北京：中国人民大学出版社，2008：204.

② 教育部.关于加强新时代高校"形势与政策"课建设的若干意见：教社科〔2018〕1号.[EB/OL].(2018-04-27)[2021-03-30].http://www.moe.gov.cn/srcsite/A13/moe_772/201804/t20180424_334097.html.

和国家的方针政策的学科，是一门实用性很强的思想政治教育课程①；是一门实践中的马克思主义理论课，一门系统的形势与政策教育课，一门多学科综合性的应用课②。

(一)形势与政策课对于大学生掌握党的路线方针政策发挥了重要作用

1.形势与政策课是大学生学习和掌握党的路线方针政策的主阵地

大学生是掌握新技术、接受新事物的前沿群体，是促进社会进步的活力青年，是推动国家发展的主力军。大学生正确理解党的性质、宗旨、基本理论、基本纲领、基本路线、组织形式，正确分析社会热点问题，有助于激发爱国主义热情，增强民族自信心，保持一颗奋斗的心，刻苦钻研，成才报国。但部分大学生忽视对党的基本理论的学习，对党的路线方针政策认识模糊、理解教条，对马克思列宁主义、毛泽东思想、邓小平理论、“三个代表”重要思想、科学发展观、习近平新时代中国特色社会主义思想没有认真地学习。而讲清当前的形势、当前的政策和国内外重大时事政策本身就是形势与政策课的主要任务。引导大学生全面准确地理解党的理论路线方针政策是形势与政策课的应有职责。从新中国成立后的时事学习到形势与任务课，再到成为一门独立的课程，形势与政策课一直都在引导和帮助大学生掌握党的路线方针政策的基本内容，引导和帮助大学生了解新中国成立以来党和国家的一系列政策和建设中国特色社会主义进程中不断完善的政策体系。可见，形势与政策课成为帮助大学生学习和掌握党的路线方针政策的“主阵地”是毋庸置疑的。

2.形势与政策课是提高大学生政治认同的主渠道

国家政权是否稳定在很大程度上取决于人民的政治认同是否一致。大学生的政治认同是指大学生在一定的政治生活中形成的情感和意识归属感，具体包括政党认同、国家认同、体制认同、政策认同、信仰认同等。大学生是

---

① 徐祖望.形势与政策[M].北京:中国经济出版社,1990:1.

② 蔡丹阳.谈“形势与政策”课的定位[J].高校理论战线,2000(12):56-57.

祖国的未来、民族的希望，承担着社会主义现代化建设的使命，肩负着实现中华民族伟大复兴的中国梦的历史重任，他们的政治取向不仅影响个人的政治素质，甚至影响中国各个时期社会的稳定、人民的幸福。在实际生活中，一些大学生对政治意识形态的学习缺乏重视，认为政治、形势与政策的学习是浪费时间，只要跟随“大部队”，无须加强政治修养。久而久之，主流意识形态在他们的生活中逐渐边缘化，甚至出现“崇洋媚外”“数典忘祖”等现象。在经济社会发生深刻变化的情况下，提高大学生的政治鉴别力、政治敏锐性，帮助他们树立正确的政治价值取向就显得尤为重要。自1986年以来，高校形势与政策教育着重培养大学生马克思主义形势与政策观，整体上提高了大学生对社会热点、敏感问题关注的积极性，提高了他们正确分析形势难点、疑点和政策解读的能力。高校形势与政策教育教学一方面提高大学生的政治素质，另一方面培养大学生的政治认同，对促进大学生提高政治鉴别力、增强政治敏锐性、树立正确的政治价值观具有特殊作用①。

3.形势与政策课是把大学生思想行动统一到中央决策部署上来的重要环节

我国的社会主义建设与改革开放并不是一帆风顺的，难免会遇到困难和波折，但始终在曲折中前进与发展。正是因为我们党在历史关键时期和困难阶段一直坚持从国家民族的长远利益和人民的根本利益出发，团结一致，才能切实把人们的思想和行动统一到中央决策部署上来。高校形势与政策教育帮助大学生客观判断形势，知道何该为及何不该为，把正确的政治方向体现和落实到生活学习中，坚决与党中央保持一致，坚定不移地走中国特色社会主义道路，为实现中华民族伟大复兴而奋斗。

① 李晓衡，黄宇清.试谈高校形势与政策教育教学的地位与作用[J].文教资料，2016(2)：136-138.

(二)形势与政策课有助于大学生树立正确的马克思主义形势政策观

马克思主义形势政策观是形势政策观的重要组成部分，是在形势与政策教育中反映出来的立场、观点和方法。实践证明，社会发展与党和国家的路线方针政策都离不开马克思主义形势政策观的指导。“实事求是、人民至上、综观全局、共产主义理想分别是马克思主义形势与政策活动的根本原则、阶级立场、方法视角和目标导向”①。大学生通过形势与政策课的学习，树立正确的马克思主义形势政策观，从而在实践生活中以实事求是的原则、人民至上的立场、综观全局的视角分析当前形势，始终坚持共产主义理想信念。

1.形势与政策课的学习有助于大学生遵循实事求是的根本原则

实事求是，是马克思主义形势政策观的根本原则，是马克思主义中国化的理论精髓，是认真做事、踏实做人、严谨治学的态度。“实事”是指客观存在着的事物，是认识和改造的对象，“是”是客观事物运行发展的规律，是认识的结果和落脚点；“求”是追求“是”的过程，是探寻事物运行发展规律的过程。目前，一部分大学生不是高估就是低估自己的能力，没有一个切合实际的职业规划。形势与政策课引导他们认识自我，制定切合实际的职业目标，发挥主观能动性去“求”，从而完善自我、突破自我。

2.形势与政策课的学习有助于大学生坚定人民至上的政治立场

人民至上，是马克思主义形势政策观的根本立场，是中国共产党执政理念的集中体现，是坚持人民主体地位的本质要求。大学生的生活环境相对简单，对其他群体，尤其是广大农民和工人的生活和工作了解较少。高校形势与政策课有一部分内容是介绍我国民生事业的发展状况。形势与政策教育便于大学生了解人民群体的生活状况，了解他们的所思所想所盼，帮助大学生感知世情、国情，体会党的路线、方针、政策。

3.形势与政策课的学习有助于大学生坚持共产主义理想

共产主义理想，是马克思主义形势政策观的目标指向，是中国共产党的

① 张录平.马克思主义形势政策观的基本内涵与根本要求[J].湖湘论坛,2011(1):48.

最高理想和目标，是中国人民的不懈追求。一些大学生对共产主义理想没有正确的认识，认为它是不能实现的乌托邦。共产主义理想不是凭空而出的理想，它建立在马克思主义唯物史观和剩余价值学说的基础上，是人类社会发展规律的科学预见，指导、规范和推动着每时每刻的实际行动，并在实践中发展。形势与政策教育有助于大学生认识到我们现今每一个阶段性目标的实现意味着我们离共产主义理想更进一步，它的实现是历史的必然。

二、形势与政策课的地位是由中国特色社会主义大学的办学方向所决定的

高校肩负着学习研究宣传马克思主义、培养社会主义建设者和接班人的重大任务。加强党对高校的领导，加强和改进高校党的建设，是办好中国特色社会主义大学的根本保证。扎根中国大地，办好中国特色社会主义大学，要坚持立德树人，强化思想引领，牢牢把握高校意识形态工作领导权[①]。2016年12月7—8日全国高校思想政治工作会议召开，习近平总书记在会上强调："我们的高校是党领导下的高校，是中国特色社会主义高校……办好我们的高校，必须坚持以马克思主义为指导，全面贯彻党的教育方针。要坚持不懈传播马克思主义科学理论，抓好马克思主义理论教育，为学生一生成长奠定科学的思想基础。要坚持不懈培育和弘扬社会主义核心价值观，引导广大师生做社会主义核心价值观的坚定信仰者、积极传播者、模范践行者。"[②]2018年9月10日在全国教育大会上习近平总书记再次强调高校肩负立德树人的根本任务。

---

① 梅荣政.办好中国特色社会主义大学是高校建设的根本目标[J].红旗文稿,2015(3):22-24.

② 习近平.习近平谈治国理政:第二卷[M].北京:外文出版社,2017:377.

(一)我国高校的根本性质

1.我国高校是社会主义性质的大学

不管是资本主义国家的大学教育，还是社会主义国家的大学教育，都不能离开本国的社会制度而孤立存在，都是特定生产关系的产物，都是在特定生产关系下进行的知识文化教育。高校一直都是统治阶级行使文化领导权的主要阵地，是进行意识形态教育的主战场，是培育人才的重要场所。大学对外交流程度日益加深，如果领导层和高校管理者在办学方向上没有保持清醒的头脑，脱离、忽视或淡化我国高校的社会主义性质，将会不可避免地发生原则性的错误和偏差。新中国成立以来，我国建立的大学都是党领导下的社会主义大学。

2.我国高校是中国特色社会主义大学

作为大学教育的重要载体，高校是我国社会主义文化传播的重要机构，必须符合中国特色社会主义事业的需要。我国高校不仅具有社会主义性质，还必然具有社会主义的中国性质。中国特色社会主义是科学社会主义理论逻辑和中国社会发展历史逻辑的辩证统一。在发展过程中，中国高校教育应当扎根于本国土壤，从中国教育实际出发，继承中国优秀的教育传统，适应本国社会发展之需要。高校重在增强使命担当，引导学生矢志不渝地听党话跟党走。当然，这并不排除学习和借鉴国外一切优秀的文明成果。我们必须站在时代的高度，坚持古为今用、洋为中用的方针，根据中国特色社会主义事业的需要加以分辨和取舍，使之同当代中国的实际相结合。

(二)高校肩负着学习研究宣传马克思主义、培养社会主义建设者和接班人的重大任务

1.高校肩负着学习研究宣传马克思主义的任务

马克思主义是科学的世界观、历史观和方法论，能够为人们深刻地认识和把握自然规律、社会规律以及人的自身规律提供科学的指导。马克思主义又是最崇高、最科学的价值观，为人们指引正确的人生方向，以便让人们更

好地实现人生价值。高校形势与政策课最根本的、第一位的教育内容和要求是“学习研究宣传马克思主义”。

2. 高校肩负着培养社会主义建设者和接班人的任务

党的教育方针是“培养德智体美劳全面发展的社会主义建设者和接班人”，教育必须坚持为社会主义现代化建设服务，坚持为人民服务。在教育教学过程中，要注重理论与生产劳动和社会实践相结合。确保党的事业兴旺发达、国家繁荣昌盛、社会长治久安，是高校培育建设者和接班人的导向，是高校教育教学的主线。因此，高校一切工作的开展和建设，譬如教学科研、后勤保障、党政工团建设等都要围绕发展中国特色社会主义这条主线去设计、部署和实施。若忽视、忘记甚至抛弃这条主线，办学就会走偏方向。所以，高校应重视、牢记、坚持中国特色社会主义大学办学方向，以培养合格的社会主义建设者和接班人作为评判大学教育教学成功的标准。

（三）高校要强化思想引领和坚持育人与育德相结合

1. 高校是意识形态工作的前沿阵地

高校作为西方敌对势力对我国进行文化渗透分化的重点领域之一，现今面临的环境愈加复杂。“高校作为精神生产及高端人才培养的主要场所之一，是西方进行渗透，实施和平演变的主要对象。在这种国际背景下，国内也有种种错误思潮与之相呼应。具体形态很多，突出的有宣扬西方‘宪政民主’、‘普世价值’、‘公民社会’、‘新自由主义’、‘西方新闻观念’、质疑改革开放和中国特色社会主义等。”①越是面临复杂多变的内外环境，我们就越是要牢固树立阵地意识，防范开放条件下办学面临的各种挑战和风险；越是要通过不断壮大主流思想舆论，固阵地、强引领、促发展。

面对当前意识形态领域出现的新情况、新问题，高校宣传思想工作的自觉性与坚定性必须得到进一步的增强。我们应该充分发挥高校形势与政策教

① 梅荣政. 办好中国特色社会主义大学是高校建设的根本目标[J]. 红旗文稿，2015(3)：24.

育教学工作引领学生思想潮流、培塑学生价值观念、促进学生全面发展的强大作用，坚持不懈地用马克思主义中国化最新理论成果武装当代大学生头脑，用社会主义核心价值观塑造大学生为共同理想而奋斗的价值观念，让当代大学生成为中国特色社会主义的坚定信仰者，不断增强他们的道路自信、理论自信、制度自信和文化自信。

2.高校必须坚持把立德树人作为根本任务，坚持教书与育人相结合

《中华人民共和国高等教育法》第4条规定："高等教育必须贯彻国家的教育方针，为社会主义现代化建设服务、为人民服务，与生产劳动和社会实践相结合，使受教育者成为德、智、体、美等方面全面发展的社会主义建设者和接班人。"《中华人民共和国教育法》第6条规定："教育应当坚持立德树人，对受教育者加强社会主义核心价值观教育，增强受教育者的社会责任感、创新精神和实践能力。"党的十八大以来，习近平总书记关于教育的重要论述内容非常丰富，具有很强的政治性、思想性、针对性、指导性，特别是2018年全国第三十四个教师节之际，习近平总书记在全国教育大会上作了重要讲话，对全党全社会深入贯彻党的十九大教育部署进行了政治动员，强调"教育是国之大计、党之大计"，"坚持中国特色社会主义教育发展道路……培养德智体美劳全面发展的社会主义建设者和接班人"①。2019年3月，在学校思想政治理论课教师座谈会上，习近平总书记强调："思政课是落实立德树人根本任务的关键课程。"②2004年，中共中央宣传部、教育局《关于进一步加强高等学校学生形势与政策教育的通知》强调："要把形势与政策课作为重点课程加强建设，作为考核评估高等学校教学质量和水平的重要指标，纳入高等学校党建工作和思想政治教育工作评估体系。"③高校教学必须坚持育人为本，德育为先，坚持教书与育人相结合的理念，把思想政治教育放在第一位。高

① 习近平出席全国教育大会发表重要讲话[EB/OL].(2018-09-10)[2021-03-05].http://www.gov.cn/xinwen/2018-09/10/content_5320835.htm.

② 习近平.思政课是落实立德树人根本任务的关键课程[M].北京：人民出版社，2020：2.

③ 教育部社会科学司.普通高校思想政治理论课文献选编：1949—2008[M].北京：中国人民大学出版社，2008：204.

校在遵循国家教育总体方针、人才培养方向的基础上，应该进一步加强和提高思想政治教育教学工作，把立德树人作为根本任务。

三、形势与政策课的地位是由思想政治理论课的任务所决定的

思想政治理论课的性质和中国特色社会主义大学的办学方向要求通过形势与政策课的教育教学加强理想信念教育，关键是做到理论联系实际，使大学生认清“中国特色社会主义是当代中国发展进步的根本方向”，坚定“四个自信”。这就需要根据国内外形势的发展变化，经常、及时地宣传党和国家的方针政策，有针对性地解决学生存在的思想认识问题，帮助学生逐步树立马克思主义的世界观、政治观，正确认识国内外的政治、经济形势和发展动态，立足当下，把握未来，成才报国。思想政治理论课的任务决定了形势与政策课地位的重要性。

(一)形势与政策课在促进大学生成长成才方面发挥了重要作用

1. 帮助大学生选择适合自己的成长道路

新中国成立后，中国共产党带领中国人民走上社会主义道路。国际上，从美苏冷战到苏东剧变，从美国全球独霸到一超多强，再到现今国际格局深刻而剧烈的变化，时代的变迁不仅显示了历史的进步，更给人们的思想观念造成巨大冲击。尤其是西方大国不遗余力地推行新殖民主义、霸权主义，从未放弃过对社会主义政权的阴谋颠覆。大学是意识形态激烈交锋的最前沿，而大学生正处于世界观、人生观、价值观逐步形成的时期，思维比较活跃，容易受到外界不稳定因素影响，所以，我党历来高度重视高校形势与政策教育，让大学生正确地了解国内国际形势，对自己的思想、行为有正确的认识和判断。此外，形势与政策教育有关乎大学生如何就业创业的指导课程，以帮助大学生正确认识自己，制定合理的职业目标，做出正确的职业选择，少走弯路。

2.帮助大学生树立正确的世界观、人生观、价值观

经济全球化和政治多元化进程中，一些错误的思潮和腐朽的思想无处不在，迫切需要大学生树立正确的世界观、人生观和价值观。形势与政策教育对大学生思想的转变可以起到潜移默化的作用。通过学习党的路线方针政策，把对形势与政策的认识统一到党和国家的科学判断上和正确决策上，培养大学生健全的人格和强烈的社会责任感以及是非观，从而在错综复杂、瞬息万变的形势面前，始终保持清醒的头脑，不迷失方向，正确地认识社会、认识形势、认识自我，抓住机遇，迎接挑战，树立正确的世界观、人生观、价值观。

3.鼓励大学生接触社会，进行社会实践

社会实践作为中国特色高等教育的重要组成部分，是大学生接触外界、了解社会的重要渠道。各个时期世情、国情、党情，社会生活方式、社会组织形式不同，大学生的思维方式和价值取向、人生追求等都不同。形势与政策课是以时空变化和发展为坐标的现实性教育课，要感受国际国内形势变化、理解党和国家的方针政策，就必须把认识主体置于现实社会的时空当中。在学习形势与政策课程的基础上，鼓励大学生参加社会实践，倡导理论联系实际的原则，有助于大学生感知社情民意，体会党的路线方针政策的成果，正确选择适合自己的社会实践，从而了解社会、服务社会，培养和锻炼自己的能力，为将来的职业选择打下坚实的基础。

（二）形势与政策课在思想政治教育中发挥了重要作用

1.形势与政策课是思想政治教育的重要组成部分

我国高校形势与政策教育是思想政治教育的重要组成部分。无论从丰富思想政治教育内容的角度，还是从提升思想政治教育水平的角度，形势与政策教育在大学生思想政治教育中都起着不可替代的作用，担负着重要使命。形势与政策教育的内容丰富，涵括知识面广，一般以客观事实为基础对国内国际形势和国家路线方针政策进行客观阐述及权威解读，易于大学生理解接

受，达到潜移默化的教育效果，这对高校的思想政治教育具有非常重要的现实意义。时代在前进，受教育者的性格以及需求也在发生变化。大学生对教学方法、教学内容、教师队伍、教学设施等提出新的诉求。在互联网迅猛发展的时代，高校思想政治教育教学的难度加大，传统灌输式的教学方法受到时代挑战，需要更科学、更系统、更先进的教育方式支撑。

2.形势与政策课为思想政治教育增添了活力

高校形势与政策教育在思想政治教育中发挥着重要作用，它是学习马克思主义、毛泽东思想、邓小平理论、“三个代表”重要思想、科学发展观、习近平新时代中国特色社会主义思想的载体，为学习中国特色社会主义理论提供了实践支撑。它紧跟国内外形势与政策的变化发展，弥补了另外四门思想政治理论课（“思想道德与法治”，“中国近现代史纲要”，“马克思主义基本原理”，“毛泽东思想和中国特色社会主义理论体系概论”）教学内容相对滞后的不足；教学形式更加灵活，可以采取专题教学、课堂教学、网络教学等形式；密切关注大学生思想与行为的变化，有针对性地进行教育教学。因此，形势与政策教育整体上拓宽了高校思想政治教育的途径，优化了高校思想政治教育体系，丰富了高校思想政治教育实践活动，提高了思想政治教育的实效性。

3.形势与政策课是思想政治教育的有效形式

马克思主义理论是制定中国特色社会主义建设的路线方针政策的理论依据。形势与政策课并不专门讲授马克思主义基本理论，而是以马克思主义、毛泽东思想和中国特色社会主义理论观为指导，紧密结合当前国内外客观实际和人们普遍关注的现实问题，把社会主义核心价值观渗透到对当前形势的分析和具体政策的阐述之中，通过对形势与政策的科学解读，帮助青年大学生树立马克思主义的形势政策观。中国共产党人经过百年的奋斗、创造和积累，开辟了中国特色社会主义道路，形成了中国特色社会主义理论体系，确立了中国特色社会主义制度。这是马克思主义基本理论与当代中国具体实际相结合的具体化、时代化，是中国革命和建设特别是中国特色社会主义实践的原则化、规范化。形势与政策课要把马克思主义中国化的必然要求与中国化马克思主义的最新成果辩证地统一起来，把教育教学重心放在形势政策观以及政策实践层面，促使大学生更好地理解我们党如何根据形势的变化和需要来制定正确的政策，从而增强学生的思想政治理论素质。

四、形势与政策课的特征

高校形势与政策课是一门思想政治理论课，也是一门特殊的课程，不仅具有一般思想政治理论课的特性，还具有以下独特的特征。

（一）动态性和稳定性的统一

社会一直在发展，作为反映社会发展的社会形势，自然也在不断变化和发展[①]。形势与政策课的时效性决定其具有动态性特征，具体体现在教学内容上。国内外形势在不断发展，政策、任务也在不断调整，形势与政策课的内容就不可能固定不变，根据形势发展的需要决定教学内容，这是它最重要的特点。形势与政策课的动态性要求教学内容与时俱进，实现教学的系统性、理论性与形势的时效性相结合。

形势与政策课的稳定性主要体现在形势与政策课教材的结构安排和主要内容上。形势与政策课主要包括四个部分：基本理论、基本政策、基本形势以及热点问题。基本理论和基本政策的内容是相对固定的，是教学的重点内容，也是学生掌握各类国际国内问题的依据，主要介绍马克思列宁主义、毛泽东思想和中国特色社会主义理论体系，党的路线方针政策以及重大决议，国际国内政策规定、规则等。基本形势在一定的时期内也是相对稳定的，因为当今世界的经济、政治格局及其发展趋势，主要大国之间的关系，各国国情和发展的总体趋势等在一定时期变化不大。因此，基本理论、基本政策、基本形势的内容是相对稳定的。

---

① 何小青，唐秋根，曾平.形势与政策[M].厦门：厦门大学出版社，2013：3.

（二）政治性和思想性的统一

高校形势与政策教育以马克思列宁主义、毛泽东思想、邓小平理论、“三个代表”重要思想、科学发展观、习近平新时代中国特色社会主义思想为指导，帮助学生正确认识国家政治经济形势，正确理解社会主义初级阶段的基本理论、基本路线，激发他们的爱国热情，增强他们的民族自信心和社会责任感。显然，形势与政策课的性质和教育目的具有突出的政治性，鲜明地体现了党的主张和国家的意志。

大学生尤其是学生党员，一方面通过形势与政策教育了解当前国内外形势，了解党的路线方针政策，了解这些路线方针政策制定的内在依据和客观标准，增强与党中央保持高度一致的自觉性；另一方面通过形势与政策教育，学会运用马克思主义世界观和方法论客观地判断形势、政策，提高自觉运用辩证唯物主义世界观和方法论的能力，从而认真地分析自己所处的社会形势，学会认识、把握形势与政策，顺应形势发展的要求、适应社会发展的需要，实现个人价值与社会价值的统一。可以说，形势与政策教育是传达党的路线、方针、政策和帮助大学生提升思辨能力的工具。

（三）丰富性和知识性的统一

形势与政策涉及的教学内容既包括现实的、历史的政治经济文化知识，也包括国内动态、国外局势变化等，知识性强。具体来讲，国内形势与政策和国际形势与政策是形势与政策课的两大有机组成。前者主要介绍马克思主义中国化的最新成果、中共中央全会和中央经济工作会议的主要精神以及港澳台工作等国内重大理论和现实问题；后者主要介绍中国的外交政策和实践、大国关系格局的特点及其新变化、经济全球化背景下中国面临的机遇和挑战、地区热点和国际社会安全问题等国际社会面临的重大理论和现实问题①。

以教育部办公厅发布的《高校“形势与政策”课教学要点（2020年下

① 雷彬，张晓强，等.形势与政策[M].天津：天津大学出版社，2013：3.

辑）》为例，文件开篇就说明：2020年是决胜全面建成小康社会、打赢精准脱贫攻坚战、实现“十三五”规划的收官之年，是实现“两个一百年”奋斗目标承上启下的关键一年。下半年，高校形势与政策课教学要深入学习贯彻习近平新时代中国特色社会主义思想特别是习近平总书记最新重要讲话精神，深入贯彻落实党的十九大和十九届二中、三中、四中全会精神，重点围绕《习近平谈治国理政》第三卷把强化制度自信教育作为主线，用好中国抗疫这本深刻、鲜活、生动的思政课教科书，用好《习近平总书记教育重要论述讲义》，教育引导学生充分认识中国共产党领导和中国特色社会主义制度的显著优势，进一步增强“四个意识”，坚定“四个自信”，做到“两个维护”。然后分四个专题进行阐述，每个专题又包括丰富而具体的内容，既能增加教学的吸引力，又能开拓学生的视野。

（四）灵活性和规范性的统一

形势与政策课的动态性和丰富性要求其教学具有灵活性。当今，受教育的大学生大多数是“00后”，他们追求个性、富有想象力，但实践能力和自控能力相对较差。在平日生活中，大学生习惯于用微信、QQ等与他人交流，更喜欢用抖音、短视频等表达自己想法。但部分大学生沉迷虚拟的网络世界，出现本末倒置，放弃学业，逃避现实，丧失自我的现象[①]。因此，在教学过程中，教师不能仅仅拘泥于教学大纲和教学计划，还应根据学生性格特征，将教学内容的理论性与现实性相结合进行有针对性的教学。

在教学方式上，高校应采取灵活多变的形式向学生介绍国内外重大事件或活动，比如时事报告会、主题讨论、专家座谈会、视频教学等，培养学生判断分析掌握形势、理解政策的能力[②]；从教学队伍构成来看，教师的年龄比例、学历比例应分配合理。在实践中，高校形势与政策课的教师一般由思想

① 董雅致，温成涛．利用新媒体加强大学生思想政治教育工作的思考[J].职业技术教育，2011(35)：83-85.

② 王文平．增强高校“形势与政策”课教育教学实效性探析[J].山东省青年管理干部学院报，2009(2)：152-154.

政治理论课教师、学校领导、学生辅导员、哲学社会科学等相关学科教师构成，有些时候还邀请校外专家、地方党政领导、企业家、劳动模范等代表性人物来本校开展形势与政策教育。考核形式也是灵活多样，既可组织闭卷考试，也可实行开卷考试，还可采取写论文或演讲等形式。

形势与政策课的规范性是指该门课程与其他课程一样，有教材、有课时、有学分、有教学方案、有期末考核。即使各高校在教材选取、课时安排、学分确定、考核方式方面有差异，也需要遵循一定的规范。

第三节 地方高校的特色——以安徽为例

地方高校（地方所属高等学校的简称）是指隶属各省、自治区、直辖市、港澳特区，大都靠地方财政供养，由地方行政部门划拨经费的普通高等学校，是我国高等教育体系的主体部分。地方高校的设立一般是依托地方经济社会发展的特点，其学科发展、专业设置和人才培养往往以服务地方经济社会发展为目标，着力为地方培养高素质人才。据教育部统计数据，截至2020年6月我国共有普通高校2740所，其中地方高校占绝大多数。安徽地处华东腹地，是我国东部襟江近海的内陆省份，中部六省之一，又是长三角一体化的重要组成部分。安徽省共有120所高等学校，居全国第9位。但除了中国科技大学与合肥工业大学外，其余118所都是地方高校，包括地方本科院校44所，高职（专科）院校74所。

高等教育地方化是经济社会和高等教育发展到一定阶段的产物，典型标志体现为地方城市大学和职业大学的建立与兴盛[①]。高等教育地方化是我国改革开放以来的一贯政策。它是指为满足经济社会发展需求，一个国家或地区高等教育发展重心下移，中央政府高等教育举办权、管理权下放的过程，表

① 刘晖，顾洁岚．中美英三国高等教育地方化进程与政策之比较[J]．广州大学学报(社会科学版)，2011(7)：54-58.

现为地方政府或社会组织掌握更多的高等教育管理权和办学自主权，地方财政给予办学资金支持，提高高等教育为地方服务的适切性①。高等教育地方化与高等教育大众化是相互联系的，地方化是大众化的客观要求，高等教育地方化加速了高等教育大众化进程，地方化是高等教育发展新的增长点，也是我国城市化、工业化和现代化的客观要求。

1999年高校扩招以来，随着管理体制改革的推进，全国地方高校的教育事业出现了历史性跨越。作为中部六省之一的安徽，在发展经济的同时，不断贯彻党和政府的教学方针政策。2004年，安徽省进入高等教育大众化阶段，地方高校的办学规模不断扩大，办学条件逐步改善，校区扩建稳步推进，教学实力逐步增强。现今，安徽跨入了人口大省和教育大省相协调的高等教育大省队伍，改善了以往“高校少、规模小、底子薄、结构不合理”的教育状态，解决了高校发展过程中出现的教学体系不健全、学科设置无特色、人才培养模式单一等问题。安徽地方高校不断落实省委教育工委、教育厅的工作部署，继续坚持“科学定位、分类指导、多元发展、特色办学”的总体思路，初步走出了一条适合安徽经济和社会发展的“地方性、应用型、合作式、一体化”的高等教育改革之路，以满足高等教育多层次、多样化的需求②。

一、高等院校地方化趋势

高校专业设置、人才培养模式、经费支出、教学管理权限等都要充分考虑本地经济和本地产业发展的状况，以适应地方经济发展，符合科技发展方向，满足人才需求。地方高校从隶属关系上划分，是处于省级管辖范围的全日制普通高等学校（包括省市共建高校），它区别于中央所属高等学校，承担

---

① 刘晖，顾洁岚.中国经验：改革开放以来高等教育地方化政策与进路[J]. 高教探索，2013(1):43-48.

② 常连.坚持内涵发展 坚定走应用性地方高等教育发展之路：安徽省高校教学工作会议综述[J].中国高等教育，2012(13-14):48-49.

的社会责任是为社会输送人才，为地方培养“用得上”“留得住”的人才[①]。安徽高校承担着为安徽输送优秀人才的重任，承担着建设美好安徽的重任。牢固确立地方定位，把服务安徽经济社会发展作为地方高等教育的基本价值追求和质量评价标准。安徽地方高校地方化趋势主要体现在管理地方化、经费地方化、服务对象地方化三个方面。

(一)管理地方化

1985年5月27日，中共中央颁布了《关于改革教育体制的决定》，针对我国高等教育在管理体制方面的弊端，明确提出，要在国家统一教育方针的指导下，积极扩大高校办学自主权，增强高校同社会生产、科研等方面的联系，促使高校主动适应社会变化和经济发展[②]。2000年，几经变革的教育管理体制基本形成了“以中央为统筹、以省级管理为主”的体制，表明中央将对地方高校的管理权下放到了地方政府。目前，安徽地方高校的人事权在安徽省政府，地方高校的发展计划、招生计划、教学管理科研立项都由安徽省政府及相应职能部门承担。如安徽财经大学前身为安徽财贸学院，先后隶属于中华全国供销合作总社、商业部、国内贸易部。2000年2月，国务院决定，实行中央与地方共建，以安徽省管理为主的管理体系；2004年5月，经教育部批准，学校更名为安徽财经大学。安徽工业大学前身为隶属于原国家冶金工业部的华东冶金学院，是华东地区唯一一所冶金行业本科层次的高等院校，1998年9月起学校实行中央与地方共建，以安徽省管理为主的管理体制。安徽理工大学1998年由煤炭工业部划转安徽省，实行中央与地方共建，以安徽省管理为主的管理体制。淮北师范大学隶属原煤炭工业部，1998年9月实行中央与地方共建，以安徽省管理为主的管理体制。

① 张婕.地方高校发展:现实与理想[M].武汉:华中师范大学出版社,2010:7.

② 吴方,杜学元.我国高等教育管理体制的发展及启示[J].鸡西大学学报,2010(5):11-12.

(二)经费地方化

教育经费是地方高等教育持续健康发展的重要保障。据统计，2011年高等教育总支出为122.6亿元，2018年高等教育总支出为266.6亿元，比2011年增加144亿元，年均增长11.7%①。安徽省省属共建高校包括“985”院校、“211”院校、省属重点大学，它们的经费主要来源于中央和地方。“985”院校有中国科学技术大学，“211”院校有安徽大学、合肥工业大学。2013年，为加速提升安徽省高等教育整体水平和综合实力，全面提高高等教育服务区域经济社会发展水平，安徽省教育厅、安徽省财政厅联合出台《安徽省高等教育振兴计划》。该计划立项建设33所地方高水平高校，包括8所“地方特色高水平大学”、9所“地方应用型高水平大学”和16所“地方技能型高水平大学”。其中地方特色高水平大学以服务省级发展战略和创新引领省域行业发展为主要目标，以服务“三个强省”和美好安徽建设为主要任务，以省部共建为抓手，以学科专业和人才建设为重点，学校办学水平和综合实力既在国内外同类型高校有一定的影响，又在本省同层次高校中起到带头、示范、引领作用。地方特色高水平大学分为两批。第一批：安徽大学、安徽师范大学、安徽农业大学、安徽医科大学；第二批：安徽工业大学、安徽理工大学、安徽财经大学、安徽中医药大学。

省市共建的地方高校由省市两级政府共同建设、共同管理，财政拨款也由两级政府共同承担。地方投入绝对量是逐年递增的，虽然出现小幅度波动，但相对中央的投入增长情况，总体上比较稳定。

(三)服务对象地方化

安徽高校的生源大部分来自本省，且在招生名额上对本省学生有更多的

① 安徽省教育厅.关于对省十三届人大二次会议第286号代表建议的答复：皖教办案〔2019〕53号[EB/OL].(2019-12-10)[2021-08-30].http://jyt.ah.gov.cn/public/7071/39710009.html.

优惠政策。以安徽农业大学分省份分专业的秋季本科招生为例（见表1-1），2019年安徽农业大学计划招生4880人，其中从安徽本省所招人数达到3569人，达到总招生人数的73%。其中，在文史类专业方面，安徽本省生源达605人，而招生人数在10人以下的省份高达20个，且只在28个外部省份招生。2020年安徽农业大学分省份分专业的秋季本科招生计划总数未变（见表1-2），但文科招生数量减少，增加了在甘肃省的招生，安徽本省的计划为3529人，虽减少40人，但仍然占招生总数的72.3%。这从侧面说明，地方高校教育具有服务对象地方化的倾向。

表1-1　2019年安徽农业大学分省份分专业的秋季本科招生计划表

单位：人

专业	北京	天津	河北	山西	内蒙古	辽宁	吉林	黑龙江	上海	江苏	浙江	安徽	福建	江西
文史	2	3	24	11	3	4	4	5	4	15	6	605	9	7
理工	2	22	101	69	17	16	16	15	26	65	89	2884	71	28
艺术										20		80		
总计	4	25	125	80	20	20	20	20	30	100	95	3569	80	35

专业	山东	河南	湖北	湖南	广东	广西	海南	重庆	四川	贵州	云南	西藏	陕西	宁夏	新疆
文史	8	5	12	5	14	2	4	9	10	13	10	3	8	5	5
理工	62	45	48	45	26	13	16	31	45	52	30	7	62	25	17
艺术	20														
总计	90	50	60	50	40	15	20	40	55	65	40	10	70	30	22

表1-2　2020年安徽农业大学分省份分专业的秋季本科招生计划表

单位：人

专业	北京	天津	河北	山西	内蒙古	辽宁	吉林	黑龙江	上海	江苏	浙江	安徽	甘肃	福建	江西
文史	1	2	22	15	4	4	4	5	4	14	6	550	8	9	7
理工	3	23	93	65	16	16	16	15	21	56	89	2904	22	71	28
艺术									5	20		75			
总计	4	25	115	80	20	20	20	20	30	90	95	3529	30	80	35

专业	山东	河南	湖北	湖南	广东	广西	海南	重庆	四川	贵州	云南	西藏	陕西	宁夏	新疆
文史	6	9	14	5	7	4	4	9	10	13	10	5	9	5	5
理工	64	51	61	35	33	26	16	31	45	52	30	15	51	25	17
艺术	20														
总计	90	60	75	40	40	30	20	40	55	65	40	20	60	30	22

资料来源：安徽农业大学官网，https：//www. ahau. edu. cn/zsjy1. htm.

二、应用型本科高校快速发展

《国家中长期教育改革和发展规划纲要（2010—2020年）》首次明确提出："适应国家和区域经济社会发展需要……重点扩大应用型、复合型、技能型人才培养规模。"① "十二五"规划纲要也提出了同样的要求。"十四五"规划纲要指出：建设高质量本科教育，推进部分普通本科高校向应用型转变。安徽省应用型本科高校的改革要追溯到1985年。这一年，安徽省政府和德国下萨克森州政府签署了一份关于共建应用型高校的协议，办学模式主要参照德国应用科学大学。合肥联合大学就是在此背景下成为安徽省最早提出培养应用型高校人才的地方高校。1999年，合肥联合大学、合肥教育学院以及合肥师范学校合并为合肥学院后，更加注重本科专业的内涵式发展。2004年，合肥学院确定了"地方性、应用型、国际化"办学定位，开始全方位探索应

① 教育部．国家中长期教育改革和发展规划纲要（2010—2020年）[N]．中国教育报，2010-07-30(1).

用型人才培养新路。在中央和安徽省教育厅的支持下，本科高校积极探索应用型、复合型、技能型人才的培养道路，以适应地方经济和社会发展的需要。

（一）突出应用型人才培养理念

地方高校在人才培养类型上，突出“应用型、复合型、技能型”目标。在人才培养理念上，突出从“学科导向”向“专业导向”转变，构建“能力本位”的人才培养方案。在培养体制上，突出学校和业界“合作育人、合作办学、合作就业、合作发展”。在专业开设和建设上，突出需求导向性和专业适应性。在教学环节上，增加实践教学活动，使学生通过实验、实训、实习和社会实践，提高应用能力。在教学质量上，打破传统的教学型本科高校质量保障体系，探索构建应用型人才培养质量保障体系①。此外，在应用型教学层次上，政府鼓励、支持综合条件许可的地方高校培养专业硕士，实施“1+1”的培养模式，即第一年主要是在校学习理论知识，第二年主要是参加工作实践。

为了深化高校教育体制改革，为安徽经济发展输送人才，打造美好安徽，安徽不同层次的高校在科学定位、特色办学过程中，积极以服务安徽地方经济、培养高素质人才为目标，坚持走高校地方化的特色道路。高校在发展的过程中，各具千秋，不仅体现了办学特色，还展现了当地的特色文化。

（二）实施应用型人才培养计划

在省级教育行政部门协调指导下，两大改革试点“应用型高等教育人才培养模式改革试点”和“高等学校分类管理改革试点”工作有条不紊地推进。在改革试点的同时，省级教育行政部门成立了专门的应用型高校建设指导组，具体研究应用型高校改革和发展的政策。安徽省教育厅高等教育处2012年工作要点指出，继续实施卓越工程师、卓越农艺师、卓越中小学教师、卓越医生等卓越应用型人才培养计划，加强与工信委、农委、旅游、文化等部门、

① 程艺，储常连，方明. 大力发展应用性高等教育 服务引领安徽奋力崛起[J]. 中国高等教育，2009(22)：7-10.

行业的合作，联合建立一批应用型人才培养基地，推动校企深入合作，改革人才培养体制、培养模式和教学方法。近几年，安徽省积极推进卓越人才培养计划，不断深化医学教育、工程教育、农学教育综合改革和教师课程教学改革，以引导高校主动根据人才市场变化调整学科①。

安徽卓越工程师培养计划试点高校有合肥工业大学、合肥学院、安徽科技学院等。2014年，安徽农业大学、安徽科技学院、安徽工程大学、黄山学院、阜阳师范学院获批教育部第一批卓越农林人才教育培养计划项目试点。教育部批准的卓越农艺师培养计划试点高校有安徽农业大学、安徽科技学院。长期以来，安徽农业大学坚持走“大别山道路”，致力于“科教兴农、科教兴皖”事业。在科技开发大别山、科技支撑新农村建设、科技引领现代农业发展的不断探索与实践中，安徽农业大学以“大别山道路”拓展工程为载体，逐渐走出了一条育人、创新、兴校、富民之路，受到社会的广泛赞誉。安徽科技学院多次被评为“安徽省普通高校毕业生就业工作标兵单位”，培养了一批创业人才和服务农村经济发展的村干部。安徽卓越医生培养计划试点高校有安徽医科大学、蚌埠医学院、安徽医学高等专科学校。安徽医科大学立足本省医学高等教育和医疗卫生事业发展需要，以建设高水平教学研究型医科大学为目标，坚持规模、结构、质量、效益协调发展，坚持艰苦奋斗，力求创新，是安徽省高级人才培养和优质医疗资源集聚的重要基地（见表1–3）。

表1–3　安徽人才教育培养计划部分高校名单

教育培养计划	卓越医生	卓越工程师	卓越农艺师	卓越教师 卓越法律人才	教育培养计划
高校	安徽医科大学 蚌埠医学院 安徽医学高等专科学校	安徽建筑大学 合肥工业大学 安徽理工大学 合肥学院 安徽科技学院	安徽农业大学 安徽科技学院	安徽师范大学	安徽大学

资料来源：根据高校官方网站整理。

① 张荣国.安徽省应用型本科高校建设的实践与思考[J].安徽师范大学学报（人文社会科学版），2012(1)：81–84.

三、合作模式多样化

合作是实现资源节约、优势互补、互利共赢的有效途径。随着安徽地方高校教育改革的推进，高校开放式教育模式日渐多样化，现已推出校际合作、校地合作、校企合作、中外合作模式，以增强高校的综合实力。

（一）校际合作

校际合作是一种抱团发展模式，一般由两个或两个以上的高校组成，就某个共同的战略目标达成合作协议，从而实现优势互补、风险共担、资源共享[①]。以高校联盟为例，它是介于高校合作与高校合并之间的一种全方位的深层次的合作，共同探索办学理念，确定办学方案，通过抱团发展实现资源共享和互利共赢。

六类高校合作联盟分别是应用型本科高校、示范性高职院校、医学教育院校、教师教育院校、市属高职院校和商科类高职院校。安徽省应用型本科高校联盟于2008年12月26日在应用型本科院校建设研讨会暨安徽省新建本科院校第五次协作会上决定成立，由合肥学院、铜陵学院、合肥师范学院、黄山学院等14所院校组成，又被称为“安徽省行知联盟”。应用型本科高校以“培养应用型人才为主，以办本科教育为主，以教学为主，以服务地方经济建设为主”。应用型本科高校在专业设置上，强调与地方经济社会发展互动，实行动态调整；在知识体系构建上，以能力导向为核心；在人才培养方案设计上，突出实践教学；在队伍建设上，强化“双能型”（教师教学能力和科技研发及成果转化能力）教师培养；在教学手段方面，强调产学研结合；等等。在共建专业上，安徽省应用型本科高校联盟内6所高校以各自开办历史较长、优势明显的10个国家级专业和1个省级特色专业与其他院校合作，

① 张金学，张宝歌，李旭中．地方区域高校联盟建设的探索与实践：以牡丹江地区6所高校跨校协作为例[J]．牡丹江师范学院学报（哲学社会科学版），2012（6）：1-4.

建立专业合作平台。它们在专业共建方面以建设特色鲜明专业为目标，以形成统一应用型本科专业为标准。

(二)校地合作

高校对政府开放，高校可以了解社会需求，发挥自己的专业优势，服务当地经济的发展。安徽大学徽学研究中心在成立伊始，就与黄山市政府签署了全面合作协议，将“黄山市旅游业可持续发展研究”列入基地重大招标课题，该课题的研究成果已被安徽省旅游局和黄山市人民政府采用①。2013年，金华市与安徽财经大学合作推行市校人才培养工作，签订市校合作协议以实现互利共赢。在实践中，金华市依托安徽财经大学高层次人才资源进行科研创新，在不断完善本市实践基地建设的同时，为安徽财经大学的教育改革、学科建设等提供必要的资金支持。安徽师范大学与芜湖经济技术开发区合作，扩大学生实习就业渠道。安徽工业大学近年来与当涂县政府在合作办学、产学研合作方面达成共识，还与芜湖市政府开展产学研校地合作交流。

(三)校企合作

校企合作，是高校与企业合作的一种方式，有助于大学生将理论知识与社会实践有机结合，以实现校企资源共享。合肥工业大学大力推行校企合作的教育模式，曾与安徽江淮汽车集团股份有限公司、安徽建工集团控股有限公司、安徽合力股份有限公司联合共建3个国家级工程实践教育中心，成为教育部首批卓越工程师培养计划的试点高校。安徽大学自建校以来与50多家大中型企业建立了紧密的合作关系，并与600多家企业保持多种形式的产学研合作关系，为地方经济社会发展提供多方面的服务。安徽农业大学各学院均与多家企业合作，协同促进人才培养，打造教育教学、实践实习、创新孵化“三位一体”的全新场景，使合作真正走进校园、融入校园，形成共生共

① 陈运贵.地方高校服务“文化强省”建设研究：以安徽省为例[J].经济研究导刊，2011(36)：302-304.

赢的校企合作生态圈。

(四)中外合作

借鉴国外教学经验，培养综合性人才是高校对外开放的一大举措。中国科学技术大学与法国国家科研中心在物理、化学、生物等领域有广泛合作。合肥工业大学与世界多所著名大学，如美国俄亥俄州立大学，建立了友好合作关系，开展了多种形式的合作。合肥工业大学有30多个国家的在校留学生，且留学生人数还在逐年增长。安徽大学与美、英、德、日等国家和地区的120所高校和科研机构建立了交流合作关系，与智利圣托马斯大学、乌克兰哈尔科夫大学、阿塞拜疆巴库大学合作设立了孔子学院，成立了5个国(境)外“中国中心”。安徽农业大学2011年获批为中国科协“安徽海智农业基地”和教育部“接受中国政府奖学金来华留学生院校”，2012年成为农业部“南南合作”项目外语培训定点单位，2014年获批为“国家示范型国际科技合作基地”。这些紧密合作形成相互促进的开放机制，为安徽的教育和经济发展增添了活力。

形势与政策课的地位是由其特有的性质、中国特色社会主义大学的办学方向、思想政治理论课的任务决定的，集动态性和稳定性、政治性和思想性、丰富性和知识性、灵活性和规范性于一体。2004年以来，安徽省积极响应党中央和政府的号召，提出了“科学定位、分类指导、多元发展、特色办学”的总体思路，初步走出了一条适合安徽经济发展的且具安徽地方特色的“地方性、应用型、合作式、一体化”的道路。在此背景下，安徽地方高校特色教育蓬勃开展。但在肯定成效的同时，我们必须清楚认识安徽地方高校形势与政策课的教学现状。近年来，安徽各高校在教育部主管部门和省教育厅的指导下，高度重视形势与政策教育教学工作，根据学生思想特征和关注的时事热点，不断探索形势与政策教育教学的新思路和新方法。总体上来看，安徽高校形势与政策教育教学工作取得了一定成就。但是，在互联网迅猛发展的时代，安徽高校的形势与政策教育教学工作也面临挑战。从国际形势看，在政治多极化和经济全球化进程中，大学生的世界观、人生观、价值观极易受到外来腐朽思想和糟粕文化的干扰和冲击。从受教育者情况来看，自1999年高校普遍扩招以来，学生素质差异化问题越来越突出。这些挑战要求安徽高校正确认识形势与政策教育教学的现状，了解形势与政策教育教学的新诉求，探索新的教学对策，加强形势与政策课的地方特色研究，结合国情、省情、校情和学生特点进行有针对性的教学，给形势与政策教育教学注入活力，从而引导大学生客观地分析形势，正确地把握形势，始终坚定共产主义理想信念，成为德智体美劳全面发展的社会主义建设者和接班人，成为能够担当民族复兴大任的时代新人。

第二章　地方高校形势与政策课教学现状

地方高校形势与政策课教学状况与教育部门的指导和规划密切相关。1951年，教育部曾指示华北地区高校保留并加强“时事委员会”组织，指示“在教务长领导下，负责计划、组织时事政策的学习，结合社会政治运动，解决学生对时事政策方面的一般思想问题”[①]。《中华人民共和国教育部关于1961—1962学年度上学期高等学校共同政治理论课安排的几点意见》规定：“形势和任务课为各专业、各年级的必修课（主要内容是讲解国内外形势、党和国家的任务、方针、政策）”[②]。1987年11月20日，国家教委发布《关于高等学校思想教育课程建设的意见》，规定设置五门思想教育课程，形势与政策作为必修课程纳入课程体系。此后，中宣部、教育部多次发文对形势与政策教育教学加以指导，具体内容第一章已有详述，这里不再赘述。

我国高校形势与政策的课程化教育改革并非一帆风顺，更不是一蹴而就，而是经历了较长时间的曲折发展，甚至出现过倒退，直到改革开放以后，这门课才形成了较为成熟、较为科学的教育模式。在此期间，高校的形势与政策教育从课堂外搬到课堂内，逐渐演变为系统的课程教学，成为高校学生思想教育的必修课程，在大学生思想政治教育中的地位举足轻重。近年来，地方高校按照2019年中共中央办公厅、国务院办公厅印发的《关于深化新时代学校思想政治理论课改革创新的若干意见》文件精神，在新时代形势与政策

① 教育部社会科学司.普通高校思想政治理论课文献选编：1949—2008[M].北京：中国人民大学出版社，2008：9-10.

② 教育部社会科学司.普通高校思想政治理论课文献选编：1949—2008[M].北京：中国人民大学出版社，2008：41.

教育教学改革中不断探索新方式和新方法，将党的理论创新成果及时体现在教学内容中，取得了显著进步，但同时，形势与政策教育教学也出现了一些新问题。

第一节　地方高校形势与政策课教学总体状况

一、地方高校形势与政策课的考核状况

地方高校形势与政策课的考核方式一般包含平时成绩、课后作业和考试成绩等。通常，地方高校形势与政策课的最终考核及评定由平时成绩（40%左右）和考试成绩（60%左右）构成，比例的设置反映出地方高校形势与政策课考核很注重平时学习成效。近年来，随着学生参与度的提高，考核方式也更加灵活多样，“时事播报”“翻转课堂”“政策问答”等形式为平时成绩提供了充分的参考依据。

（一）平时成绩考核状况

地方高校由于网络课堂使用程度普遍偏低，在记录平时成绩时主要依赖课堂记录。平时成绩一般由出勤情况、课后作业完成情况和课堂综合表现三部分组成。大部分地方高校的形势与政策课是大班教学，涵括不同专业学生，学生人数在150—300人，考勤和批改作业是相当困难的事。若是一个不落地点名，会耽误教学时间；若是抽点，会出现代答情况，导致考勤结果不具真实性。此外，教师平时很少布置课后作业，即使布置了，下节课也可能不会讲解。久而久之，学生会因教师的无暇顾及而忽视形势与政策课的重要性。

（二）考试成绩考核状况

高校课程分为必修课和选修课，两者的考核方式略有不同。必修课一般采用笔试来考查学生对该门课程的掌握情况，以分数高低为评判标准；选修课的考核形式比较多样，大多数高校会在学期结束要求学生写一篇论文，教师根据学生论文的选题、字数、工整度等将成绩分为优、良、及格、不及格四个不同等级。1987年，国家教委下发文件，规定将形势与政策作为高校必修课程。但在教学实践中，形势与政策课的考核多采用撰写论文的形式，一些高校只要求学生在规定时间内提交论文，对论文题目和论文格式无特别要求。现今网上论文搜查和下载十分便捷，学生论文的重复率普遍较高。由于作业批改量大，教师需要花费较多精力批阅。

二、地方高校形势与政策课的教材状况

教材是一门课程的基础。形势与政策课教材的时效性较强，编写更新频度也是思想政治理论课中最高的。目前高校形势与政策课教材主要由以下几部分构成。

（一）地方高校自编教材

教材的内容主要分为两部分，一部分是总结国内外发展的特征，概括事物变化的规律；另一部分是分析当今世界局势，讲解国家重要政策方针。形势与政策课一直没有固定的统编教材，主要是因为该课程教学内容具有较大的变动性。目前，大部分高校都是以教育部每学期发布的教学要点作为参照，以反映国内外形势最新动态的《时事报告（大学生版）》和《时事》DVD作为学生学习辅导资料，再结合高校自身校情，自编教材。《时事报告》杂志社编写的教材能够较好地体现形势与政策课的权威性、全局性和系统性，但各地方大学在讲授时为了反映地方特色和满足地方发展要求，就需要编纂地方

教材，这样更有利于地方大学有针对性地开展教学。例如，在安徽省高等教育振兴计划“弘扬核心价值观名师工作室”项目“地方高校《形势与政策》课教育教学”名校工作室和安徽省教育厅质量工程项目“安徽省地方高校‘形势与政策’课特色化教学改革研究”的资助下，安徽高校形势与政策课教材由安徽师范大学出版社出版，截至2020年上半年，已连续出版10本。而安徽农业大学在每学期开学前，按照教育部社科司《高校“形势与政策”课教学要点》，确定六个专题，邀请国内、本省、本校从事形势与政策课教学的一线教师，编写专题内容（涉及安徽地方形势、政策或“三农”问题的内容邀请省内专家或校内专家撰写）。学校从2014年起，和安徽师范大学出版社合作，每年编写出版一本校本形势与政策课教材，深受学生欢迎。

（二）辅助教材：时事报刊

2015年11月16日，教育部发布《高等学校思想政治理论课建设标准》明确规定：“‘形势与政策’课要根据教育部下发的教育教学要点组织教学，选用中宣部和教育部组织制作的《时事报告（大学生版）》和《时事》DVD作为学生学习辅导资料。”[①]高校阅览室是大学生接受形势与政策教育的另一重要课外平台，有很多不同类型的报刊供读者阅读，其中比较重要的就是跟时事政策有关的一些刊物，如《人民日报》《环球时报》《新闻周刊》《半月谈》《南风窗》等，读者根据自己的喜好选择不同的报刊以了解时事。《时事》是一本涉及政治、经济、文化、国内外形势，宣传我国政策方针的简刊，它的教育目的与形势与政策的教育目的和作用是一样的。大部分高校都会为大学生订购这些杂志，以充当大学生形势与政策课的课外辅导教材。

随着网络技术的迅速发展，新媒体渗透到大学生生活的方方面面，学生获取信息越来越方便快捷。一方面，很多形势与政策教材内容在授课之前已

① 教育部.关于印发《高等学校思想政治理论课建设标准》的通知：教社科〔2015〕3号[EB/OL].(2015-09-23)[2021-05-30]. http://www.moe.gov.cn/srcsite/A13/moe_772/201509/t20150923_210168.html.

经为学生所熟知，教师在授课过程中不必花大量时间和精力着重介绍时事内容，而只需做理论的深度分析和方向引导，可以更好地集中精力将授课重点放在帮助大学生梳理教材体系，正确认识相关时政事件上，这为形势与政策教育教学带来了便利。另一方面，新媒体的发展致使形势与政策课教材内容更新的速度比不上网络新闻更新的速度，学生打开手机新闻软件，能在短时间内快速了解国内外大事。这给教学带来很大挑战，去阅读室读报的大学生越来越少。对于其他的辅导教材，个别授课班级甚至出现“教师课上一般不提，学生课下一般不看”的情况，形势与政策课教材也失去了分析形势、宣传政策的作用，甚至沦为教学摆设。

(三)相关影音材料

教育部不断积累改革经验，将新中国成立以来有音像记录的所有相关数据引入形势与政策课的教学中，作为课程的有声教材，如中国共产党的发展史等。但是也有部分高校教学设施诸如多媒体设备等相对缺乏，影音教学并不能得到普及。也有个别教师过度依赖多媒体教学手段，把形势与政策课上成了电影鉴赏课。地方高校教学设施落后状况亟待改进，大型开放式网络课程（MOOC）等学习型视频网站的新鲜资源可以有选择地合理利用，学生拍摄的相关学习微视频、微辩论、微电影也可以发到这些网站上展示。

三、地方高校形势与政策课的教师队伍状况

教师在课堂中起着主导作用，任何一门课程要想成为课程体系的一部分，好的教师队伍都是不可或缺的，形势与政策课也不例外。地方高校形势与政策课要紧跟新时代思想政治课改革发展的步伐，在师资队伍建设中严格教师的遴选，加强代课教师队伍的专业化建设，优化集体备课和培训制度，打造“常讲常新”的思政“金课”。

（一）教师队伍的构成

形势与政策课是思想政治理论课体系的一部分。地方高校形势与政策课的教师队伍主要由思想政治课老师和行政岗老师构成。在这支教师队伍中有教学经验丰富的校领导、老教授，也有刚走上工作岗位不久的辅导员，教学水平参差不齐。部分高校没有专职教师从事这方面的教学工作，也没有设立相应的教研组织。地方高校在人才引进中对“国际关系”“国际政治”“外交学”等与“形势”与“政策”课高度相关专业毕业生缺少吸引力，大部分地方高校教学工作主要是由思想政治课教师承担，这些教师主要按照教育部下发的教学要点，结合自身所学进行授课，教学内容随意性较大，对某些专题缺乏有效研究。

（二）教师队伍的学历情况

师资力量是一个学校的软实力。学校类型不同，对教师科研和教学的要求也不同。目前，各大高校招聘的形势与政策课的专职教师需具有相关专业的博士学位，至少获得硕士学位，但在本硕博专业是否具有一致性方面没有过多要求。以安徽农业大学为例，形势与政策课在职专任教师28人，兼职教师70多人。专任教师中博士和在读博士生12人，45岁以下专任教师均具有硕士以上学位。

（三）教师队伍的年龄结构

随着我国地方教育事业的发展，教师队伍的年龄结构也越来越合理，在地方高校教师队伍中既有经验丰富的老科研人员，也有年轻有活力的教学人员。以安徽科技学院为例，该校形势与政策课相关专任教师18人中，“60后”教师6人，“70后”教师7人，“80后”教师5人。近两年，“90后”教师逐渐增多。

四、地方高校形势与政策课的教学方法状况

教学方法是实现教学目的的利器，是一门课程做到“润物细无声”的法宝。形势与政策课的教学方法主要有以下几种。

(一)传统课堂教学

传统课堂教学是指以教师为主体，以教材为根据的教学方式，它是形势与政策课的主要教学模式，教师参考教学要点，以专题的形式对形势与政策相关热点进行教学。这也是大部分高校日常教学采取的主要教学方式。

(二)开设讲座

教师提前准备好演示文稿，在多媒体教室利用先进的教学设备对时事热点进行讲解。它的优点在于提高了课程技术含量，扩大了课程覆盖面。缺点是，由于上课时间被安排在周三、周五的下午或者周末的晚上，老师和同学或多或少会因为一些其他事耽误，请假情况较多，不能真正发挥教学效果。

(三)特色课堂

近年来，许多地方高校结合“开学第一课”“同上一门思政课”等活动，将形势与政策教育主题贯穿其中，如农业院校开展节约粮食专题大课，医科院校开展抗击疫情专题，艺术类院校通过书法、音乐和雕塑作品等展现对形势与政策重大主题的关注。在形势与政策特色课堂中，教学方法更加立体化，教师队伍可以由专业教师和一线模范人物共同组成，将形势与政策学习“活起来”“动起来”“用起来”，地方高校特色与文化特色在特色课堂中都得到有力的彰显。

五、地方高校形势与政策课的教学保障状况

(一)课时设置

课堂教学是大学生接受教育最简单、最直接的方式。形势与政策课的教学时间是提高大学生对形势与政策的内在价值认知的保障。1998年，形势与政策课被纳入思想政治教育课程管理体系、列入大学教育的全过程，规定保证每周不少于一个学时、实行学年考核制度。2004年11月，中共中央宣传部、教育部《关于进一步加强高等学校学生形势与政策教育的通知》进一步强调形势与政策教育的地位和作用，明确形势与政策课按每个学期16周，每周1个学时计算，本科4年期间的学习，计2个学分。形势与政策教育教学进一步规范化，成为一门重要的学科。2018年教育部发布《关于加强新时代高校“形势与政策”课建设的若干意见》明确要将形势与政策课纳入学校教学计划，严格落实形势与政策课的学分。要保证本、专科学生在校学习期间开课不断线。本科每学期不低于8学时，共计2学分；专科每学期不低于8学时，共计1学分。但是，由于各种原因，部分高校形势与政策课的课程设置不合理，教学时间不规范，课时压缩或被挤占。

个别地方高校对形势与政策课的性质以及学习内容的理解失之偏颇，认为只要对学生起到思想政治教育，他们可以用其他的政治学习来代替此门课程，导致课程开设失衡。例如集体学习每年国家召开的重大会议精神、撰写思想报告、听专题讲座等。由于这一门课程没有固定的教材，上课时间的安排不合理，有的教师无法全身心投入教学中，导致学生对教师的负面教学评价。不管是从教学效果还是从这门课的重要程度来说，高校的课时设置都有待商榷。

（二）教学管理

中共中央宣传部、教育部颁布的《关于进一步加强高等学校学生形势与政策教育的通知》，在编制教学计划、明确教学要求、建立教学组织、开展集体备课、建立成绩档案、反馈教学信息等方面有明确指示，还要求实行学年考核制，考核工作由学校教务部门统一安排。调查显示，实际教学工作离这些规定还有很大差距。

第一，教学牵头部门不统一，课程建设归属不明确。调查发现，高校形势与政策课程牵头部门既有按通知要求的党委宣传部与思想政治理论课程教学管理机构，也有学生处或教务处。一项调查显示：10%的高校由学生工作部门牵头负责，1.5%的学校由教务部门牵头负责，很少有高校组建单独的形势与政策教研室。不少高校形势与政策课的任课教师分属于不同教研室或部门，缺乏统一而有效的管理。这成为制约形势与政策课程整体建设和发展的一个重要因素。从学生成绩的考核方式看，存在三种情况：59.8%的高校实行学期制考核，30.5%的高校实行学年制考核，9.6%的高校实行其他考核方式。

第二，部分教师课堂讲授内容随意性大。中宣部、教育部组织编写的《高校思想政治理论课程教学参考资料》《时事报告（大学生版）》等只是参考，教师在课堂上讲什么内容，主要由高校确定，甚至个别高校由任课教师确定。因而在同一所高校，由于任课教师不同，也会出现授课内容不同的现象。有的教师任意设计教学专题，对于自己熟悉的内容，即使没有多大现实意义，讲得仍比较多；对于自己不熟悉的内容，即使现实性比较强，学生比较关注，讲得也比较少，甚至回避不讲。一些高校将上课时间安排在晚上或者周末，教学效果受到一定影响。

第二节　地方高校形势与政策课教学问题剖析

近年来，地方高校不断推进思政课教学改革，深入剖析形势与政策教育的问题成因，以提高形势与政策教育的实效性、针对性和亲和力。

一、形势与政策课的内在价值与高校重视程度之间的矛盾

高校对形势与政策教育的重视程度不够，主要是因为一些地方高校对形势与政策教育的价值定位模糊，认识程度还不够深。比如，有些人认为形势与政策课与专业课相比，处于次要位置，忽视了形势与政策教育有助于大学生了解就业形势，有助于培养他们的科学判断力。有人认为，在互联网快速发展的时代，大学生可以通过网络了解国内外经济、政治和文化的动态，忽略了大学生自身学习的局限性。有人认为形势与政策课可以根据专业相关性来开设，不需每个专业都开设。有人认为本科院校和职业技术学院在形势与政策课的课时管理方面，可以存在差异。有人认为理工科院校可以根据学校条件来开设。这些片面的想法导致高校对形势与政策课的内在价值认识不清，未能把形势与政策教育贯穿教育教学的全过程。

目前，地方高校极力打造特色专业，突出重点专业。在此背景下，高校对形势与政策课的课程安排、教材编写、教师培养、经费投入不够重视。比如在课程安排方面，不少地方高校的课程安排随意化，形势与政策课变成了自习课。虽然中央文件明确规定，但在实际教学过程中，仍存在压缩课时和占用课时的情况。有些院校没有一套完整的教学方案，出现由于师资不足导致课程中断的情况。

不仅高校领导对形势与政策课的重要性认识不足，师生对形势与政策课的认识也参差不齐。少数高校思想政治教育工作者认为，高校学生可以利用

互联网等途径来学习这门课程，没必要投入过多的人力、物力和财力，在必要的时候可以搞个大型讲座。专业课老师认为此门课程可有可无。形势与政策教育的对象主要是学生，学生的参与直接关系到形势与政策教育的效果。大部分学生更青睐于通过微信或者新闻软件，或者通过阅读报纸、听广播、看电视等途径关注国内外时事新闻，不愿意浪费时间上形势与政策课，认为老师只不过是把新闻又读一遍。迫于课堂考勤，来听课者大部分是被动学习。

二、教学内容复杂化与固定教材编写之间的矛盾

形势与政策教学内容复杂化主要是因为其教学内容缺乏系统性，表现为形势与政策教学内容涉及面广，教学内容具有时效性和动态性，教材缺乏统一安排，教师对教学内容的把握存在分歧。形势与政策的教学信息量大，主要讲解内容需涵盖基本国情、两岸关系、国际形势和学生关心的其他热点及难点问题。时代在前进，国际形势一直处于变化中，虽然政策在一定时期具有相对稳定性，但每年的政策也会随形势做出相应的调整。比如每年例行的上半年有两会，下半年有中央全会；再比如由于近年中国经济社会的跨越发展，各种社会矛盾凸显，一些重点问题处于敏感时期，像收入分配差距问题、腐败问题、社会保障问题、城镇化问题、食品安全问题等。因此，任课教师的备课工作比较繁重。教师需要将课程要求的教学要点和时事热点结合，既要完成教学任务，还要体现课程的时效性，这些都需要任课教师耗费不少精力去研读大量材料①。

一本系统性的形势与政策教材是学生系统获取知识的工具，是老师进行规范化教学的指南。2004年，中共中央宣传部、教育部联合下发《关于进一步加强高等学校学生形势与政策教育的通知》，指出："各高等学校可根据中宣部、教育部的要求，结合本地本校的热点问题和思想特色，编写教学参考资料"。2018年教育部发布《关于加强新时代高校"形势与政策"课建设的若

① 王羚又."形势与政策"课教学的难点及对策[J].教育与职业，2013(36)：122-123.

干意见》（教社科〔2018〕1号），指出：各地各高校可结合实际，编写形势与政策课教学辅助资料，原则上各地组织编写的教学辅助资料由地方党委宣传、教育工作部门负责审定，各高校组织编写的教学辅助资料由学校党委负责审定。教材编写的难点，不仅在于要根据中央宣传部和教育部下发的教学要点，还要迎合大学生的个性需求以及体现高等院校特色。至今为止，更多院校使用的是每学期开学前中共中央宣传部主管的《时事报告》杂志社编辑出版的教材①。安徽省部分院校依托项目也组织专家编写了部分形势与政策课教材。这些教材以教育部形势与政策教育教学要点为依据，一般由安徽省内专家组织精干力量编写，并制作了配套课件，基本能够满足本省高校形势与政策课教材使用需求。

然而在实际教学过程中，一些形势与政策教师对教育教学内容把握不到位，理解不准确，以至于在教学实践中，讲授不够深入浅出，不能侧重教学，无法向学生传达教学重点。还有部分教师随意安排教学专题，在自己擅长的方面花一大半课时，在自己不感兴趣或专业性不强的章节一带而过，甚至回避不讲。枯燥的教学内容缺乏足够的说服力和感染力，教学效果不尽如人意。此外，由于形势与政策课没有固定指导教材，思政课教师在教学中经常将教学内容与“马克思主义基本原理”“中国近现代史纲要”及“思想道德修养与法治”“毛泽东思想和中国特色社会主义理论体系概论”课程内容交叉重复，削弱了形势与政策课的学科特性。

三、教学形式单一与学生个性化需求之间的矛盾

充分利用现代化教学手段，探索教育教学新方法，是提高教学效果的重要保障。中共中央宣传部、教育部《关于进一步加强高等学校学生形势与政策教育的通知》强调，要积极探索如何在新形势下开展形势与政策的新方式和新途

---

① 苏洁，邓春梅．高校形势与政策教育创新模式研究[M]．北京：光明日报出版社，2014：12.

径；要根据教学的需求和学生的特点，采取灵活多样的教学方式；要努力做到系统讲授与形势报告、专题讲座相结合，“请进来”与“走出去”相结合，课堂教学与课外讨论、交流相结合，正面教育与学生自我教育相结合。《关于加强新时代高校“形势与政策”课建设的若干意见》中强调：可采取灵活多样的方式组织课堂教学，积极运用现代信息技术手段，扩大优质课程的覆盖面，提升“形势与政策”课教学效果。目前，安徽地方高校普遍存在教学形式单一状况，未能以学生为主体，教学方式未能更好地贴近大学生的生活。

教学形式是根据一定的教学思想、教学目的和教学内容组织安排教学活动的方式。传统的教学方式以教师为中心，由教师、学生和教材这三个要素构成，它的特点是“传递—接受”，即教师通过讲授把教学内容传递给学生或者灌输给学生。即使有些老师采用多媒体教学，改变了过去一块黑板、一支粉笔、一张嘴的陈旧方式，但是由于演示文稿内容质量差，照搬书本内容，缺乏师生互动，致使课堂枯燥无味。在这种模式下，老师成为彻彻底底的施教者，学生是被动的外部刺激接受者即灌输对象，多媒体成为老师向学生灌输知识的辅助工具，教材成为灌输的内容。可见，传统的教学方式忽视了大学生的独立性、选择性、多变性和差异性，仅注重教师在课堂中的主导地位，学生在课堂上被动接受信息，积极性受到影响，致使课堂气氛沉闷，严重影响教学效果。

实践教学中，高校往往忽略互联网信息技术对学生的交流方式、学习方式和思维方式的影响。在过去，大学生沟通交流主要以口头、电话、书信、手机为主。在互联网普及时代，大学生更喜欢通过QQ、微信、微博、网络论坛来表达心声。由于可以在网上以匿名形式发表言论，他们会表达出内心真实的想法。此外网络搜索的开放性和及时性使大学生获取知识信息的时间大大缩短。在此情况下，大学生获取知识的方式由被动变为主动，更加倾向于开放式、交互式、自主式的学习模式。与此同时，我们也要认识到大学生的心理还不够成熟，缺乏理性的判断力，尤其在混乱庞杂的信息时代，可能因为缺乏辨别力而迷失方向，导致价值观扭曲。此外，他们的性格还有可能变得随意、冲动，乃至做出不负责的社会行为。因此，在他们自主学习意识提高的情况下，高校应借助多媒体，丰富形势与政策课的教学手段和方法，克服传统教学手段的单调性和枯燥性，努力形成“世情—国情—省情—校史”等知识链条的多维教育模块，增强形势与政策课的吸引力和感染力，帮助大学生形成全面的、整体的马克思主义形势政策观。

四、教学队伍落后与教学实效性诉求之间的矛盾

2004年，中共中央宣传部、教育部联合下发《关于进一步加强高等学校学生形势与政策教育的通知》。该通知明确规定：“要建设一支以精干的专职教师为骨干，以思想政治教育工作队伍为主体，专兼结合的教师队伍。”安徽省地方高校虽然在积极努力打造复合型师资队伍建设，但是在具体实践中仍存在以下问题。

(一)教师队伍中缺乏专职教师

一支专业且优秀的教师队伍是确保形势与政策教育实效性的重要保障。目前，部分高校在教师队伍建设方面缺乏科学的教学管理、教学激励机制、教学成长计划等，导致高校专职教师缺位。

一项调查数据显示，大学生对高校形势与政策课师资力量满意度不高，非常满意者仅为22.58%，一般满意者为51.61%[①]。大学生对形势与政策课师资力量以及教学效果的评价直接反映出教师队伍的整体质量和教学水平。形势与政策课的动态性、时效性、灵活性、政治性和信息面广等特征对形势与政策课老师的教学水平提出挑战。目前，安徽地方高校形势与政策课普遍由思想政治理论课教师、辅导员等共同承担，缺乏专职的形势与政策课教师，兼职老师一般是从事行政工作或刚毕业从事大学生辅导员工作的教师。他们

① 黄苏飞.高校形势与政策教育教学创新研究[M].上海：上海交通大学出版社，2011:170.

当中相当一部分教师未接受过思想政治教育方面的专门训练，学校也没有对年轻的教师进行系统化、常规化的思想政治教育培训。客观上，形势与政策课程的时效性要求他们每学期备新课，然而这些兼职教师担任的行政工作任务繁重无法系统性备课，更谈不上在相关方面进行研究。在工作调动方面，兼职教师的调动频率较高，很难保证形势与政策课教师队伍的稳定性。此外，教师队伍的性别、政治面貌、年龄分布、行政职务情况、专业技术情况、学历情况和专业背景也不尽合理，无法保证教师队伍构建的科学性。

长期以来，大学生还存在一个错误的认知：形势与政策课教师的专业水平没有专业课教师水平高。加之，在建立健全教师成长体系、科学教学管理和教学激励机制方面，高校对其重视程度有待提升，即使是能胜任形势与政策课教学要求的专业教师，也不愿意承担该课程的教学任务，这极大影响了形势与政策课教师队伍的建设。

(二)部分专职教师理论修养有待提升

提高形势与政策课教学实效性的关键在于提高教师的整体水平。形势与政策课作为一门思想政治教育课程，不是一般性要求学生对国内外时事与政策进行常识性理解，而是需要在教师的指导下运用马克思主义基本观点、方法和立场来观察形势，提高政治鉴别力和领悟能力，从而形成马克思主义的形势政策观。现实教学实践中，由于自身阅历欠缺，理论素养不高，对一些重大理论问题解释不透、不深，部分专职教师在授课时重知识轻理论，无法帮助学生全面领悟教学内容。因此，对于一些重大的理论问题，教师在“传道、授业、解惑”之前，要准确把握隐藏在各种现象背后的本质和规律，实现以理论解读政策的教学目标。

五、教学保障机制与现有保障欠缺之间的矛盾

教育是一个需要稳定持续投入的系统工程，其中的教育保障机制是高校形势与政策课有效开展的关键。新时期，确保安徽地方高校形势与政策教育稳定、持续、良性运行，必须构建科学、有效的形势与政策教育保障机制。不容忽视的是，在高校扩招的背景下，制度体系不健全、组织分工不协调、课时压缩、教学软硬件设施落后、经费不足等问题是目前安徽地方高校形势与政策保障机制不健全的重要障碍。

从20世纪末开始，我国高等教育的各项改革突飞猛进，其中高等院校连年增加，连年扩招（见表2-1）。安徽普通高校由2000年的42所扩建到2020年的115所，高校招生数从2000年的76200人到2020年发展到462924人，招生人数增长了5倍。高等教育在蓬勃发展的同时，问题也陆续出现，主要表现为规章制度不健全、部门分工不协调、经费保障不足、教学环境有待改善等。

表2-1　安徽省普通高校教育事业发展情况（2016—2020年）

项　目	2016年	2017年	2018年	2019年	2020年
普通高校数/所	109	112	110	112	115
专任教师/人	59479	60429	61089	62374	65576
招生数/人	331240	332635	335979	432220	462924
在校学生/人	1145007	1147401	1139112	1241151	1368465
毕业生数/人	328540	322786	335182	321623	333581

数据来源：根据国家统计局网站历年数据整理。

(一)规章制度不健全

制度具有根本性、全局性、稳定性和长期性的特征，是保障高校形势与政策教育长效机制运行的根本。胡锦涛同志曾表示：“思想政治教育要取得成效，不仅本身要加强力度、改进方法，还要充分发挥管理的作用，依照法律

和规章制度加强和改进学校管理，要建立健全各种规章制度，严格照章办事。按规章制度办事。通过规范大学生的学习、生活和行为，促使他们自觉遵守各项规章制度和社会公德，逐步养成良好的行为习惯。”①

1.制度缺乏合理性

高校扩招导致老师不够用，出现一名老师教授多门课程，大班教学（有的达到300人）现象。高校教务处负责人在未对本校教学情况做全面考察和广泛征集意见的前提下，确定的教学计划，带有严重的个人主观色彩。此外，制度制定人对目标认识不清，缺乏周密的考虑，导致制度之间相互矛盾，无法执行。最后，学校的明文规定变成了一纸空文，一些教师对学校的规定视而不见②。

2.执行自觉性有待提升

一些学校的规章制度之所以不能有效执行，原因在于部分高校领导干部未起到带头执行作用。只要有一名领导干部有违规违纪现象，政策的权威性和制度的长期性就会被破坏，造成政策和制度的虚置。正所谓“其身不正，虽令不从”。

3.考核评价体系的科学性有待提高

形势与政策教学效果的考核分为两个大的方面：一方面是指对教师的考核，另一方面是指对学生成绩的考核。对授课教师的考核方式较单一，普遍采取的考核方式是随机听课、听公开课、赛课、看教务系统的教学质量评估成绩，每学期有专门的教学督导组对上学期的期末试卷进行抽查。学生由于存在“这门课不重要”“这门课教师的能力比其他专业课教师差”“及格万岁”的消极心理，不会认真对待，降低了教师的考核成绩。所以，部分老师为了获得大学生的欢迎，尽量迎合学生，对学生的考核随意。形势与政策课的考核方式是期末交一篇论文，不合理之处在于：有些学生通过抄袭应付课程考

① 中共中央文献研究室.十六大以来重要文献选编：中[M].北京：中央文献出版社，2006：642-643.

② 寇建国.学校规章制度虚置的原因及提高制度执行力的对策[J].教学与管理，2011（34）：14-15.

核，但也有部分学生通过认真阅读文献，深入思考，独立完成课程论文，然而部分课程论文却是任课教师分派的几个研究生来打分，考核评分随意性过大，难以保证评价的公平性，反过来也会对认真撰写课程论文的同学造成一定的伤害，助长抄袭应付课程论文同学的投机取巧心理，造成学生对形势与政策课的总体认同度下降。这种情绪还有可能由高年级向低年级传导扩散，造成较为恶劣的影响。

(二)部门分工不协调

目前，大学生的社会实践活动存在多头管理，组织混乱的局面。中共中央宣传部、教育部《关于进一步加强高等学校学生形势与政策教育的通知》强调，高等学校要建立健全党委统一领导，党委宣传部与思想政治理论课教学管理机构牵头负责，教务部门、学生工作部门、团委直接参与教育教学领导体制和工作机制，制定教育教学计划，组织实施教学活动。要加强督查工作，形成定期或不定期教学检查和督导的工作机制。长期以来，高校都是党委抓思想政治教育，行政抓业务管理。但在现实教学管理中，高校党委由于政务繁忙，将形势与政策教育的牵头工作指派到下一级部门。由于下一级工作部门对大学生形势与政策工作状况不了解，制定出来的教育总体规划和工作部署缺乏科学性和可行性，致使形势与政策教学效率低。

虽然高校把实践教学的学分纳入培养计划，但往往存在形式大于内容，教学计划执行不到位的情况。形势与政策课的实践教学要求，高校建立由有关负责人参加的实践教学体系，对实践教学进行指导；学校教务处和相关教学单位共同协商，科学制定实践教学计划和方案，统一组织安排；相关部门如校党委宣传部、校团委和教务处等，也应密切配合学院开展组织工作，使各方面的力量形成一股巨大的合力，为取得更好的教学效果提供强有力的组织保障。

（三）经费保障不足

建立高校形势与政策教育的保障机制，物质保障是基础，没有教育经费的持续投入，实践基地的建设无法落实，条件难以改善，手段难以优化。目前，安徽地方高校实践教学财力支持不足，各项设施、设备较落后，无法满足新形势下的教学要求，阻碍形势与政策教育工作的顺利开展。

一是资金短缺。任何学科进行实践教学都需要有一定的经费作保证。形势与政策课的实践教学、基地建设很少有专项经费，大多是在其他费用中挤出一点。大多数学校实践教学的经费都很紧张，不少学校甚至没有实践教学的经费。经费不足成了高校形势与政策课开展实践教学活动的最大瓶颈。二是实践教学支出大。实践教学需要支付各种费用。与此同时，不少学校未能合理地使用实践教学经费，浪费比较严重[①]。

（四）教学环境有待改善

马克思指出："既然是环境造就人，那就必须以合乎人性的方式去造就环境。"[②]校园环境是影响形势与政策教育工作的要素之一，是大学生世界观、人生观、价值观形成和发展的客观环境。校园环境可以归为"硬环境"和"软环境"两类。硬环境是指学校的课程设置和教学常规管理、教学设施配置、学校地理位置及周边环境等。这些因素都是外在的、可以量化的。软环境是指校园文化、校风班风、教师的道德文化修养等，它是无形的[③]。

实践证明，加强校园软环境建设，打造充满生机和活力的校园，有助于营造良好的形势与政策教学环境。然而高校在完善软环境的过程中，不可避免地遇到一些问题。有些地方高校过多注重学生的学习状况，忽视学生的心

① 黄蓉生，吴文华，张国镛，等．高校思想政治理论课社会实践教学环节研究[M]．北京：中央文献出版社，2008：152.

② 马克思，恩格斯．马克思恩格斯文集：第一卷[M]．北京：人民出版社，2009：335.

③ 苏洁，邓春梅．高校形势与政策教育创新模式研究[M]．北京：光明日报出版社，2014：172.

理动态。做好学生的心理辅导是时代赋予教师的新使命，也是教育发展对教师提出的新要求。

从当前形势与政策教学的实践看，多媒体教学改善了传统教学形式单一、枯燥的状况，丰富了教学形式，提高了教学效率。但值得我们注意的是，部分形势与政策课教师盲目、过多运用多媒体，一味追求高容量，导致演示文稿质量差，教育资源浪费。教学环境的改善需要软硬条件的统一提升，教师要不断更新教学思想和教学内容，用先进且适合的教学方法体现新时代形势与政策课的新要求，在地方高校现有条件下改进教学手段，做到教学内容严谨有序，教学方法灵活多样，让大学生喜爱形势与政策课，尊重形势与政策课。

第三节　地方高校形势与政策课教学创新需求

形势与政策教育是高校思想政治教育的重要内容，在大学生的思想政治教育中担负着重要的使命，具有不可替代的作用。新形势下，地方高校形势与政策教学需要思考以下问题：如何顺应国际国内的发展形势；如何适应当代大学生多元化的思想特征，贴近大学生的学习和生活；如何在坚持世情、国情和校情相结合的前提下贴近校情；如何改善目前教学中的不足，优化教学内容，丰富教学形式，打造教师梯队，完善教学保障机制等。

一、地方高校形势与政策课教学创新是顺应国际国内形势发展的要求

当今世界正在发生着深刻变化，经济全球化是纷繁复杂时代的经济特征之一，也是今后国际经济发展的一种长期趋势。经济全球化促进生产要素在全球范围内流动，加快各国思想火花的碰撞和文化交融。形势与政策课承接非常重要的时代使命：伴随着经济全球化浪潮带来的信息技术、网络技术的

普及，“拜金主义”“享乐主义”在大学生中滋生，亟待对思想还不成熟的大学生进行形势与政策教育。再者，我国正处于发展的重要战略机遇期，我国的经济成分多样化、利益关系复杂化、就业形势严峻化、文化多元化……面对千差万别的社会现象，大学生靠自己去辨别真伪和把握形势的本质是困难的。

和平与发展是时代主题，但在风云变幻的国际环境中，无论是国际上的西方敌对势力还是国内分裂、分化势力，他们在破坏中国特色社会主义这条道路上，首先想到的侵蚀对象是青年大学生。大学生是社会主义的建设者和接班人，担负着把我国建成富强民主文明和谐美丽的社会主义现代化强国的历史重任。同时，由于他们还没形成稳定的世界观、人生观、价值观，往往成为反动势力利用的对象。这对高校形势与政策教育提出了更高的要求。面对由此而来的危险，积极探索高校形势与政策教育的创新模式，帮助大学生客观分析国际形势，树立正确的世界观、人生观、价值观，有助于大学生从国际国内发展的变化中，更加深刻地理解党的基本路线，自觉地贯彻党的教育方针和政策①。

二、地方高校形势与政策课教学创新是大学生自我发展的要求

任何教育都应以学习的实际需求为基础，脱离学生的实际需求谈教育是空洞的说教。形势与政策教育的有效展开，一定要从大学生的思想状况出发，围绕学生关注的热点、难点和焦点问题，确定形势与政策教育的重点，将学生学习的诉求与教学内容相结合，做到教育教学有的放矢，从而增强教育的针对性和时效性。随着时间的推移，“00后”一代很快就会成为大学生的主体，他们个性鲜明，自我意识强，参与意识强，民主意识强。当代大学生思维活跃，注重自我价值的实现，注重自我发展。部分大学生认为在大学期间，

① 贾秀丽.创新高校形势与政策教育模式浅议[J].山西高等学校社会科学学报，2010(8):82-83.

尽可能掌握专业知识，获取专业技能，才能在严峻的就业市场上脱颖而出，对形势与政策教育存在片面的认识。

高校要从大学生的实际出发，充分发挥形势与政策教育的导向性，引导大学生正确认识形势与政策教育的潜移默化的作用，帮助大学生纠正片面或偏激的想法，从而真正解决他们的思想问题，促使大学生将知识学深、学透、学活。只有如此，才能提高形势与政策教育的实际效果。

三、地方高校形势与政策课教学创新是结合学科特色贴近校情的要求

高校形势与政策教育要从高校的实际情况出发，将学科特色和校情相结合，培养符合社会主义市场经济发展需要的复合型人才[①]。

大学生的人数情况、学习情况、生活状况、思想动态是最大的校情。现在的大学生都是“00后”，对自己的学习环境、生活条件和民主权利十分关心，很多偏激想法是由于对这些问题了解不深、理解片面而产生的。形势与政策教育只有从大学生的实际需求出发，结合学科特色，才能切实把握大学生的思想脉搏，增强大学生对这门学科的认同感。

“以人为本”的理念要求高校形势与政策教育的创新，增强大学生的“爱校、荣校、兴校”的主人翁意识，提升他们对学校的认同感和归属感。中共中央、国务院发布的《关于进一步加强和改进大学生思想政治教育的意见》，明确提出把“以人为本”作为高校形势与政策教育的基本准则。形势与政策教育是高校思想政治教育有机组成部分。我们要从实际出发，坚持以学生为本，既用先进的、科学的思想和理论知识武装大学生的头脑，又用正确的价值观去教育人。要尊重大学生的不同意见，关心他们的学习和生活情况。

① 苏洁，邓春梅．高校形势与政策教育创新模式研究［M］．北京：光明日报出版社，2014：14.

四、地方高校形势与政策课教学创新是改善教学现状的要求

形势与政策课具有教学内容广、时间跨度长、与现实联系紧密、教学难度大等特点，是改善思想政治理论课教学质量的难点。形势与政策教育教学在不少高校仍然存在信度缺损和效度弱化的问题。加强和改进形势与政策教育，引导大学生认同党和国家的方针政策，从整体上改善思想政治理论课的教育教学状况，就必须进一步对大学生形势与政策教育进行创新。

(一)教学创新是优化教学内容的新要求

形势与政策课教学内容复杂化的主要原因是教学内容缺乏系统性。目前形势与政策教育最缺乏的是以稳定的教学内容为主线而制定的教学体系。在形势与政策的教材构建中，首先要注重其系统性、稳定性、政治性，在政治上和党中央各项政策法规保持高度一致，不向学生传播模棱两可的政策观价值观。

1.力求教学内容的完整性

形势与政策课的教学内容不是一个个零散的知识点，每个知识点之间都存在着内在联系。要想引导大学生实现对一些理论的深入了解和完全掌握，教师必须在遵循教育部教学基本要求的前提下，对教学内容进行适当的加工和整合，将知识点有机结合，使学生对教学内容有一个立体化的认识。

形势与政策课在高校开设多年，一直没有统一的教材。更多的院校采用的是中共中央宣传部、《时事报告》杂志社的《时事报告》。据上海市高校形势与政策课获得感研究，对上海市15所高校的调查只有35.1%的学生对《时事报告》的教材内容感到满意[①]。大部分高校形势与政策的教学内容不仅来自《时事报告》，还有来自网络的大量共享资源。一方面，不同教师的网络教学

① 孙传通，张慧晶，巍阳芷.学生视域下“形势与政策”课获得感提升路径：基于上海高校大学生的调研[J].思想政治课研究，2018(6)：98-101.

资源来自不同的出处，不同出处的政策解读和数据分析差异性很大。另一方面，他们只是简单地把《时事报告》的教学内容和教材外内容简单相加，没有认真钻研内容的重要性及其内在关联，导致教学内容复杂化、肤浅化。

要想提高形势与政策理论课的教学实效，教师应清晰确定教学内容。对教学内容的处理，应根据教学目标，适当加以取舍，以保证教学内容的完整性。

2. 保证教学内容的时效性

形势与政策课的时效性和动态性决定其教学内容处于不断变化、不断更新的动态过程中。形势与政策需要不断吸收新的时事资讯并做出准确的分析。如果教学内容不能与时俱进做出相应的调整，不能反映理论发展和研究的最新成果，形势与政策的教学内容就会失真，不利于提高大学生的综合素质，不利于开阔他们的胸怀视野和增强他们的责任感和大局观。

首先，形势与政策课的教学内容要与教育部的教学要点相一致。1997年，教育部决定进一步加强形势与政策的课程建设，利用每年寒暑假时间培训一批优秀的形势与政策课骨干老师，还规定每年印发两次形势与政策课教学要点，分为上半年和下半年教学要点。教育部下发的教学要点是每学期形势与政策课教学的指导性大纲，是对半年内重大事件的回顾及总结，有助于任课教师从纷繁芜杂的材料中找到教学重点、理清教学思路。国际形势风云变幻，形势与政策教育必须深化教育改革，根据时事动态及时调整教学内容，以理论事，洞察和透析国际国内的重大事件和我国社会发展的过程，帮助学生认清形势，深刻理解党的政策。

其次，大学生普遍关注的焦点、热点、难点问题也是形势与政策教学内容的重要依据。只有抓住大学生最关心、反映最强烈的问题，寻找到学生的思想需求和教学内容的联结点，才能增强形势与政策教育的针对性和时效性。

最后，要坚持马克思主义立场、观点和方法，结合中国共产党史、新中国史、改革开放史和社会主义发展史，结合大学生思想实际，科学分析当前形势与政策，准确阐释习近平新时代中国特色社会主义思想。

(二)教学创新是丰富教学模式的新要求

中共中央宣传部、教育部《关于进一步加强高等学校学生形势与政策教育的通知》中强调："积极探索新形势下开展形势与政策教育的新方法和新途径。要根据教学的要求和学生的特点，采用灵活多样的教学方式。要努力做到系统讲授与形势报告、专题讲座相结合，请进来与走出去相结合，课堂教学与课外讨论、交流相结合，正面教育和学生自我教育相结合。"充分利用现代化的教学手段，探索教育教学的新方法，是提高教学效果的重要保障。

1. 专题教育和专家讲座结合

为增强形势与政策课教学的时效性和专业性，学校应充分利用社会现有的人力资源，邀请校内外专家针对中国社会主义现代化建设中出现的重大事件或者学生关心的热点、疑点进行系统性的讲解、分析，使学生不仅从理论上，还从情理上明白事件的必然性或偶然性。

2. 课堂教学与网络教学相结合

形势与政策教育多年来的实践探索证明，首先，灵活运用多媒体教学可以增强形势与政策教学的感染力和吸引力。在教学过程中，可以演示具有教学内容、图表、微视频、音乐的精美的课件，使教学形式新颖、别致。在讲解国内重要会议精神时，尽量避免空洞的说教，可以通过播放相关视频深化教学效果。

高校应充分利用网络教学资源，它是课堂教学的一种补充。授课教师可以利用QQ群、腾讯会议等网络手段集体备课，一方面可以消除时间界限，另一方面可以实现信息共享，有助于做好工作协调，稳步推进教学进程。其次，教师可以为不同年级创立一个QQ群，实现信息共享和思想交流。在QQ群里，教师可以发作业要求和进行有意识的教育，例如围绕最近重大的时事热点和国家重要方针政策开展讨论，起到课前预习的作用。再之，积极利用校园网站开展形势与政策教育，例如：学校官网、学校新闻网、学生工作部、思想政治理论课教学单位网站。在这些网站开展形势与政策教育，有助于学生了解学校近期工作进展及国家大事，激发大学生学习主动性，强化自我教育。

3.理论教学与实践教学相结合

形势与政策要真正发挥教育作用，教学不能仅局限于理论，要深入实践。实现实践教学形式创新是高校形势与政策教学改革的一大方向，是课程合理设置的要求，是高校应用型人才培养的需要。实践教学是为了配合理论教学，培养学生分析问题和解决问题的能力，加强理论思维训练，锻炼学生运用理论、观察社会、指导实践、提高实践理性和实践能力而设置的教学环节，是促使理论向方法、能力、素质转化的有效途径①。在理论知识的指导下，学生通过实践，由被动接受转为主动参与，通过亲身体验，感知课堂教学以外的知识，加深对理论的理解和内化。

目前，安徽地方高校形势与政策课实践教学处于尝试阶段，存在诸多亟待改善的地方。由于学校实践活动经费紧张，实践基地和外出实践机会不多，导致真正参与教学实践的同学少。教学实践的组织活动缺乏周密性，实践环节不规范。有的教师上午带学生去几个基地，下午五点回来要求学生明天交一篇2000多字的实习心得，这无异于“走形式”实践。这种实践课不仅没起到教学效果，反而引起学生对实践内容的排斥。因此，地方高校在学生社团和基地教育实践方面有待加强，应按照“有组织、有机制、有课题、有阵地、有展示、有效果”的原则，鼓励学生发挥主人翁意识，积极投入实践活动。学生社团可以开展与形势与政策课相关的征文比赛、演讲大赛、辩论赛等学生喜闻乐见的活动。实践基地教育的方式很多，比如爱国主义基地参观、社会职业基地考察、基层社会基地等。学校主管部门和马克思主义学院负责人及形势与政策教学负责人争取与地方相关部门联系，加强合作，建立长期稳定的实践基地。学生的实践活动既服务了当地经济发展，又丰富了形势与政策的教学内容。

---

① 王荣发.思想政治理论教学的实践本性及实现路径[J].思想教育研究，2009(1)：88-91.

(三)教学创新是打造教学队伍的新要求

在教学环境发生深刻变化，教学对象的要求不断提高的前提下，打造一支思想觉悟高、精明干练的教师队伍是提高形势与政策教育的基本保证。目前，各大地方高校的形势与政策教师队伍建设模式有三种：一是完全由专职教师组成；二是专兼职教师组成；三是兼职教师组成。大部分地方高校的教师队伍是专兼职教师共同构成。目前的问题是：高校对形势与政策教学重视不够降低了教师教学的积极性和主动性；教师教学水平、政治素养和道德修养参差不齐。为破解这些难题，学校要制定相应的制度和政策，包括以下几个方面。

首先，高校一方面要认识到形势与政策教育的重要性，另一方面认识到教师在这一工作中的关键地位。学校要进一步建立由校党委分管领导牵头，宣传部、学工部或研工部、教务处、团委、法学院、继续教育学院等有关部门、单位参加的学生形势与政策教育教学协调小组，负责全面协调、指导各类学生形势与政策教育工作；组织学生形势与政策教育讲师团①。其次，对教师队伍进行整体规划。由于每一位教师的素质直接关系到教师队伍的整体水平，因此，高校在坚持公平、平等、竞争、择优的选拔原则下，应对教师的政治素养、学历层次、学科背景、教学经验等提出相关要求，坚持高标准，按照“优中选优”原则，从思想政治理论课教师、哲学社会科学专业课教师、高校辅导员等教师队伍中择优遴选形势与政策课骨干教师。把综合素质高、学历层次高、责任心强、教学经验丰富的人员选拔到形势与政策教学队伍中。选拔时还要考虑到年龄、性别上的补差。同时，积极邀请党政领导干部上讲台讲形势与政策课。再次，建立多层次培训体系。培训方式有：一是教师赴国内外进修深造；二是鼓励形势与政策教师参加全国高校形势与政策课骨干教师集体培训或聘请校外专家来本校对本校教师进行培训。最后，认真考核，

① 黄苏飞.高校形势与政策教育教学创新研究[M].上海：上海交通大学出版社，2011：146.

肯定教师的教学成果。高校可将考核结果与他们的晋级、奖惩直接挂钩，要完善形势与政策课教学评议制度，探索实行教师退出机制。激发教师教学创新动力。

（四）教学创新是完善教学保障机制的新要求

教学保障机制是强化形势与政策实践教学和课堂教学的需要，没有组织保障、制度保障、资金保障、时间保障，软硬教学环境保障，形势与政策教育教学就只能停留在口号上，就只能是一种理想、一句空话。调查所知，不少学校深知社会实践教学是一种好形式，很希望通过这种形式加强学生的社会实践，提高思想政治理论课的实效性，但由于经费、时间、组织等方面的困难和制约而无法达到理想的效果。有的教师深有感触地说：尽管谁都知道社会实践教学方法很好，但在思想政治理论课教育教学中，这种方法采用最少。由此可见，经费、时间、组织等是制约社会实践教学的瓶颈，是决定能否进行社会实践教学的重要因素。因此，为了保障和加强形势与政策课的实践教学，必须着力研究形势与政策课社会实践教学的保障机制，努力探索建立和完善社会实践教学保障机制的有效途径，为形势与政策课的社会实践教学创造必要条件。

1. 组织保障

组织保障是指为了适应形势与政策社会实践教学的实际需要而建立的协调管理机构，主要负责领导和组织实施形势与政策社会实践教学工作，负责确定形势与政策课社会实践教学的目标和拟定相应的计划，安排落实指导教师和相关人员，负责社会实践教学过程中的宣传、组织、管理和监督，负责协调社会实践教学中各种关系和解决在社会实践教学中出现的各种问题。由于参加思想政治理论课社会实践教学的学生多，涉及的院系和部门多，有效的组织保障是实现形势与政策社会实践活动顺利开展的关键。

2. 制度保障

实施形势与政策课优质教学，需要加大投入，需要学校领导、教师和学生高度重视，转变思想观念，需要教育教学改革探索，但要做到这些工作，或者说使这些工作长期发挥有效作用，需要建立一种高效和长效的制度保障体系与监控机制。各高校要研制科学的考核标准，计算教师教学工作量要充分考虑形势与政策课难度大、变化快、备课耗时多的特点。高效的教学质量评估和监控机制是提高教学质量和优质教学的必要保证。可以从以下几个方面来实施：一是构建科学的形势与政策课教学过程质量管理制度，加强和改革校院两级教学管理工作，建立学校对学院形势与政策课教学工作的年度评估制度，逐步建立教学过程控制和质量保证的长效机制；二是进一步完善教师课堂教学质量评价、学生学习综合评价体系与方法，进一步调动教与学的积极性；三是进一步完善学生评教、教师评教、督导体系、领导听课等制度，建立一套科学的检查评估机制；四是建立一套行之有效的校内、校外全员参与的教学信息反馈系统，完善由教师、学生和用人单位共同参与的教学质量内外部监测与评价体系，建立形势与政策课独立的切实有效的激励和评价机制。

3.经费保障

资金保障是指为了适应形势与政策课社会实践教学的实际需要，由国家、学校划拨的经费和各校筹集和提供的必要经费。资金保障是形势与政策课课堂教学和社会实践教学保障机制中的基本条件。实践教学的资金一般由三部分组成：一是保证提供形势与政策课社会实践的活动经费，包括组织学生参观访问、调查研究、考察服务的交通费和门票费等；二是保证一定形势与政策课社会实践教学的研究经费，包括形势与政策课社会实践教学的研究项目经费、教材或指导书的编写和出版费、报刊资料费等；三是保证提供社会实践教学的基地建设费、资助费等[①]。

4.时间保障

形势与政策课的时间保障分为两大部分：课堂教学的课时保障和社会实

① 黄光扬.教育改革与创新：我的观点、主张和思考[M].北京：中央编译出版社，2013：146.

践教学的时间保障。中宣部和教育部《关于教育加强高等学校学生形势与政策的通知》明确规定，形势与政策课按每个学期16周，每周1个学时计算，共计2个学分。实践中，部分高校形势与政策课的课程设置不合理，教学时间不规范，课时压缩或被挤占，课程开设失衡。部分高校直接忽略实践环节，没有设定实践教学方案。实践教学一般包括两方面：一是师生在校外参观访问、调查研究，在实践教学基地进行实践课程、专题讲座、召开座谈会等。二是师生进行社会实践教学的各种准备、写调查报告和总结材料等。不少高校形势与政策课的社会实践基地少，基地设施不齐全，实践教学变为纸上谈兵。

5.环境保障

教学基本设施建设是确保教学质量的重要基础，要始终围绕保障和提高人才培养质量，大大加强教学工作的软硬件环境建设，不断提高教学工作环境建设的标准，营造有利于实施优质教学和培养优秀人才的环境与条件，包括以下几个方面：一是积极推进数字化校园建设，形成现代化的教学条件；二是加强图书馆电子信息环境的建设，实现图书资源网络化、信息化；三是加快教育技术和教学手段现代化建设，抓好校园网、多媒体教学设备和图书情报信息资源等方面的建设；四是积极探索构建网络教育平台，充分发挥校园网在教育教学方面的功能；五是加强学风和校园文化建设，为实施优质教学提供新的环境。

本章以安徽省为例，阐述了地方高校形势与政策教育教学的现状、问题剖析及其创新需求。整体上来说，地方高校形势与政策教育教学存在的问题主要体现在五对矛盾上："形势与政策"课的内在价值与高校重视程度之间的矛盾、教学内容复杂化与固定教材编写之间的矛盾、教学形式单一与学生个性化需求之间的矛盾、教学队伍落后与教学实效性诉求之间的矛盾、教学保障机制与现有保障欠缺之间的矛盾。由于形势与政策教育教学在大学生思想政治教育中担负着重要使命，所以新形势下的安徽高校的形势与政策教育教学应顺应国际国内的发展形势，贴近大学生学习和生活，贴近校情，满足学生、教师、高校和社会对教学现状改善的诉求和期待。

第三章　地方高校形势与政策课教学内容的优化

学校为实现培养目标而选择教育内容和教学进程形成课程，课程的设置及完善首先要明确课程设置的目的与任务。我国高等教育的根本任务是立德树人。建设中国特色社会主义，基本前提就是把马克思主义基本原理与中国具体实际相结合，不断推进马克思主义中国化。全面、系统、准确地掌握马克思主义基本原理，自觉运用马克思主义及其中国化的最新成果，观察、分析和解决中国的实际问题，不断推进马克思主义中国化进程，这是当代中国大学生必须具备的思维品质与理论素养。高校思想政治理论课是落实立德树人根本任务的关键课程，要对学生进行全面的、系统的、正确的马克思主义理论教育，帮助他们形成马克思主义中国化的理论思维，坚定理想信念、厚植爱国主义情怀、加强品德修养、增长知识见识、培养奋斗精神、增强身体素质。当前高校思想政治理论课包括“思想道德与法治”“马克思主义基本原理”[①]“中国近现代史纲要”“毛泽东思想和中国特色社会主义理论体系概论”“形势与政策”，这是一个完整的科学的课程体系。如前所述，前四门课程的内容相对而言是静态的，立足于已有的理论成果，教学中侧重于让学生理解与吸收。形势与政策课立足于当代中国的伟大实践，引导学生运用马克思主义基本原理及其中国化的最新成果分析当前国际国内各方面形势，正确理解和贯彻执行党和国家的各项方针政策，是“马克思主义基本原理”“毛泽东思想和中国特色社会主义理论体系概论”的理论运用与逻辑延伸。其教育教学

① 从2021年秋季学期开始“马克思主义基本原理概论”改为“马克思主义基本原理”，“思想道德修养与法律基础”改为“思想道德与法治”。

内容相对而言是动态的，放眼于马克思主义理论的现实运用与未来发展，教学过程侧重于分析与判断。

高校形势与政策课是思想政治理论课，而不是一般的“形势”课或“政策”课，即不是教师简单地讲解形势，宣传政策，单纯地让学生了解事件本身，政治性、政策性是其首要属性，教学目标、教学内容、教学组织等都要服从于向学生进行系统全面的马克思主义理论教育的根本目标。因此，高校形势与政策课建设必须坚持马克思主义理论的指导，用马克思主义的立场、观点和方法，观察和分析当前的形势与政策，对学生进行马克思主义形势与政策观教育，帮助学生科学分析与预测形势、正确理解和贯彻执行党和国家的各项政策，科学认识社会主义核心价值观，坚定理想信念、提升政治觉悟。高校形势与政策课的教学目标在教育部相关文件中有明确规定：“帮助学生认清国内外形势，教育和引导学生全面准确地理解党的路线、方针和政策，坚定在中国共产党领导下走中国特色社会主义道路的信心和决心，积极投身改革开放和现代化建设伟大事业。”①

明确了课程性质目标与教学任务，才能根据学科发展和学生需要来构建课程的教学内容与知识体系，前者是明确“为什么教”的问题，后者是解决“教什么”的问题。形势与政策课的重要特征就是教学内容的显著动态性与时效性，涉及政治、经济、文化、社会、国防、外交、自然生态等各个领域，没有统一的教学大纲，没有统一的指导性教材。虽然教育部指定将《时事报告（大学生版）》作为教材，但在实际操作中由于种种原因很难落实。制定相对统一的教学大纲，对教学内容形成结构性支撑，构建完整的具有内在逻辑的知识体系，是把形势与政策课建设成一门规范课程的基本条件。

课程内容是课程教学体系的主体部分，丰富完善的教学内容是提高形势与政策教育教学效果的必要条件，是形势与政策课程建设的中心环节。从形势与政策课的特殊性看，这门课政治性强，时效性更强。形势与政策课教师

① 教育部社会科学司.普通高校思想政治理论课文献选编：1949—2008[M].北京：中国人民大学出版社，2008：210.

要根据党和国家面临的新情况、新问题进行有针对性的教学，帮助大学生全面、准确地理解和把握党的路线、方针、政策和国内外重大时事，提高大学生政治敏感性和政治鉴别力，增强大学生执行党的路线、方针、政策的自觉性。从教育教学内容来看，它是静态和动态相结合。因此，它不是用日常思想政治理论课的教育教学方法可以完成的课程，而是按照中央的统一要求和部署，并结合形势发展的实际，对教学计划和教学内容做出统一安排。

虽然形势与政策课所包含的内容涉及领域广泛且不断变化，但它也有自身规律，可以依托马克思主义中国化的学科支撑，着眼于马克思主义的当代运用与发展，结合地方特色，构建自己的知识内容体系、教材体系与知识评估体系。高校形势与政策课内容应紧紧围绕传达中央和国家政策精神、努力体现地方教育特色和积极满足学生多样化需求等多个方面加以展开①。一般而言，形势与政策教育教学主要包括以下内容：一是经教育部社科司审定并组织专家编写的每学期高校形势与政策课教学要点，它是教学的指导性文件，是教学的根本依据，可指导和帮助学生运用马克思主义观点认识和把握形势的主流和本质，认清其变化发展的规律。二是党和国家的各项政策、重要会议文件等，这是教师备课的主要依据，可引导学生提高政策水平及拥护党和国家的方针、政策的自觉性。三是理论界、学术界最新的理论研究成果，这对学生颇具吸引力，是形势与政策教育的重要内容。四是地方特色的教育资源。它们就在学生身边，是学生能够真实感受得到的内容，是理论联系实际教学环节的直观生动的教学内容。而这部分内容却是以往形势与政策教育教学所缺乏的。这四个方面的内容互相联系，各有侧重，共同促进，只有充分利用，才能使形势与政策教学言之有理、言之有据、言之有物，才能使形势与政策课贴近实际、贴近生活、贴近学生。

① 胡新建.融入浙江精神和地方特色文化资源的形势与政策课教学改革探索[J].宁波广播电视大学学报，2015(1)：84-87.

第一节 坚持教学内容的政治性、知识性、理论性、时代性

作为一门思想政治理论课，形势与政策课的首要特征是政治性、政策性。它首先是要宣传党和国家的路线、方针、政策，体现的是国家意志，具有深刻的意识形态性。政治性、知识性、理论性、时代性是形势与政策课的内容特点，在教学内容构建中，应该坚持四者的有机统一，在课程的政治功能与学生需要之间找到结合点。

一、形势与政策课的教学内容具有鲜明的政治性

形势与政策课着重于党的基本理论、基本路线、基本纲领和基本经验的教育，着重于当前党和国家重大方针政策、重大活动和重大改革措施的教育，着重于当前国际形势与国际关系的状况、发展趋势和我国对外政策以及世界重大事件与我国政府原则立场的教育，着重于马克思主义形势观和政策观的教育[①]。这些内容都鲜明地体现了党的主张和国家意志，并具有浓厚的意识形态性，即具有鲜明的政治性。其目的是帮助大学生认清国内外的形势，全面正确地认识党和国家面临的形势和任务，理解党的基本理论、基本路线、基本纲领和基本经验，用大局意识和发展眼光看待时事热点与焦点问题，增强建设中国特色社会主义事业的自信心和责任感。引导学生正确认识和支持党和国家各项方针政策的实施，最终形成正确的政治观，真正拥护党和国家在国际国内重大问题上的决策。形势与政策课要理直气壮讲政治，凸显政治属性、明确政治立场、弘扬政治智慧、培育政治担当。

马克思主义理论是组织形势与政策教学的基础，没有马克思主义理论的

① 教育部社会科学司. 普通高校思想政治理论课文献选编：1949—2008[M]. 北京：中国人民大学出版社，2008：210.

指导，没有思想政治观点的统领，形势与政策只能是各门学科知识的大杂烩、大拼盘，无法建立起自己的知识体系。形势与政策教学内容虽然不断变化但有其内在规律。从国际形势来看，和平与发展是当今世界的两大主题，世界格局在相对和平的环境中缓慢地调整，国家间的利益博弈、国际政治格局的形成与演变、世界经济格局的调整、文化的交融与冲突、科学技术的发展、军事斗争的表现是学生学习和分析形势的基础，也是理解形势变化与政策调整的知识储备。从国内形势来看，中国特色社会主义政治建设、经济建设、文化建设、社会建设、生态建设、对外交往、军事战略、执政党建设逐渐制度化、规范化，逐渐形成的自己的发展模式，是把握形势发展变化的带有本质性和主导性的材料，是形势与政策课的稳定性内容，为形势与政策课制定指导性教学大纲、构建相对完整的知识体系准备了客观条件。形势的变化推动政策的调整，掌握了形势变化的规律，自然也就会理解各种政策选择与调整的目的和依据。在教学中，坚持思想性、政治性，用马克思主义理论统领其他学科的知识，运用马克思主义及其中国化的最新成果——习近平新时代中国特色社会主义思想——对中国特色社会主义政治、经济、文化、社会、生态等各方面的建设取得的成就与不足、面临的内外环境等进行分析，使学生明确国家、民族以及自身的发展与努力方向，引导学生正确认识世界和中国发展大势，正确认识中国特色，正确认识时代责任和历史使命，正确认识远大抱负和脚踏实地。还要防止形势与政策课只重知识传授、理论分析，忽视思想提升，变成专业知识课。

二、形势与政策课的教学内容具有鲜明的知识性

形势与政策课涉及的内容十分广泛，既有国内的，又有国际的；既有经济、政治方面的，又有文化、社会、生态等领域的。而且一定时期党和国家的工作重点和政策的调整往往伴随党的有关理论的重大发展和创新，这时的形势与政策课往往体现了这个时期最前沿的理论。所以这里讲的知识性不是

指思想政治理论课程建设中的系统性的理论知识、政治知识等内容，而是指形势与政策所涉及的政治学、经济学、文化学、外交学、地缘学、社会学、民族学、国际政治学等相关学科的知识，是指在教学过程中，围绕时事热点，通过各种方式呈现出来的以帮助学生更好解读时事热点，与学生专业背景、性格、爱好、知识结构差异相关的一些背景知识。大学生接受新事物的能力强，求知欲旺盛。教学中应结合学生成长成才目标、专业特色等，通过系统的理论讲授，使学生掌握马克思主义形势观、政策观的基本原理和方法，拓宽学生的知识面，使学生能够利用这些知识捕获相关信息、分析相关事实。

无论是国际形势还是国内形势，都是一种客观存在，都能够依据马克思主义形势观的基本原理和方法，进行观察和分析。这些基本原理和方法在“马克思主义基本原理”“毛泽东思想和中国特色社会主义理论体系概论”等课程中也有详细阐述。如，唯物辩证法和认识论的基本原理、方法，中国特色社会主义理论体系特别是中国共产党在社会主义初级阶段的基本路线、基本纲领和基本经验，等等。我们常说，让历史告诉未来。“中国近现代史纲要”课虽然主要是讲述近代以来的中国社会发展历程与规律，但是，这些历史知识对学生科学认识当前的形势与政策同样是有很大帮助的，它可使学生了解国史、国情，提供的是历史启迪与智慧。“思想道德与法治”课也为学生学好形势与政策提供了很多基本知识和理论。俗话说“内行看门道，外行看热闹”，这几门思想政治理论课所提供的背景知识不仅是形势与政策课教学的“背景资料”，同时也是重要的课程资源。合理地利用这些知识，不仅能够帮助学生系统地认识形势、降低政策分析的难度、提高学习的效率，更能够拓宽学生的知识面并优化他们的知识结构[①]。

① 张文风.高校“形势与政策”课专题教学内容的四个基本要素：时事热点、背景知识、政策剖析与习惯养成[J].湖北经济学院学报（人文社会科学版），2015(8)：192-194.

三、形势与政策课的教学内容具有鲜明的理论性

用马克思主义的思想政治观点统领形势与政策各方面的知识系统，实现思想性与知识性的有机统一，离不开理论分析的作用。运用马克思主义的基本原理分析具体问题是理论思维，掌握各门类的学科知识是科学思维，两者在目标意向、内涵意蕴、构成要素、层次结构上存在差异①。高校形势与政策教育教学的目标有三层：以知识教育为依托、以能力培养为中心、以价值观教育为最终目的。形势与政策教学，把知识内化为学生的能力和素质，帮助学生养成关心时事的良好习惯，掌握观察问题、分析问题和把握形势的正确方法。“授人以鱼，不如授人以渔”，形势与政策教学需要把理论思维和科学思维这两种思维形式有效地结合起来，提升学生的思维品质。大学生处于由以经验思维为主向以理论思维为主、由再现性思维向创造性思维、由直觉思维向分析思维转变的阶段，虽然思维敏捷、活跃、有一定的创新能力，但存在简单片面、轻易否定、缺少分析判断等问题。马克思主义是科学的世界观和方法论，是观察问题、分析问题的“望远镜”和“显微镜”。教师在指导学生应用马克思主义基本原理分析涉及各领域的现实问题、引导学生思考的过程中，帮助学生从全局角度看问题，树立大局意识，培养战略眼光，学会辩证思维，克服思维中的弱点，提升思维的深刻性、批判性、灵活性、创新性，形成优良的思维品质。引导学生养成关心和正确分析时事的良好习惯，保持对国内外形势的关注度和敏感性，掌握观察问题、分析问题和把握形势的正确方法，能够使之受益终生②。

---

① 刘国建.论理论思维与科学思维[J].自然辩证法研究，2006(8)：104-108.

② 张录平，张红文.高校《形势与政策》课程基本问题探析[J].中南林业科技大学学报(社会科学版)，2013(4)：171-174.

四、形势与政策的教学课内容具有鲜明的时代性

形势与政策课的特殊性决定了其教学内容须紧跟时代，紧跟国内外形势发展变化和大学生的思想特点，集中反映当前党和国家工作重点和社会现实问题。一定时期的社会问题或对外关系问题、世界重大事件就是这一特定时期的形势与政策课教学内容。随着时间的推移，这些问题和事件逐渐淡出人们的视线，原来的教学内容便被新的问题和事件所取代。马克思主义当代化研究和发展为形势与政策教学体系（内容）提供了理论支撑，因此教学内容具有鲜明的时代性。

当前，国内外形势发生了深刻的变化。从国际看，目前世界多极化、经济全球化深入发展，科学技术日新月异，各种思想文化交流交融交锋更加频繁；从国内看，我国已转向高质量发展阶段，制度优势显著，治理效能提升，经济长期向好。同时，我国发展不平衡不充分问题仍然突出，重点领域关键环节改革任务仍然艰巨。国内外形势的发展变化、党和国家对内对外政策作出的相应调整，都需要及时向大学生进行广泛深入的介绍，把大学生的思想和行动统一到党中央决策和部署上来。国内外形势的新变化，必然赋予形势与政策课新的教学内容。

上好形势与政策课，不仅需要紧密跟踪国内外形势和党的方针政策的动态发展，还需要熟悉了解学生，要根据形势发展要求和学生特点有针对性地设置教学内容，及时回应学生关注的热点问题。形势与政策课教学的基本方法是，从学生关注的热点问题出发，坚持形势与政策的统一，从分析形势升华到解读政策，不断增强大学生对党和国家政策的认同①。形势与政策课应该依托马克思主义当代化研究，把马克思主义的立场、观点和方法贯穿于教学全过程，体现马克思主义的时代性。如马克思主义形势观和政策观的应用与

① 王包泉，秦志勇.“形势与政策”课的“常新常讲”与“常讲常新”[J].思想教育研究，2014(4):46-48.

发展，运用马克思主义政治思想、经济思想、科学技术观、国际关系学原理去观察和分析当今中国与世界的一系列重大理论和实践问题，实质就是马克思主义时代化。在这个基础上形成形势与政策课的知识结构体系，包括国内经济专题、国内政治专题、党建专题、科技文化专题、社会民生专题、生态文明专题、民族团结专题、祖国统一专题、国际形势专题等，每一专题既包括形势分析又包括政策、策略等时效性内容。要坚持不懈地用发展着的马克思主义武装大学生，坚持把用马克思主义中国化的最新成果武装大学生作为第一要务和核心内容，强有力地推动习近平新时代中国特色社会主义思想进教材进课堂进学生头脑。高校的形势与政策课，要坚持理论联系实际的原则，立足于中国现阶段基本国情，紧紧围绕经济建设这个中心，紧密联系国际形势的新变化，紧密联系马克思主义形势观、政策观，紧密联系全面深化改革新举措，紧密联系学生思想的新特点，紧密联系学生关注的热点、难点和焦点问题，增强针对性、吸引力和感染力，在体现时效性上见成效。

第二节　突出教学内容的地方特色

形势与政策课是理论武装时效性、释疑解惑针对性、教育引导综合性都很强的一门高校思想政治理论课，是帮助大学生正确认识新时代国内外形势，深刻领会党的十八大以来党和国家事业取得的历史性成就、发生的历史性变革、面临的历史性机遇和挑战的核心课程，是第一时间推动党的理论创新成果进教材进课堂进学生头脑，引导大学生准确理解党的基本理论、基本路线、基本方略的重要渠道[①]。这就要求我们不能仅仅局限于对课程名称简单的字面理解，不能就形势讲形势、就政策讲政策，而是要由形势及政策的表面特征延伸至其内部本质，剖析其深刻实质，从而最终达到思想政治教育的目的。

① 教育部.关于加强新时代高校“形势与政策”课建设的若干意见：教社科〔2018〕1号[EB/OL].(2018-04-27)[2021-06-30].http://www.gov.cn/xinwen/2018-04/27/content_5286310.htm.

同时，对形势与政策的热点的捕捉也不能局限于国内和国际的时事热点，还要结合大学生这一特殊群体更为关心的职业发展、心理健康、省情校情等内容，为培养全面发展的复合型人才贡献力量①。也就是说，形势与政策课的教学内容必须与地方特色相结合，体现省情校情，为地方经济社会发展培养合格人才。

服务于地方经济社会发展是高校社会服务功能的基本内容之一，如何有效地在形势与政策课上进行省情校情教育是一个十分重要的问题。省情校情教育是国情教育地方化、具体化的实践。爱国首先要爱自己的家乡。正如习近平总书记在《知之深 爱之切》中指出："要热爱自己的家乡，首先要了解家乡。深厚的感情必须以深刻的认识作基础。唯有对家乡知之甚深，才能爱之愈切。"②对于各地方高校而言，要将教育教学要点与省情校情结合起来，就要精心组织和合理安排，充分利用形势与政策课进行深入浅出的讲解和讨论，以此增强大学生对高校所在省份的理性认知、对自己所在高校的强烈情感，从而激发大学生热爱家乡和报效家乡的热情。省情教育的重点是，使大学生较为深入地认识家乡未来发展的态势以及自身所承担的使命和责任。近年来，中央频繁出台的推动区域发展的重大政策举措，对地方经济社会发展具有重要的作用，高校在形势与政策教育过程中应及时、准确和全面地进行讲解。课堂教学要注意将理论讲解和实际认知结合起来，让学生主动参与和积极互动，畅谈认识和体会，从而增强省情教育教学的影响力、说服力和动员力③。

---

① 安娜，黄翔峰，崔莹．高校"形势与政策"课课程内容建设研究与探索[J]．中国电力教育，2009(20)：130-132.

② 习近平．知之深 爱之切[M]．石家庄：河北人民出版社，2015：1.

③ 杨勇．高校"形势与政策"课教育教学基本问题探析[J]．黑龙江教育(高教研究与评估)，2012(5)：8-10.

一、突出形势与政策课教学内容的地方特色的现实价值

(一)有利于丰富高校形势与政策课的教学内容，是马克思主义形势政策观教育的新切入点

形势与政策课的核心目标是引导和教育大学生树立马克思主义形势政策观。由于教学内容涉及热点焦点问题，形势与政策课具有比其他思想政治理论课更加贴近实际、贴近生活、贴近学生的优势。但是，面对世界范围内各种思想文化的交流交融交锋，国内社会思想意识的多元多样多变，如何深入分析重大政策的深刻内涵，透彻解释热点问题的深层内因，切实增强形势与政策教育教学的有效性，成为迫切需要研究的问题。传统形势与政策课教学内容往往给人以"大""远""虚"的感觉，讲的都是世界或国家发生的大事，讨论的都是宏观或抽象问题。形势与政策课要真正取得良好的教学效果，就不能墨守成规、千篇一律。根据实际，可以考虑在突出教育部发布的教学要点的同时，尝试把体现地方文化、反映地方精神等具有地方特色元素的内容融入教学之中，以丰富高校形势与政策课内容体系。将形势与政策课的内容扎根于具体地域，与各地改革与发展的具体内容相结合，无疑是课程建设的一个新的切入点。

一般来说，形势与政策课的教学内容可以分为宏观、中观、微观三个层面。宏观层面主要包括国际国内的基本形势和国家的大政方针，是统领性的内容[①]。中观与微观层面主要是指发生在大学生身边的具有地方特色的内容，这些与大学生的学习、生活和未来发展紧密相关。这三个层面的内容是相辅相成的。宏观层面的内容对学生学习和理解中观和微观内容起着重要的指导作用。如果对宏观层面没有全面的了解，对中观和微观层面的把握就不可能深入；反之，如果没有中观和微观层面的支撑，宏观层面就会呈现出内容空泛的特征。随着信息传播渠道的拓宽，尤其是互联网信息传播功能的发展，

① 鲁静.高校"形势与政策"课的地域化内容探析[J].思想理论教育，2011(17):63-66.

大学生往往习惯从网络或日常学习生活中了解中观和微观层面的内容，但这样的了解呈现出开放性、盲目性、随意性的特点，难以对纷繁复杂的无序信息进行甄别。他们关注的重点主要集中在对形势与政策的微观把握上，而对宏观的形势与政策明显缺乏主动学习、了解的愿望。相对于了解国家的宏观政策来说，绝大多数学生更关注就业形势和物价上涨等与他们密切相关的现实问题。而突出教学内容的地方特色，向大学生介绍所在城市或区域的经济形势、制度规范、历史脉络、文化理念、就业前景等内容，为形势与政策教育提供了中观和微观层面的素材，有利于引导学生了解社会，吸纳先进理念，提高文化认同感，不断增强对中国共产党的领导、社会主义制度、改革开放事业的信心，从而有力地推进中国特色社会主义理论体系和社会主义核心价值观教育。

（二）有利于凸显形势与政策课教学内容的文化底蕴，是促进学生关注本省发展、培养爱国情怀的新出发点

地方特色内容不仅包括本省的地理环境、资源状况、人文历史和经济状况等信息，还应包括方针政策、发展趋势等信息。省情是国情的具体化，省政府的治省方略是国家大政方针的具体实践体现。以安徽省为例，安徽省建于清康熙六年（1667年），至今已有300多年历史，因历史上有古皖国和境内的皖山、皖河而简称“皖”。全省总面积14.01万平方公里，现辖有16个地级市，9个县级市、50个县、45个市辖区。安徽居中靠东，中国两条重要的河流——长江和淮河自西向东横贯全境，沿江通海，山川秀美，区位优越，是长三角经济区的重要组成部分。历史悠久，是中华文明的重要发祥地。名人辈出，人文荟萃。全省矿产资源蕴藏量丰富，是全国矿种较全、含量较高的省份。目前已发现的矿种为128种（计算到亚矿种为165种）。农产品资源丰富，粮、棉、油产量均居全国前列；生物资源繁多，生态环境良好。安徽还是全国重要产茶省份之一。茶叶不仅产量大、品种繁多，而且以历史悠久和品质优良而著称。黄山毛峰、祁门红茶、六安瓜片、太平猴魁等茶久负盛名。

区域创新能力居全国第8位[①]，科教资源非常丰富，博大精深的徽文化在中国文化史上有着深远影响。

安徽拥有灿烂的文化。以徽商、文房四宝、徽派建筑等闻名中外的徽州文化（即徽文化），是中国三大地域文化之一，其内容广博、深邃，通常我们用“物质文明与精神文明的总和”来加以概括。学术界对其的研究，至少经历了大半个世纪。徽学被誉为与敦煌学和藏学并列的中国三大走向世界的地方显学之一。桐城文派（又称桐城派、桐城古文派、桐城散文派）是清代文坛上最大的散文流派，因其早期的重要作家均系清代安徽桐城人，故名。其奠基人为戴名世，创始人为方苞；方苞、刘大櫆、姚鼐被尊称为“桐城三祖”。桐城文派理论体系完整，创作特色鲜明，作家众多，作品丰富，播布地域广，绵延时间久，影响深远，在中国古代文学史上拥有显赫地位。安徽戏曲艺术源远流长，品种繁多，主要有黄梅戏、庐剧、徽剧、泗州戏、淮北梆子、曲剧、坠子、皖南花鼓戏等。评剧、扬剧、越剧也在安徽的一些地区流行。这些剧种深深扎根民间，有广泛的群众基础。

安徽历史源远流长，钟灵毓秀，人才辈出，名人贤士享誉海内外。中国第一条铁路的设计者詹天佑，中国新文化运动的发起人、中国共产党的创始人之一陈独秀，抗日名将冯玉祥、戴安澜、张治中，文化名人胡适、陶行知、张恨水、朱光潜、黄宾虹、赵朴初等。还有“两弹元勋”邓稼先，他为中国核武器的研发做出了重要贡献。诺贝尔物理学奖获得者杨振宁，也是从江淮大地上走出的科学巨匠。

以上具有鲜明地方特色的案例，丰富了形势与政策课教学内容的文化底蕴。结合实践活动，了解、掌握基本的省情，特别是地方特色，师生得以充分感受家乡壮丽的河山、丰富的资源、优美的环境、蓬勃发展的经济，会更直观、更直接认识和理解国情，更加热爱我们的祖国。

① 根据安徽省人民政府网“徽风皖韵”资料整理，https://www.ah.gov.cn/hfwy/index.html.

（三）有利于促进形势与政策课教学内容的层次化和体系化，是推动形势与政策课科学发展的新生长点

形势与政策课的地域化内容，特指高校所在地的发展现状，包含着政治制度、经济建设、文化特色、社会实践和生态文明等关系地域发展的综合性内容，具有区域性、人文性和系统性的特点，是对高校所在地域实际情况的综合反映。地域化内容是形势与政策课的重要载体，是学生获得直接体验的来源[①]。以安徽省为例，安徽省属院校80%以上的生源是本省学生，大学毕业后他们中的绝大多数也将在安徽就业落户，是推动安徽发展的潜在的主力军。安徽是中部省份，是农业大省。安徽凤阳小岗村十八户农民以“敢为天下先”的精神，成为农村大包干的先锋，带动了联产承包责任制的推行。在过去的40多年中，安徽和全国其他地方一样坚持改革开放。没有改革开放就没有今天社会主义中国的伟大成就、国际地位和影响，也就没有今天中国人民的幸福生活。改革开放的生动事实、伟大成就、成功经验体现在各省地方建设的理论与实践之中。而相对于国家的宏观调控政策，安徽省地方政府的治省方针和措施对大学生专业选择、就业定位和发展方向更具有实在的指导作用。将安徽地方特色文化资源融入高校形势与政策课教学内容，可以推动形势与政策课教学内容层次化、体系化，从而在一定程度上更加凸显其课程属性。形势与政策课教学适当增加地方特色内容，有利于形势与政策课程的发展和完善，使形势与政策课在课程内容上较好地实现宏观与微观、总体与局部、历史与现代、政治性与知识性等多方面的有机结合，增强课程内容的层次感和体系化。

形势与政策课教学内容一般分为基本理论、基本形势、热点问题三大类。这三方面的内容虽然有稳定部分和变动部分之分，但是基本模式和基本内容已经固化，要增强课程的活力，必须寻找新的理论生长点。虽然也有少数教师主张将形势与政策课的内容横向拓展到心理健康教育、科技创新教育、诚

① 李蒙.地域化内容：新时代上好“形势与政策”课的重要载体[J].思想政治课研究，2019(6)：79-83.

信教育等各个领域，但是这些内容过于宽泛，占用大量的教学内容，反而会削弱形势与政策课的学科特性。因此，课程内容的新生长点要从已有课程内容的深度和广度上寻找，也就是纵向扩大形势与政策课的研究范围，将基本理论、基本形势、热点问题中观化、微观化、地域化的特色内容作为形势与政策课科学发展的新生长点。

二、突出形势与政策课教学内容的本省（本地）特色

如前所述，形势与政策教育包括党的基本理论、基本路线、基本纲领和基本经验（简称"四基"）教育，形势观教育（包括国内、国际形势），政策观教育（包括国内重大方针政策、国际组织、国际会议的决议等），改革开放教育和爱国主义教育等多方面的内容，而地方特色内容则有机渗透和体现了这些教学内容和要求。形势与政策课教学内容的地方特色首先必须从高校所处省份的地方实际切入，这是地方高校坚持形势与政策教育地方特色的前提。

党的基本理论、基本路线、基本纲领和基本经验教育地方化的表现形式就是具有本省（本地）特色的省情（地情）教育。"四基"是全国各地方社会主义现代化理论和实践的总结和提升，同时它又必须进一步指导全国各地方社会主义现代化建设的理论和实践，唯有如此，"四基"才具有生命力、科学性和指导性。"四基"认知的着力点和受力点就是各个省份，它体现了中央和地方的高度统一。因此，"四基"教育不能空泛地进行，它必须面向各省省情实际、社会实际、生活实际和建设实际，必须与地方实际相结合，即必须地方化。要引导学生深入了解"四基"，则必须与学生所在省份的省情相结合；要引导学生认真贯彻"四基"，则必须和学生日后就业服务省份的省情相结合。只有这样做，"四基"教育才不至于成为空洞的说教。

形势观和政策观教育既包括国内部分，又包括国际部分。省情教育从基本层面来看，属于形势观和政策观教育的国内部分；但从更深层面来分析，它又无时无刻不和整个世界相联系。每个人都生活在一定的形势和政策环境

中，任何人都不能离开具体的形势和政策环境。在这样的时代背景下，省情教育就是国内国际形势观、政策观教育地方化的体现，我们不能孤立地、片面地分析和研究省情。所以，教师在对大学生进行形势观和政策观教育时，就必须从全局着眼，结合当地实际展开研讨，这会引起学生对现实的关注，从而增强其课程学习的积极性和参与度。

安徽省属中部省份，经济社会发展与东部沿海省份有一定的差距。但地域文化特色明显，皖北是老庄哲学、中医药文化的发源地，皖南有与敦煌学和藏学并列的中国三大走向世界的地方显学之一——徽学，皖东有全国农村改革发源地凤阳小岗村，皖西则有革命老区红色文化。这部分内容的开发利用，不仅能够丰富形势与政策课的教学内容，而且能够使学生具有真实感受，增强形势与政策教育的说服力与感染力①。

三、突出形势与政策课教学内容的学校特色

形势与政策课的实践特性决定了教学内容的切入点必须符合学校办学层次和专业特色，这是地方高校坚持形势与政策教育地方特色的根本。作为地方本科高校，特色就是精华，特色就是质量，特色就是活力，特色就是核心竞争力。地方高校必须坚持特色立校、特色兴校、特色强校，遵循比较优势原则，坚持“有所为有所不为”，要从学校全面、协调、可持续发展的大局出发，调整人才培养结构，切实解决学科专业结构设置与就业市场需求脱节的问题，从而更好地适应国民经济和社会发展的需要，最终形成特色学科、特色专业，实现特色化人才培养②。

安徽省多数高校为地方院校，承担着为打造“现代化美好安徽”提供大量人才资源和智力资源的重任。为此，我们牢固确立“地方性”定位，把为

① 龚小平，黄洪雷．地方高校形势与政策课特色化教学改革研究：以安徽省地方高校为例[J]．安徽理工大学学报(社会科学版)，2016(5)：105-108.

② 方潜生，孙道胜，潘和平．安徽地方本科高校办学定位探析[J]．高等建筑教育，2013(6)：1-6.

地方经济社会发展服务作为高等教育的主要职责。首先，确立了建成应用性高等教育体系的发展目标。在建设目标上，省委、省政府明确将初步建成能够服务党委和政府决策、支撑经济发展和产业升级、引领社会进步和文化繁荣的具有安徽特色的应用性高等教育体系作为高等教育事业的发展目标。其次，强力打造“应用型”地方高等教育特色。安徽省在确立高等教育为地方经济社会发展服务的“地方性”定位的基础上，以扶需、扶特为原则，充分发挥省级政府统筹的优势，强化政策引导和资源配置作用，大力支持有特色高水平地方高校发展，强力打造“应用型”地方高校教育特色，克服同质化倾向[①]。

形势与政策课的地方特色须从学校办学层次和专业特色切入。形势与政策课目前没有固定的授课内容，全国高校普遍参照教育部发布的《高校“形势与政策”课教学要点》确定具体教学内容。然而，不同学校的办学方针、学科状况具有较强的校本特色，生源层次和师资力量也各不相同。每一学校在具体择取该校的形势与政策课教学内容时，必须从学校的办学层次出发，结合学生专业特色开展研讨、教学，只有这样才能培养具备时事观察能力、辨别能力的不同层次、不同学科的合格大学生[②]。

安徽省地方高校大多办学特色明显。如，安徽农业大学是一所以农林生命学科为优势，学科门类齐全的教学研究型大学，是安徽省人民政府与农业农村部、国家林业和草原局共建高校。学校始终坚持服务“三农”的办学方向，致力于科教兴农、科教兴皖事业，走出了一条享誉全国的育人兴校、富民强农、校地协同的“大别山道路”，形成了自己鲜明的办学特色。将形势与政策课与学校办学特色紧密结合，有助于大学生树立正确的世界观、人生观和价值观，增强大学生服务“三农”的责任感和使命感。例如，2019年学校组织编写了《坚持走“大别山道路”投身农业农村建设——2019年中央一号

① 程艺.强化省级统筹 全面提升地方高等教育质量[J].中国高等教育,2012(11):30-33.

② 郭理.高校《形势与政策》课专题教学内容择取与讲授环节的思考[J].理论观察,2012(2):172-173.

文件解读》，从“我国、我省、我校”三个层面，对历年中央一号文件进行了回顾，如中央一号文件关于坚持农业农村优先发展做好“三农”工作的部署，安徽省决战脱贫攻坚的重要举措，走大别山道路投身农业农村建设等方面，联系学生关心的问题和思想实际进行教学，具有针对性、实效性，学生反响极好。2021年是国家“十四五”规划开局之年，中国共产党成立100周年，也是学校“大别山道路”提出36周年，将中国共产党成立100周年来国家发展各方面取得的成就、安徽省的发展、学校“大别山道路”精神，联系学生实际融合进形势与政策教育教学中，加深学生对国策省情校史的理解，有助于形势与政策课教学效果的提升。

四、突出形势与政策课教学内容的学生特色

要实现形势与政策课的育人功能，激发大学生的学习兴趣是关键，如何激发学生兴趣，引导其认同党和国家政策和方针呢？马克思曾说：“理论只要说服人，就能掌握群众；而理论只要彻底，就能说服人。所谓彻底，就是抓住事物的根本。人的根本就是人本身。”[①]可见，要有效地、富有说服力地教育引导大学生，必须使知识理论本身符合大学生的生活和思想实际。

大学生正处于世界观、人生观和价值观形成的关键时期，喜欢思考且敏感，面对纷繁复杂的社会现象，难免存在诸多的思想困惑。形势与政策课教师在教学中必须结合大学生自身的特点，针对学生思想实际进行指导，解决学生的思想困惑。从学校的实际情况出发，以学生为本，进一步加强高校毕业生就业指导工作，是当前高校面临的重要任务。通过对时事的剖析和解读，准确分析国内乃至国际劳动力市场的最新状况，帮助学生认清形势，找准自身定位，增强竞争意识，尽早确定自身职业发展的目标和方向，是形势与政策课的又一重要使命。如农林院校可以请专家举办专题讲座，为学生介绍相关学科的发展情况和国家的政策。

① 马克思，恩格斯.马克思恩格斯选集：第一卷[M].北京：人民出版社，1995：9.

形势与政策课应选择大学生存在疑难、困惑最集中的问题作为重要的教学内容，这样可以提高学生学习的兴趣，同时帮助学生增强辨别是非、理性认识问题、分析问题的能力。比如，我们应该选择与大学生成长与职业发展密切相关的党和国家的政策及社会形势作为重要的教学内容，帮助学生确定合适自己的职业发展方向。再比如，大学生党建工作是育人工作的重要组成部分。利用好形势与政策课的课堂教学环节，理论联系实际对大学生进行党的路线方针政策教育，增强大学生的政治敏锐性和思想成熟度，帮助大学生树立坚定的社会主义、共产主义信念和全心全意为人民服务的思想，培养具备丰富的科学文化知识和良好道德修养的社会主义合格建设者和可靠接班人。大学生是青年中知识层次较高、很有发展潜力和创造性的群体，他们要成长为有理想、有道德、有文化、有纪律的一代新人，接好中国特色社会主义事业的接力棒，就必须既具有较高的科学文化素质和思想品德修养，又具有健康的心理素质和健全的人格。在经济转轨、社会转型、竞争加剧的大背景下，高校大学生心理健康状况越来越引起社会的广泛关注。利用好形势与政策课的课堂教学环节，引导广大学生正确认识社会环境，准确分析社会压力的来源与机理，努力调整自身状态以适应复杂多变的社会格局，是形势与政策课的又一重要使命。上好形势与政策课，并在最广泛的层面上加强大学生心理健康教育，是大学生健康成长的需要，是时代发展和社会全面进步对培养高素质创新人才的必然要求。

大学要为社会培养各类专门人才，因此，专业学习是大学学习的一个显著特点，而大学生的专业思想则是影响其专业学习的重要因素，正确的专业思想能帮助大学生树立远大的志向，促其努力奋进，是大学生学习动力的重要源泉。形势与政策课还要针对学生的专业方向，年级的高低，设计教学目标与主讲专题，找到学生关注热点、思想需求、知识结构、接受能力与教学内容的最佳契合点，培养学生对自己所学专业、对自己今后人生规划进行宏观形势上的分析判断与科学预测能力。要利用好形势与政策课这一载体，开展多种形式的专业思想教育，向学生提供当前世界各方面的发展动态，为学生掌握本专业的最前沿知识、理论动态提供背景和方向以及马克思主义的分析方法。以国家及国际发展趋势为论据，深入浅出地讲解专业背景、专业特色及专业的重要性，使学生在专业课学习之前增强专业情感，真正了解本专业，从而热爱本专业。这样既能使学生切身体会到形势与政策课在现在的学习和将来的工作中所起的重要作用，又能使党和国家的路线方针政策真正进入学生的头脑。

近年来，随着我国高等教育事业的迅速发展，高校学生人数不断增加，办学规模不断扩大，各种安全事故频发。安全事故的发生使大学生人身安全、合法权益受到侵害，使学校的正常教学、科研和工作秩序受到严重的影响。这些问题的发生固然与社会治安形势等外部环境有关，但大学生的安全意识及自我保护能力较差，无疑是不可忽视的重要因素。对社会上尤其是大学校园中真实发生的安全事故进行剖析，对学生进行法律知识教育，使其了解法律知识，增强法治观念，进行防盗、防骗（特别是网络诈骗）、防火、防意外伤害等方面的安全知识教育，使其掌握必要的生活和安全防范的常识，增强安全防范的意识和能力等，是形势与政策课的一个必要环节①。

总之，将地方特色内容融入形势与政策课的教学内容中，既可以完成教育部下达的形势与政策课教学任务，同时又能照顾到地方特色和学生的多样化需求。高校要将国家的要求、地方的关注、学生的需求等有机结合起来，使形势与政策课教学既视野宏大，同时又内容丰富，富有特色。

---

① 安娜，黄翔峰，崔莹. 高校“形势与政策”课课程内容建设研究与探索[J]. 中国电力教育，2009(20)：130-132.

第三节　教学内容的优化策略

一、教学内容优化的指导思想

作为一门思想政治理论课，形势与政策课教学内容优化的指导思想和其他几门课程一样，也是马克思列宁主义、毛泽东思想和中国特色社会主义理论体系，具体说，就是马克思列宁主义、毛泽东思想、邓小平理论、“三个代表”重要思想、科学发展观、习近平新时代中国特色社会主义思想。没有正确的指导思想，我们的教育就会迷失方向；指导思想出了问题，无论什么样的教育都会出问题。这是我们在地方高校形势与政策课教学内容优化过程中必须重视的首要问题。具体而言，地方高校形势与政策课教学内容优化的指导思想主要体现在以下几个方面。

（一）以形势与政策课的性质和目标任务为基础

形势与政策课作为高校思想政治理论课的重要组成部分，担负着培养担当民族复兴大任的时代新人的重要使命。从性质上看，形势与政策课既是一门关于一定历史时期和一定阶段的形势与政策教育的实用性很强的思想政治教育课程，又是一门进行马克思主义的立场、观点、方法教育的马克思主义理论教育课程。它的政治性、政策性特别突出，这要求形势与政策课一方面要体现鲜明而正确的政治立场和政治态度，另一方面要符合党和国家的大政方针，在政治上和党中央保持高度的一致性。从目标任务来看，它旨在帮助学生全面认识国内外形势，正确理解和执行党的路线、方针、政策，增强政治敏感性和政治辨别能力，增强民族自信心和社会责任感，维护国家、社会、学校的稳定，抵制错误思想的侵袭，提高自身综合素质。因此，优化形势与政策课的教学内容，必须把握好它的思想政治教育和马克思主义立场、观点、方法教育的功能，体现它的性质和目标任务。

(二)以形势与政策课的特点为指导

形势与政策课的特点可以用实、广、真几个字归纳。

实，就是针对性、实践性强。形势与政策课必须理性地分析和回答学生特别关注的党和国家的路线方针政策、国内外发生的重大事件等现实问题，指导学生运用有关理论与方法去正确地分析和判断形势，正确看待各种突发的重大事件，正确处理个人、集体、国家之间的关系，在大是大非面前保持清醒的头脑，明辨是非，坚持正确的方向。

广，就是范围、内容、涉及的学科广。这就要求形势与政策课的内容体系建设不仅要体现范围广（包括国内、国际形势与政策等）、内容多（涵盖政治、经济、文化、科技、教育、体育、军事、外交等内容）、学科面宽（涉及马克思主义哲学、马克思主义政治经济学、政治学、经济学、教育学、军事学、法学以及自然科学等学科）的特点，还应注意其内在的辩证关系；不仅要符合相关学科的原理及方法论原则，还应突出形势与政策课的特殊功能，以实现广而有专、多而不乱。

真，就是符合客观实际。这就要求形势与政策课的内容必须如实反映和剖析社会形势、现行政策及其内在的客观联系，还应体现逻辑与历史的统一，并以此引导学生把握形势与政策变化发展的客观规律，掌握认识、分析、预见形势变化发展的方法和原则①。

1. 课程自身特点：常新常讲，坚持大学期间不断线

形势与政策课是紧密结合国内外形势发展，紧密结合国家大政方针的变化而开设的理论性比较强的课程；同时是针对大学生的关注热点和思想特点

① 邹日新，阙贵频. 构建有特色的民族院校“形势与政策”课的内容体系[J]. 思想教育研究，2003(11)：39-41.

而开设的实践性比较强的课程，是一门“常新常讲”的课程[①]。思想政治理论课的每门课程开课时间基本上都是一个学期，但形势与政策课作为一门“常新常讲”的课程，课程开设时间贯穿大学教育全过程，课程教学坚持大学期间不断线。

2018年4月，教育部下发的《关于加强新时代高校“形势与政策”课建设的若干意见》明确规定：要将形势与政策课纳入学校教学计划，严格落实形势与政策课的学分。各高校应结合实际和学生需求，开设形势与政策教育类的选修课，完善思想政治理论教育课程体系，发挥“课程思政”作用。自1987年高校开设形势与政策课以来，中央和国家教育主管部门多次下发指导性文件，明确了高校形势与政策课规范化建设的基本要求，其核心内容可简要概括为“课程覆盖全体学生，大学教育期间不断线”（简称“全覆盖、不断线”）。形势与政策教育的性质和特点，决定了高校形势与政策课必须面向全体学生，贯穿大学教育全过程，而不应该只在某一个阶段进行。这是因为形势是不断发展的，大学生的关注点也在不断变化。形势发展变化的“常新”，需要教学内容的“常讲”。

2. 教学内容特点：常讲常新，变化中有稳定

形势与政策课是一门以国内外形势发展及党和国家的方针政策为主要教学内容的思想政治理论课，教学内容紧跟国内外形势发展变化和大学生的思想热点，因此，教学内容具有“常讲常新”的优势。当前，国内外形势发生了深刻的变化。从国际看，世界多极化、经济全球化深入发展，科学技术日新月异，各种思想文化交流交融交锋更加频繁；从国内看，我国进入新发展阶段，发展基础更加坚实，发展条件深刻变化，进一步发展面临新的机遇和挑战。面对发展变化的国内外形势，党和国家的对内对外政策也会进行相应的调整，这些都需要及时向大学生进行广泛深入的介绍和宣传，把大学生的思想统一到党和国家的决策部署上来。而大学生对国内外新热点的关注也要

① 王包泉，秦志勇.“形势与政策”课的“常新常讲”与“常讲常新”[J].思想教育研究，2014(4):46-48.

求教学内容“常讲常新”。

虽然形势与政策课“常讲常新”，但变化中有共性、相对稳定的内容。无论是国际形势还是国内形势，都是一种客观存在。我们要依据马克思主义形势观的基本原理和方法，观察、判断和分析形势，善于抓住关键、找准重点、洞察事物发展规律，进而认清形势的基本面，把握形势发展的大趋势。如国际形势中的时代主题、国际政治经济基本格局；国内形势中的中国所处的社会发展阶段、经济发展的成就与不足、全面深化改革的有利与不利因素等。这些都属于基本面、大趋势，是把握形势发展变化带有本质性和主导性的内容。政策方面，那些具有全局性、长远性和关键性的政策，是政策体系的核心部分，也是形势与政策教育中相对稳定的主要内容。

3. 教师队伍特点：专兼职结合，以辅导员为主体

由于形势与政策课“常新常讲”、大学期间不断线，开课量大，需要的教师多，任何一所高校都不可能有这么多专职老师承担这门课的教学，这就形成了专兼职结合，以辅导员为主体的教师队伍特点。辅导员一般都比较年轻、充满活力，他们与学生沟通比较容易，对学生的思想状况比较了解，与学生关系密切，这有助于教学活动的开展。但辅导员专业学科背景复杂，思想政治教育专业和教育学专业毕业的不多，而形势与政策课内容涵盖政治、经济、文化、外交、国际关系等多方面，辅导员教学水平和理论水平都影响着上课的效果。需要对形势与政策课的教师队伍加强培训与指导，开展集体备课、集体研讨与学习等活动，以提升每一位教师的教学理念；同时应经常组织地方高校各课程之间的老师进行示范观摩教学、听课说课等活动，提高教师集体教学水平，如“同城高校教师‘形势与政策’课教学研讨”“长三角地区高校思想政治理论课教学竞赛”等，使教师之间优势互取，形成一种合力。

4. 管理方式特点：多部门配合，协同管理

从性质上说，形势与政策教育属思想政治工作范围，涉及党委宣传部门、学生工作部门和思想政治理论课教学部门即马克思主义学院。作为一门课程，它又与教务部门有着紧密的联系。而教学效果的好坏在很大程度上取决于教学管理是否严密、是否规范。形势与政策教育管理的失范主要表现在课程设置、教学时数、教师安排、师资构成与培训、教学效果的评估及学生成绩的评定等方面。以前虽然开设了形势与政策课，但在教学管理上不像其他课程那样严格。受课程强时效性特点的限制，我国各高校无法制定统一的教学大纲和全国通用的教材，给教师的教学带来很大的难度，教师教学积极性不高，教学效果不能得到有效提升。教育部多次发文要求切实加强“形势与政策课”教学管理，要将形势与政策课纳入思想政治理论课管理体系，由学校思想政治理论课教学科研二级机构统一组织开课、统一管理任课教师，党委宣传部、党委学生工作部、教务处等相关部门配合做好教学管理工作；要设置形势与政策课教研室，定期组织任课教师开展集体备课，确定教学专题、明确教学重点、研制教学课件、规范教学要求。

（三）以地方高校的特色为主导

如何构建切合地方院校实际的形势与政策课的内容体系，是当前地方高校形势与政策课建设的关键。

我国是教育大国，2020年高等教育毛入学率达54.4%。从全国高校数量看，根据教育部统计数据，截至2020年6月30日，全国高等学校共计3 005所，其中普通高等学校2 740所，含本科院校1 272所；从名单上看，绝大部分为地方管理的高校。地方高校为地方建设培养了各级各类人才，在地方经济发展中起着举足轻重的作用。高校形势与政策课教育教学虽然重点在国际国内形势及国家大政方针等，但须与地方高校特色相结合，才能体现它的应有价值，更好地为地方发展服务。

我国地方高校特色明显，都有自身的优长之处并且都将这种优势充分利用并加以发挥，为地方经济发展注入了活力。以安徽省为例，安徽省是个农业大省，2016年提出建设“五大发展”的美好安徽的目标[①]。这一目标的提出为安徽省的经济社会发展指明了方向，也成为安徽省高校服务社会的目标。

受安徽省地域文化的影响，省属地方高校大多办学特色明显。厚重的历史与时代精神相契合，使每一所大学都积淀、建构出各具独特形态的文化品格，在从高等教育大省向高等教育强省迈进的过程中，积极推进大学文化精神建设，以大学文化精神统领学校各项事业发展，增强高校服务、支撑、引领地方经济社会发展能力，也有力地助推了学校各项事业的发展。

例如：处于省会城市的安徽大学在长期的办学历程中形成了“敬业乐群、追求卓越”的文化精神。在这种精神的引领下，安徽大学校地联合培养共建创新基地，积极探索高层次应用型创新人才，形成了自身独特的办学理念；安徽农业大学走出了一条享誉全国的“大别山道路”，为推动现代农业发展和地方经济社会建设做出了突出贡献；安徽医科大学辗转三地，薪火相传，积淀了自己的精神追求，构建了自己的育人文化体系，最终形成了“爱国爱民、造就良医”的文化精神；安徽建筑大学在建筑领域大作徽文章，构建出“自强不息，学以致用，善建善存”的文化内涵；安徽财经大学坚持面向社会，“培养信得过、用得上、留得住的人才”，培养出大批经济学界的精英。作为新型的应用型本科院校，皖西学院、合肥学院、黄山学院坚持特色办学，突出实践育人，推进大学文化精神建设。皖西学院以“映山红精神”谱就了自己的育人华章；合肥学院“始终行走在育人的路上”，建设成为全国应用型人才培养的桥头堡；黄山学院在博大精深的徽州地域文化的滋养下，以打好黄山牌，做好徽文章为思路，形成了“教人求真、学做真人”的黄山学院精神[②]。

总之，安徽省地方高校在立足专业特色，融合地方社会经济发展中逐步

---

① 安徽省第九次党代会提出了“努力打造加速崛起的经济强省、充满活力的文化强省和宜民宜业的生态强省，建设经济繁荣、生态良好、社会和谐、人民幸福的美好安徽”的奋斗目标。2016年10月底召开的安徽省第十次党代会提出：决战决胜全面小康、建设“五大发展”的美好安徽。“五大发展”指创新发展、协调发展、绿色发展、开放发展、共享发展。

② 根据各高校网站整理。

找到各自的价值追求和个性鲜明的办学理念及缤纷多彩的特色。教师要将这些贯穿于形势与政策课教育教学中，让学生切身感受，爱上这里的土地、爱上这里的人民、爱上这里的文化，立志为地方经济社会的发展贡献自己的力量。

二、教学内容优化的原则

形势与政策课教学内容的优化要突出一个中心，即要把中国特色社会主义理论体系的精髓贯穿到形势与政策课的教学内容中，用中国特色社会主义理论体系武装青年学生，充分体现马克思主义的形势观和政策观。帮助他们构建起正确的价值观和人生观，认识到中国特色社会主义理论的科学性和真理性，自觉地把自己的前途命运和中国特色社会主义事业联系在一起，树立历史使命感和责任感。

形势与政策课教学内容优化的原则，主要有以下几个方面。

(一)普遍与特殊相结合

地方高校形势与政策课教育教学必须以教育部每学期的教学要点为规范，以马克思主义形势观与政策观为指导，同时结合省情、校情、生情，灵活增加地方特色的内容，创设与他们生活学习乃至未来发展密切相关的情境，让他们广泛参与其中，获悉大量信息，了解社会，积极思考，吸纳先进理念。

(二)历史与现实相结合

形势与政策课的特点与地方高校特色相结合，应该兼顾历史与现实两个维度，通过以史鉴今、今昔对比等方式将形势与政策的历史演变与辩证逻辑叙述清楚，并结合时代特征演绎分析政策的深刻内涵。如就业政策、医保政策等，过去怎么样，现在有哪些调整，未来的基本走向，及与每个公民的关系，使学生认识到制定政策的重要性，认真执行政策的必要性。

(三)理论与实际相结合

形势与政策课的特点与地方高校特色相结合，不能简单地就事实讲事实，甚至以地方或学生关注的热点事件代替观点、理论，而应认真分析，要有针对性，以正确理论观点引领对历史和现实问题的理性分析，讲清热点、难点，阐述和解释事实发生的深层原因及政策制定的理论依据，体现形势与政策课教学内容的时效性，因为时效性是形势与政策课的生命。

(四)适度与专业相结合

形势与政策课的特点与地方高校特色相结合，在内容选择上要适度，注意与大学生实际相结合，以理服人，以事动人，以情感人。同时，应结合学生所学专业，选择相应的、符合学生特点和实际的地方特色内容。比如，大学生的就业形势与政策、大学生村官在农村、经济新常态与自主创新、低碳经济与青年学生等内容的讲授都应紧密结合学生的学习、生活、就业和创业实际，帮助学生自觉地把自己的发展同祖国的发展、前途和命运结合起来，在祖国与世界视野中定位和谋划自己的未来。对于安徽农业大学这样的以农林为特色的学校，要多关注安徽“三农”方面的内容，指导学生的思想，解决学生的困惑，帮助学生正确看待社会的变迁，使学生自觉履行责任与义务，树立正确的世界观、人生观、价值观①。

三、教学内容优化的途径

(一)建构知识体系，增强形势与政策教育和地方特色的有机结合，突出教学内容的整体性、系统性

按照中宣部、教育部的规定，本课程的主要任务是对学生进行党的基本

① 张秀英.构建《形势与政策》课立体化教学内容探析[J].太原师范学院学报(社会科学版),2010(2):141-142.

理论、基本路线、基本纲领和基本经验教育；进行我国改革开放和社会主义现代化建设的形势、任务和发展成就教育；进行党和国家重大方针政策、重大活动和重大改革措施教育；进行当前国际形势与国际关系的状况、发展趋势和我国的对外政策，世界重大事件及我国政府的原则立场教育；进行马克思主义形势观、政策观教育。但在实际教学过程中，这些授课任务一般是由形势与政策课和其他四门思想政治理论课共同完成的，每门课的侧重点不同。形势，是指社会政治、经济、文化等方面的现实状况和国际国内时事的发展趋势；政策，是指政党和国家指导人民为实现奋斗目标而采取的重大举措和行动准则。因此，形势与政策课主要侧重于讲党和国家现阶段的重大方针政策和国内外最新发生的重大事件、社会热点问题等①。

形势与政策课要坚持课程规范化建设目标要求，发挥课堂教学的主渠道作用，开展及时的、系统的教育，其内容体系如何设计非常重要。由于部分教师对本课程的教学内容体系缺乏深入研究，该课程的内容缺乏系统的、整体的规划。有的教师以报告和专题讲座的方式取代课堂教学，内容存在一定的随意性；有的教师根据自己的喜好和熟悉的内容确定讲授的题目；有的教师一味迎合学生的喜好，只关注了热点，忽视了重点难点，热闹有余，理论深度不足。因此必须主动从整体上规划、设计教学内容，突出地方特色，建构知识体系，强化教学内容的整体性、系统性。

该课程的内容既有相对稳定的、比较确定的、带有规律性的内容，又有易变的、不确定的、动态变化的新鲜内容，同时，还要突出地方特色，深化立志为家乡、为祖国、为人民做贡献的主题，因此该课程的知识体系概括起来主要有三个方面，每个方面又包括总体与地方两个部分。第一，形势与政策课的基本理论，主要是回答形势、政策是什么，形势与政策之间的内在联系，分析和研究形势与政策的基本方法；地方理论界关于马克思主义中国化的主要研究成果、地方改革开放的主要建设成就、地方城市发展经验、地方

① 教育部社会科学司．普通高校思想政治理论课文献选编：1949—2008[M]．北京：中国人民大学出版社，2008：210.

近现代相关历史，以及大学的校史、学科史等内容。并将这二者有机结合。第二，形势与政策课研究的基本内容，主要是国内外在经济、政治、文化、社会、外交等领域中相对稳定的、比较确定的趋势、基本形势；地方的经济政治社会形势、高等教育发展形势、行业发展形势、大学生的就业形势等内容。第三，时事研究，也就是国内外最新发生的重大事件、突发事件、社会热点难点焦点问题；地方发生的重大事件、对地方有重大影响的热点问题、大学生关注的校园热点问题等。

虽然时事不等于形势，更不等于政策，但时事是形势与政策课教育教学的切入点，其研究的理论依据和基础则是基本范式和基本形势。因此，形势与政策课的教学内容应该是其基本范式、基本形势和时事这三部分，并融入地方特色，即把现实问题（特别是与学生密切相关的问题）提升到理论高度，运用马克思主义的基本立场、观点和方法，以及具体社会领域的基本理论和方法加以分析，从中引出理论与政策。只有这样才能让学生通过这门课感受到马克思主义理论的科学性和实践性，真正学会运用马克思主义的立场、观点和方法分析判断形势，真正从思想上受益。

(二)采取多种形式,体现形势与政策教育和地方特色的相互补充,突出教学内容的时效性、针对性

形势与政策课的教学内容必须密切联系国内外实际，把不断变化、发展的时事作为切入点来阐明党和国家的相关政策，使学生在对具体形势与政策的正确认识中逐步确立马克思主义形势观和政策观。因此，形势与政策课的教学内容有着极强的时效性，这是形势与政策教育教学的一个显著特征。受课程强时效性特点的限制，我国各高校无法制定统一的教学大纲和全国通用的教材。尽管教育部在每学期初都要印发教育教学要点作为各个高校确定形势与政策课教育教学内容的指导，但因各个学校的情况和学生关注的时事不一样，多数不能完全按照教育部的教育教学要点安排教学内容。另一方面，随着经济全球化的发展，新的流行文化层出不穷，多元的文化现象带来的是

多元的价值观和多样的思想观念，这确实增加了高校形势与政策教育的难度。形势与政策教育要取得良好的成效，除了在教育内容上积极和省情教育相融合外，还应结合学生的成长背景和本地校外资源，尽量多地提供师生互动、学生积极参与和体验的渠道和平台，促进省情教育和形势与政策教育在常规课堂教学外的整合。

首先，强化地方特色教育。地方高校的学生大多来自本地区，他们对家乡有一种深深的眷恋之情。我们在形势与政策教育的过程中，如果能以此为切入点，充分挖掘和利用各地丰富的人文历史资源，有计划有目的地进行省情市情教育，让学生了解和熟悉本地区的发展现状及前景，不仅能使形势与政策教育的内容更丰富、更生动、更有针对性，调动学生学习形势与政策的积极性，提高对形势与政策课的认同感，而且能充分调动地方高校学生爱家乡爱祖国的情感，满足他们渴望了解家乡、为家乡做贡献的强烈愿望，增强他们发展家乡政治、经济、文化的自信心和决心。

其次，突出创业典型教育。地方高校的学生毕业后一般都在本地区就业，而中西部高校的学生面临的就业环境相对而言比东部地区要艰难。要在这样的环境中生存和发展，除了具备较高的政治敏感性和政治辨别力之外，还必须有一种坚韧不拔、勇于进取、勇于创业的优良品质。因此，在形势与政策教育过程中，结合本地区、本校先辈艰苦卓绝的创业史，组织学生出外参观考察当地人脱贫致富的典型实例，拜访扎根山乡的先进典型人物，或请他们来校进行演讲，不仅能使学生客观地了解所面对的困难，增强战胜困难的信心，而且更能激起学生情感上的共鸣，使他们从前辈艰苦卓绝的创业过程中吸取宝贵的精神营养，培养勇于进取、艰苦奋斗的高尚品德。如安徽农业大学在形势与政策教育过程中，有计划地请当地党政领导、先进典型创业校友到学校做报告，利用寒假组织学生回家乡搞社会调查，暑假开展“三下乡”等活动，使学生充分理解学校“大别山道路”精神。大多数学生毕业后都能自觉实践，不断延伸和拓展“大别山道路”，继承和发扬老一辈安农人吃苦耐劳，艰苦创业，勇敢正直，不畏困难的优良品质，使“大别山道路”在安农人的坚守与创新中，不断焕发出勃勃生气，为安徽新农村建设和经济社会发展做出了重要贡献。

最后，有效运用网络教育。有效地运用网络，使之成为大学生思想政治教育的重要载体也非常重要。当代社会，网络已经成为大学生获取时事新闻的主要途径。网络时事内容的最主要特点就是具有极强的时效性。当今的大学校园，很多学生通过手机可以随时随地了解时事信息。因此，在抓好课堂讲授的基础上，可以在教学实践方面突出网络资源的优势，形成以网络资源为载体的互动交流平台，成为课堂教学的良好补充。利用网络课堂，学生能在第一时间迅速了解国内外正在发生的政治、经济、社会等各个方面的相关信息；而在课堂教学中，教师需要让学生掌握正确的分析方法，培养学生正确的价值观和道德观，实现形势与政策课的最终目的①。

（三）着眼时代特征，实现形势与政策教育和地方特色的互动，突出教学内容的世界性、未来性

形势与政策内容更新快，有强烈的时代感，决定了形势与政策课的内容组织及体系构建不能一劳永逸，必须具有动态特点，它不仅要反映形势与政策的整体态势，而且应追踪其动态演变，特别是其中层出不穷的新问题和突发的事件。当今时代是经济全球化的新时代，是科学技术突飞猛进的新时代，是人类追求人与自然和谐统一新境界的新时代，处处充满生机活力。地方高校学生要跟上新时代的步伐，成为新世纪的主人，就必须了解新时代的特点、熟悉新时代的要求。所以，在形势与政策教育过程中，着眼时代特征势在必行。第一，突出改革开放新形势、新政策的教育。第二，突出全球政治经济军事新形势的教育。第三，突出科学技术新发现新发明新成果的教育。第四，突出知识经济时代新特点新变化的教育。第五，突出生态环境保护、可持续发展形势与政策的教育。而这些又必须与地方发展实际紧密相连。如安徽农业大学就把握住了中央对“三农”问题的重视，密切联系安徽省实际，紧跟

① 李霞.关于如何优化高校“形势与政策”课教学内容的研究[J].文教资料，2013(15)：166-167.

时代发展脚步，由最初的“科技开发大别山”的扶贫攻坚战，致力于大别山区人民的脱贫致富，在探寻“大学的责任与使命”的征程中开辟了一条地方农业院校的特色发展之路，即“大别山道路”。这是一条人才培养之路、科技兴农之路、文化引领之路，也是一条协同发展之路。在坚守中艰辛前行、不懈探索，在思辨中坚韧守望、锐意创新，“大别山道路”在新的历史时期，又被安农人赋予了新的时代内涵。总之，形势与政策教育强大的感染力来自其内容的时代感，突出形势与政策教育的时代特色，密切反映当今国际国内发展的新形势新政策，不仅能够增强这门课的感染力，使学生想学爱学，而且能让学生增强责任意识，感受危机，不敢松懈，从而促使他们不断学习新东西，提高自身的素质，更好地适应未来的需要①。

四、教学内容的优化方法

(一)运用多种教学方法实现形势与政策课和地方特色的融合

1.聘请校外专家进行专题讲座

形势与政策教育教学的方法多种多样，其中专题讲座是地方高校形势与政策教育教学的主要形式，分为常规课堂专题授课和专家专题讲座。其中专家专题讲座的主讲者主要是本校党政领导和专业课专任教师，很少有现任或离任官员、企业董事长和管理人员等拥有第一手资料和具有实战经验的人员参与。当前形势下，就业压力加大，国家提倡“大众创业，万众创新”，不少大学生也有自主创业的需求，但在没有工作经验的前提下，创业认知也只是来源于学校教师讲授的一些课本理论知识，根本无法应对不断变化的市场竞争。对此，有媒体呼吁要给大学生提供“草根教学”，而非只是单纯的“学院教学”，这是有一定道理的。同样，在多元文化并存的背景下，要让学生全面

① 邹日新，阙贵频.构建有特色的民族院校“形势与政策”课的内容体系[J].思想教育研究，2003(11)：39-41.

把握核心文化——社会主义先进文化，要让学生进一步从时代的发展中理解马克思主义理论的博大精深，邀请对地方发展战略部署了如指掌的官员、在地方市场鏖战多年具有实战经验的企业家、对地方社会长期观察具有较强洞察力的社会评论人和媒体人等走进校园，走进课堂，讲授亲身感受和成功之道肯定会更具有说服力。他们的人生体验、感悟也肯定会和地方高校的大学生产生共鸣。这不仅可以增强大学生对改革开放和现代化建设实践的理解和认同，而且有利于他们的成长成才。这些校外专家的亲身感受和高校教师的理论教学形成互补，地方特色教育和形势与政策教育的功能也通过这种方式得到有效互补。

2.思想政治理论课教师参与学生社团活动

社团是由学生自己组织的群众性团体，是校园文化的一个重要组成部分。在地方文化开放性、兼容性、多元性等基本特征的影响下，地方高校学生的社团呈现出数量多、种类多、活动多等特点。作为地方特色内容的重要组成部分，地方的历史文化、民俗特征和区域特征在各地方高校大学生的心理和行为上有着深深的烙印。地方高校的思想政治理论课教师特别是形势与政策教师应该在充分了解大学生的心理特征和内在需求的基础上，结合形势与政策教育的理论内容，大力倡导学习型社团的组建和运行，在与学生一起讨论的过程中，引导他们正确认识本土文化的优越性和不足之处，让学生在全面认知自我的基础上提高思想理论素养和文化素养，从而使形势与政策教育的理论性和地方特色教育的表面性、分散性实现功能互补①。

3.课堂教学与课外实践相结合

形势与政策教育和地方特色的最佳互融方式是实践活动。陶行知先生认为，生活是教育的中心，生活即教育，学校即社会，做学教合一，做是基础。行是知之使，知足行之哉。近年来，为推进思想政治理论教育的深入，安徽农业大学规定思想政治理论课的教学分为课堂教学和实践教学两个部分，要

① 刘利华.广东高校形势与政策教育和省情教育的功能衔接[J].学校党建与思想教育，2009(7):61-63.

求所有本科生在校期间至少要参加一次以思想政治理论教学为内容的社会实践活动。而以前我们一般是让学生利用假期进行社会调查，返校后交一份社会调查报告。为了增强实践活动的实效，要特别注意以下两点。

第一，整合校内外资源，为实践教学提供源泉。

一是整合校内资源。尝试从教学计划、组织安排、师资整合、学分认定与成绩考核等方面，将校内宣传部、校团委、学生处、教务处、思想政治理论教研部（马克思主义学院）及专业院系与职能部门的实践教学资源进行整合和开发利用，为形势与政策教育和地方特色教育提供合力。各高校大都有校史馆，校园文化丰富多彩。由思想政治理论教研部制定实践计划，上报教务处并由其下达，各学院团总支负责组织学生，形势与政策专兼职教师制定调查具体实施方案并提供理论指导，宣传部跟踪报道，这种集全校几个相关部门之资源和能力所展开的大学生实践活动组织有序，资源利用高效，针对性、时效性强，学生在省情认知、社会认知、实践能力和政治素养等方面肯定提高较快。二是尝试整合校外形势与政策教育和地方特色教育资源。安徽省历史文化资源丰富，例如在省城合肥就有安徽名人馆、安徽好人馆、安徽省博物院及渡江战役纪念馆、李鸿章故居等场馆，这些都是地方特色教育资源。同时，安徽省地方高校一般都有很多校外实践基地。如宿州市埇桥区国家现代农业示范区、庐江郭河现代农业综合开发示范区、芜湖大浦国家农业科技园等安徽省80%以上的农业科技示范区和产业园都是以安徽农业大学为主要技术依托；革命老区金寨、农村改革的先头兵凤阳小岗村都是安徽农业大学思政课的课外实践基地。课外实践提高了学生的实践技能，对学生的品格熏陶、性情陶冶、文化传承意识的培养具有重要作用。

第二，通过社会实践实现师生资源的整合。

安徽省各高校从事思想政治理论课的教师多为本省人士，他们对全省的经济社会发展形势和理论可能较为了解，但由于来自不同地区，对全省的文化特色、风俗民情还缺乏深入的体会和感悟。地方特色资源是形势与政策教育有利的也是绝对的支撑，脱离地方特色资源的地方高校形势与政策课肯定是空洞的。近年来，许多从事形势与政策教育教学的教师开始重视地方特色资源的调查和研究，把地方特色教育和形势与政策教育的功能衔接作为自己的教学和科研课题进行研究。这就为师生资源的整合提供了条件，而整合的方式主要是教师的教学科研项目和社会调查相结合，学生和教师的教学科研项目相结合，学生和社会调查相结合。地方特色教育是党的基本路线教育和国情教育地方化的具体实践，应成为高校形势与政策教育的重要组成部分。在安徽由农业大省向农业强省发展转型时期，安徽省地方高校形势与政策教育和地方特色资源教育功能的有效衔接，既能丰富形势与政策教育的人文内涵和文化底蕴，增强形势与政策教育的生动性、人文性和开放性，从而推动高校形势与政策教育内容和教育形式的改革，又能使广大安徽学子及时把握安徽省的发展脉搏，树立对安徽未来发展的信心，为自己的就业和发展前途定位，激发热爱家乡、立志投身家乡建设的感情。安徽大学生是安徽发展的潜在生力军，让他们自觉地真正地掌握马克思主义的世界观和方法论，形成正确的世界观、价值观和人生观，对安徽实现“努力打造加速崛起的经济强省、充满活力的文化强省和宜民宜业的生态强省，建设经济繁荣、生态良好、社会和谐、人民幸福的美好安徽”的奋斗目标大有裨益。

(二)创造条件推进地方特色和形势与政策教育结合的课程建设

地方高校应采取各种措施，推进地方特色形势与政策课程建设，保证有效实施地方特色形势与政策课程。

1.成立专门研发机构

安徽省是具有悠久历史和灿烂文化的省份，又是农业大省，大别山区是革命老区，这些成为安徽农业大学凸显办学特色，提高育人质量，弘扬老区精神，传承地方特色文化的重要资源。在长期服务农业、农村、农民的实践中学校开拓了一条以“艰苦奋斗、无私奉献、开拓创新、献身‘三农’，统筹人才培养、科学研究、社会服务和文化传承与创新，推动教育科技与经济社会深度融合、协同发展”为主要内涵的富民强校育人之路，即“大别山道路”。学校于2012年成立安徽农业大学新农村发展研究院，标志着学校服务安徽新农村发展之路实现了从农科教结合向农科教文协同的转变，可以将其成果转化为形势与政策教育教学资源。

2. 建立资料库

高校掌握的地方特色资源资料匮乏易导致地方特色教育力不从心，建立和完善地方特色资源资料库势在必行。地方高校要委以专人及时收集整理最新的省情研究资料补充进资料库，加大投入和建设力度，落实省情资料图书情报的专项购买费用，最好安排专门的场地设立省情资料室或者是省情资料库。纳入资料库的信息不仅要成系列、上规模，还要全面、生动，同时省属地方高校要经常沟通、互通有无，实现省情资料的共享。

3. 建立专门的教学团队

地方高校要采取措施培养造就一支地方特色讲座“金牌”教师队伍，可以通过内培外引，打造由教师、专家学者、地方领导等组成的地方特色优秀教育教学团队①。地方高校可以以学校名义或挂靠学院、系部成立“省情教育研究小组”，组建省情教育人才库，成员可包括思想政治理论课教师、各学院承担形势与政策课教学的副书记、辅导员，还可以聘请省社会科学院、宣传部门的专家学者以及专门研究地方文化的学者担当顾问，如安徽省地方高校可以聘请安徽大学“徽文化研究中心”的专家学者来进行专题讲座。因此，建立省情教育人才库可以不断地深化和发展教学内容，提高课堂教学效果。

4. 制定规章制度

为了加强对地方特色形势与政策课程建设的统筹规划，推进地方特色形势与政策课程建设，使地方特色形势与政策课程管理走上规范化、科学化的轨道，地方高校应出台有关加强课程建设的规章制度。如安徽农业大学先后出台了《安徽农业大学形势与政策课建设与管理办法》《安徽农业大学关于深化形势与政策教育教学改革的实施方案》等，体现了学校对于形势与政策教

① 刘福来. 地方高校特色文化课程建设的探索与实践[J]. 中国大学教学，2013(9)：27-29.

育教学的重视，完善课程教学质量监控体系，充分发挥形势与政策教育在育人中的作用，全面提高课程建设质量和水平。但对于地方特色在形势与政策课程建设中的地位与作用及如何实施还没有出台相关规章制度，这是在形势与政策课规范化建设中要加以解决的。

5.形成以科研教研促教学的地方特色形势与政策课课程建设机制

为了加强思想政治理论课课程建设，从省市教育主管部门到地方高校也都非常重视科研教研促教学，通过科学研究和教学研究为教学源源不断地提供丰富的教学资源，教师把科研中获得的新知识及科研教研新成果及时融入到文化育人中，实现地方优秀文化研究、育人、传承创新一体化。以安徽省为例，近几年来，省教育厅实施高等教育振兴计划，其中形势与政策课占有重要一席。先后有形势与政策地方教材建设项目、弘扬核心价值观形势与政策课名师工作室项目、省级质量工程项目等，为形势与政策课改革研究与实践提供了有力的支撑。在教研与科研的带动下，地方特色育人资源不断得到更新和补充，地方特色课程教学内容紧跟学科前沿，将最新的知识和信息传递给学生，有力地推动了形势与政策课教学。

通过地方特色形势与政策课程的改革与实践，在多类型显性课程和多形式隐性课程的相互作用下，安徽农业大学营造学农爱农、崇尚科学、激励创新、合作共赢的综合效应，培养了大批作风淳朴、基础扎实、适应能力强、综合素质高，并具有深深的地域文化烙印的高素质优秀人才。据不完全统计：近3年安徽农业大学有78名学生入选选调生、249名学生入选大学生村官，有近60%的毕业生，活跃在乡镇以下的基层，传播着科技兴农之火，在广阔的田野上放飞他们的理想[①]，为安徽由农业大省向农业强省转变贡献着青春和力量。

① 高开华，宛晓春.大别山道路：安徽农业大学特色发展之路[M].合肥：安徽人民出版社，2015：90.

（三）全方位、多渠道实现形势与政策课和地方特色教育的结合

1.全面充分调动各种舆论工具和舆论手段

安徽农业大学利用互联网（如安徽省情信息网）、校园网、宣传栏、广播台、校报（刊）、图片展览等多侧面向学生宣讲省情，加强省情教育，而且通过组织学生参加辩论赛、演讲比赛、征文等活动激发学生把握省情的积极性和兴趣。

2018年，为庆祝改革开放40周年，安徽农业大学宣传部领衔、马克思主义学院主导进行了“改革开放与安徽发展”征文、“理论之星”大赛和大学生辩论赛；2011年，为庆祝中国共产党成立90周年，安徽农业大学举办了校园红歌比赛。2021年是中国共产党成立100周年，安徽农业大学马克思主义学院和学校相关职能部门共同开展党史教育系列活动，激发了学生坚定跟党走的决心，发扬爱国主义精神。同时，在课堂上，通过让学生制作并展示“我爱我家乡”演示文稿，每组学生通过介绍家乡的历史文化、风土人情、经济政治、名胜古迹、家乡名人乃至家乡美食等，激发了学生对家乡的热爱和为家乡建设建言献策、贡献力量的信心。

2.编写地方特色教材并将地方特色内容纳入教学计划

由于形势与政策课没有统一的教材，虽然中宣部和教育部社科司规定以时事报告作为参考教材，但由于不含有地方特色的内容，各地方高校一般都有自己主编或合编的形势与政策课教材。在地方教材中设立专门的章节，也可以另行编写省情市情教育读本或相关讲义发给学生上课作为参考资料。

例如，安徽农业大学编写的形势与政策课教材就结合了世情国情、省情校情生情，分为四个专题，分别是“和平发展合作 共建和谐世界”“深化体制改革 实现科学发展”“打造‘三个’强省 建设美好安徽”“服务‘三农’发展 争做‘双创’人才”，紧密结合国内国际形势、密切结合本省实际及学

校实际和办学特色，努力体现针对性、特色性、实效性、时代性[①]。学校从2014年起，和安徽师范大学出版社合作，每年编写出版一本校本形势与政策课教材，教材体现校本内容，透着地方气息，展现学校特色，深受学生欢迎[②]。学校还组织编写了《理想、责任、使命——安徽农业大学“大别山道路”纪实》《泥腿子教授——胡承霖》《青春耀江淮——安徽农业大学村官》等校本教材，用一个个鲜活的实例丰富了地方特色教育的内容。另外，因为各省市情况不一样，每学期教育部下发的形势与政策教学要点没有省情教育的内容，只能由教师自行联系实际在教学计划和教学内容安排上，增设省情教育内容，在教学实践中加大地方特色教育资源的比例。在进行每个专题讲授时可以根据情况有机渗透地方特色教育内容。安徽农业大学坚持每年结合中央一号文件，开展专题学习讲解，并列入形势与政策课教学内容。此外，在对形势与政策课进行考核时，地方特色内容的考题要占到一定的比重。

3.从措施、理论上对地方特色形势与政策课提供政策支持与理论指导

相关主管地方高校形势与政策教育的部门，如省教育厅思政处、校党委宣传部等，可以研究制定将地方特色资源融入高校形势与政策课教学内容的激励制度和措施。通过政策倡导、经费支持、教学比赛等多种途径，鼓励地方高校积极探索和实践，将地方特色文化资源融入地方高校形势与政策课程体系。在相关倡导和鼓励性文件出台之后，可以适时启动全省高校形势与政策课“特色讲座”教学大赛或“特色讲座”课件比赛等，竞赛比赛等形式不仅可以加快高校探索富有地方特色的形势与政策课教学步伐，而且可以实现教学资源共享。同时，相关部门可以考虑逐步推进地方特色精品讲座资源库建设，充分运用信息网络技术将地方特色精品讲座的教育效应不断放大，不断推进地方高校形势与政策课教学持续、健康、全面发展。

---

① 赵良庆.形势与政策：时事资料[M].合肥：安徽大学出版社，2013：3.

② 黄洪雷.地方高校“形势与政策”课特色化教学研究[J].思想理论教育导刊，2018(1)：103-105.

将地方特色文化资源融入地方高校形势与政策课教学内容离不开深入细致的理论指导。我国各地在经济转型和创新发展中所做出的蕴含本省精神和富有地方文化特色的重大战略和部署，比如安徽省提出的“三个强省”等，为形势与政策教育提供了极其丰富的政策和文化资源。但是，如何对这些特色教育资源进行提炼、归纳，并且有计划、有重点地将其融入高校形势与政策课程体系之中，仅仅靠高校教师自发而为是很难做到的。这需要全省有一定数量的专家学者去研究，去提炼，去归纳，为形势与政策课教学逐步融入地方特色资源教育内容提供理论指导和帮助[①]。

综上所述，地方高校形势与政策课教学内容的优化，首先要坚持教学内容的政治性、政策性、理论性和时代性，要牢牢把握形势与政策课的教育教学目标；其次要坚持教学内容的地方特色性，对于有效构建地方高校形势与政策课的课程内容体系，切实解决当前形势与政策课部分教学内容脱离学生的具体实际和需求，以及全面优化和提高地方高校形势与政策课教学效果等都大有裨益。

地方高校可以通过多种途径和方式实现地方特色形势与政策课内容的优化。科教兴皖、人才强省，大学生是安徽省建设和未来发展的主力军，只有把具有地方特色的教育资源转化为大学生受教育、长才干、做奉献的生动教材，在实践中巩固课堂教学成果，才能促进学生健康成长成才。大学生自觉深入地了解本省省情，把握本省经济社会发展的规律，积极踊跃投身实践，就一定能成为中国特色社会主义现代化建设者。

地方特色形势与政策课的内容，是一个开放的课程体系，根据现有的理论框架，其中的内容可以不断进行更新和完善。地方特色形势与政策课的内容，同时又是一个综合的课程体系，其内容涉及政治、经济、历史、教育等多个学科领域，对教师的理论素质、教学水平和组织能力等提出了新的要求。

① 胡新建.融入浙江精神和地方特色文化资源的形势与政策课教学改革探索[J].宁波广播电视大学学报,2015(1):84-87.

形势与政策课地域化内容的构建只是课程改革创新的第一步，要实现教育教学目标，使其成为大学生了解国内外形势和党的方针政策的重要阵地，还需要教师队伍、教学管理等多方面要素的共同提高[①]。

① 鲁静. 高校“形势与政策”课的地域化内容探析[J]. 思想理论教育，2011(17)：63-66.

第四章　地方高校形势与政策课教学模式的创新

如前所述，形势与政策课是对大学生进行形势与政策教育的主渠道，形势与政策课教学形式的创新是提高课程教学效果，帮助大学生全面、科学、深刻地理解党和国家的路线、方针、政策的重要途径。形势与政策课教学是高等教育教学的一部分，也是高校思想政治理论课教学的一部分，其教学形式的创新要遵从高等教育尤其是思想政治理论课的教学规律，但是也因其课程性质与特点而具有独特的要求，具体到地方高校，更有特殊的表现。

第一节　创新课堂教学模式

课堂教学一直是大学教育中知识传授的主要途径。思想政治理论课不是以知识传授为目的的，而是要让大学生实现主流价值观念的内化，一般的课堂教学模式并不一定适用于思想政治理论课。形势与政策课在思想政治理论课中又独具特点，因此其教学模式也有别于思想政治理论课的一般教学模式。

一、课堂教学模式

“模式”的英文为“model”或者“pattern”，一般指的是在实践经验积累的基础上总结出来的事物的标准样式或者解决某一问题的方法的理论归纳。课堂教学模式则是在一定的教学理论或思想的指导下，在课堂教学实践中总结出来的教学活动的程序或框架。作为一种在课堂教学实践中总结出来的理论归纳，课堂教学模式来自对大量课堂教学活动的比较和优选，蕴含了各种教学要素之间的合理组合关系，具备一定的理论深度，能够为教学活动提供有效的指导。作为一种教学活动的框架，课堂教学模式可以为教师的教学活动提供一定的依据，从而规范教师的课堂教学行为，使得日常教学活动变得有章可循。

我国古代教育单位大概可以分为四个层次：政府兴办的官学、家族兴办的族学、村塾和家教。从教育阶段上可以分为家学、蒙学、馆学和官学（一般是县学或府学）。中国古代教育，尤其是家学与我们现在所说的学校课堂教学有很大差别，但在家学之外，公学和私塾一般也有相对较为固定的教学模式。例如，孔子倡导因材施教、以身作则、启发诱导式教学等；宋代私人书院兴起之后还鼓励讨论和辩难，让学生交流学习心得。但从总体上讲，无论是公学还是私塾，基本都采用老师讲学生听、以记忆和背诵为主要特征的教学模式。

在17世纪，西方近代教育理论奠基人扬·阿姆斯·夸美纽斯（Johann Amos Comenius）在《大教学论》中提出了很多重要原则，比如循序渐进、启发诱导、复习巩固等。他认为分班授课可以对教师产生积极的激励作用，现今的课堂教学模式几乎都采用班级授课机制。约翰·弗里德里希·赫尔巴特（Johann Friedrich Herbart）在19世纪以系统的实践哲学和观念心理学为基础，建立了系统严密的近代经验教育学体系，奠定了近代科学教育学的方法论基础。他认为教学要适应学生的心性，培养学生的兴趣，注重把学生的兴趣爱好转化为学习的欲望，激发学生主动学习的内在动力，并以此为基础提出了“明了—联想—系统—方法”四阶段教学模式。

最先对教学模式进行系统性研究的是美国教育学学者布鲁斯·乔伊斯（Bruce Joyce）、玛莎·韦尔（Marsha Well）和艾米莉·卡尔霍恩（Emily Calhoun），他们在1972年出版专著《教学模式》，通过对80多个理论观点的梳理研究，归纳总结出15个常用教学模式。不同的教学目的、策略，不同的教材和课程设计组合在一起会形成不同的教学模式。他们认为，教学模式等同于学习模式，因为“真正的教育就是教会儿童如何学习”[①]，并把教学模式分为四大类：信息加工型教学模式、社会型教学模式、个人型教学模式和行为主义系统型教学模式。不同的教学模式有着不同的适用范围和条件。透过乔伊斯等人的研究可以看到，在具体的教学实践中，不可能有普遍通用的教学模式，只要有利于教学目标的顺利实现，教师可以结合教育实际灵活运用多种教学模式。

在科学主义哲学影响下，教学模式的研究者会更多关注教学活动对经济社会发展需求的满足，教学模式要求高效传授科学文化知识，既要求知识的传授完整无误，又强调知识的传授要带来经济社会效益。赫伯特·斯宾塞（Herbert Spencer）认为，学校教育的任务就是让学生高效地获得最有价值的科学知识，并依据知识的价值次序创立以自然科学知识为重点的课程体系。杰罗姆·布鲁纳（Jerome Bruner）将教与学的关系理解为一种机械的传动关系，强调科学的教学方法，以争取在最短的时间里向学生灌输最多的科学知识。伯尔赫斯·弗雷德里克·斯金纳（Burrhus Frederic Skinner）主张教学就像机器一样，学生被看作“机械有机体”，学习效果完全是教学工艺和教材编制技术的结果。这种教学模式往往在教学内容上追求让学生获得标准化的不容置疑的终极真理；在教学方法上有固定的程式和严格的规则，教师按照格式化的教学套路流水线式地向学生传播知识，注重先进的科学技术手段在教学活动中的运用，认为借助先进的科技手段可以把抽象难懂的科学文化知识形象生动地呈现给学生，更加高效、便捷、精确。这种教学模式忽略了教学过程中的偶然性因素，程式化、标准化的教学过程没能更多考虑学生的个性特征，束缚了学生的发散思维与创造力，限制了学生独立思考问题和解决问题的能力。

在实用主义哲学的影响下，教学模式的研究者更加关注理论与实践的融

① 布鲁斯·乔伊斯，玛莎·韦尔，艾米莉·卡尔霍恩．教学模式：第七版[M]．荆建华，宋富钢，花清亮，译．北京：中国轻工业出版社，2009：3.

合。实用主义哲学鼓励行动与探究，倡导观念与行动的统一，从这一点出发，约翰·杜威（John Dewey）认为，知识不是在被动理解中获取的，而是在主动探究中得到的。在实用主义哲学视角之下，杜威认为经验来自有机体与环境的相互作用，有机体在被动适应环境的过程中，也会对环境造成影响；教育从经验中产生，但并不是所有的经验都能起到教育的作用，教育活动就是不断重组经验的过程。他反对脱离经验、缺乏吸引力的传统呆板枯燥的教学模式，批判斯宾塞用既定模式传授科学知识的做法，认为教学模式不应该忽视日常生活题材，而日常生活经验正是科学知识的来源。实用主义教学模式抛弃了传统的以知识为中心、知行分离的教学模式，建立了鼓励行动、探究与创新的现代教学模式，认为教学模式本身就是要解决理论与实践脱节问题的。这种教学模式强调学生的主体作用，能够有效地培养学生发现问题、分析问题和解决问题的能力。但是，这种教学模式无视系统知识的传授和教师的指导作用，因而也受到了多方的批评。

在人本主义哲学影响下，教学模式的研究者认为人的本性在于自然人性，人并不是社会实体而是自然实体，行为与学习结果依赖于感性认识的过程。这种教学模式将学生置于学习活动的主体地位，以人的自我完善为价值追求，强调学习过程中人的因素，认为教学模式要尊重学生的情感、意愿、价值观念等个性特征。教学模式的设计要有利于展现人的本性，激发人的潜能，完善人的性格，以帮助学生达到自我实现。人本主义教学模式的代表人物卡尔·兰塞姆·罗杰斯（Carl Ransom Rogers）认为，无论何种教学模式都要尊重人的个性，教学模式的目的就是培养人的主动性、创造性，培养个人自主发展的能力、适应环境变化的能力，以实现自我价值。他还认为，传统以教师和书本为核心的教学模式所培养的只是“奴隶”，教学活动要以学生为中心，教学模式要围绕学生的“自我”进行设计。这种教学模式也被称为“非指导性”教学模式。罗杰斯的教学模式并不是不要对学生进行指导，而是要求指导更具艺术性，教师指导的意义在于为学生创设良好的学习环境，激发和培养学生的知觉能力。可见，“非指导性”教学模式并非要完全颠覆传统教学，而是更加强调学生的自我发展，主张在教学活动中应赋予学生更多的自主空间，这在一定程度上改变了传统的师生关系。

教学模式的设置有效化解了教学理论与教学实践严重脱节的状况。教学模式是介于教学理论与教学实践的教学环节。它赋予教学理论可操作性，是教学理论走向教学实践的桥梁。教学理论是抽象的，教学模式是固定的，但教学实践是多样化的，同样的教学理论可以有不同的操作化的教学模式，而教师在教学实践中又可以结合自身教学习惯灵活运用教学模式。同时，教学模式是对具体教学实践活动的约束，使教学实践更加规范化以保障教学质量。

近年来，关于教学模式的探讨呈现多元化，新的教学模式层出不穷，如案例教学模式、探究式教学模式、自主学习教学模式、现象分析教学模式等。与其说这些是教学模式，不如说是教学方法，这些方法既有各自的优势，也有各自的缺点。

二、课堂教学模式中的教师主导性与学生自主性

“教学”不外于“教”和“学”，“教”是从教师的角度看的，“学”则是从学生的角度说的。教师与学生是所有教学模式都不可忽视的两个基本因素，除此之外还要考虑教学的内容或课程的类型。教师是教学活动中的主导性因素，学生在教学活动中有一定的自主性，不同的课程类型对于教学模式也有不同的要求。

20世纪50年代之后，教学模式不断推陈出新，尤其是出现了很多针对不同教育阶段、不同领域的专门教学模式，但是不论教学模式如何创新，就高等教育而言，基本都是根据课程类型的特点，在教师的主导性和学生自主性之间寻找适当的平衡点。在高效率的教学模式中，教师要有一定的主导性，能掌控整个教学过程，对教学程序有合理的安排，对学生的学习有良好的引导，确保教学活动能够指向预定的教学目的；学生也要有足够的自主性，通过充分的课堂讨论，良好的师生互动、生生互动，促进学生积极思考，主动

学习，以保障教学目的的顺利实现。此外，还要有及时准确的信息反馈机制，便于教师及时掌握学生的学习状况，根据课堂效果调整教学手段和方式、方法。

从经验来看，教师的主导性和学生的自主性是相互矛盾的。在课堂教学中，教师的主导性越强，学生的自主性也就越弱。较强的教师主导性，有利于在短时间内完成系统知识的传递，在塑造学生的纪律性、培养学生抽象思维能力方面有一定优势，但是不利于师生互动的顺利进行，也不利于营造活跃的课堂氛围，难以激发学生的学习兴趣，也不能有效地培养学生的创新能力和分析问题、解决问题的能力。教师的主导性越弱，学生的自主性也就越强，较高的学生自主性，有利于调动学生的学习积极性，培养学生的创造精神、合作精神，锻炼学生独立分析和解决问题的能力，然而却很容易偏离预设的教学目标，对教学内容的趣味性和授课教师的组织引导能力、课堂掌控能力有很高的要求。因此，在实际教学活动中，需要灵活运用各种教学模式，以平衡教师的主导性和学生的自主性。

为了平衡课堂教学中教师的主导性和学生的自主性，高效的教学模式还需要有合理的教学目标预设和科学的教学过程设计。一方面，需要给教师留下足够的自由发挥空间，课堂教学模式虽然是经过多次教学总结出来的，但是并不能预知所有课堂教学中可能出现的问题，实际课堂教学所遇到的情况可能会与预设的教学目标和过程有较大差别。这就需要教师有足够的自主操作空间，以保证课堂教学能够顺利实现预期目标，也需要授课教师有一定的课堂教学经验和课堂掌控能力。另一方面，需要给学生留下足够的自主学习空间，在学习过程中没有学习自主性就很难激起学生的学习兴趣，更无法培养学生独立思考、分析和创新的能力。在教师的主导性和学生的自主性之间寻找最佳的平衡点，建立教学效果最佳的教学模式需要有精心的设计，也需要教学实践的反复探索和验证。

对于不同的课程类型也要有不同的教学模式。高校课程大致可以分为三大类：知识传递型、技能拓展型和思想内化型。知识传递型课程的教学内容一般是成熟的系统化的理论知识。对于此类教学内容在教学模式的设置上必须保持较高的教师主导性，因为教师需要把整个理论体系讲清楚，如果教师主导性过低，过度依赖学生的自主学习，可能会在探索前人已经成熟的结论上花费大量的时间，也很难保证教学的系统性，因此对于此类课程要以教师的主导性讲授为主，学生的自主性学习为辅。

技能拓展型课程的教学内容一般是与专业知识的运用相关的操作程序与规则。针对这样的教学内容，仅靠教师主导性的讲授是不可能达成预期教学目标的，教师的讲授要以学生的实践操作为中心，教师只起到引导作用，需要学生自主探索发现问题、解决问题，并在此过程中实现技术能力的拓展。因此也不能在这类教学模式中设置较高的教师主导性，而要以学生自主学习为主。

思想内化型课程既不以传递理论知识为目的，也不以培育专业技能为导向，而是要进行世界观、人生观、价值观的培养和践行。此类课程主要是指思想政治理论课。思想政治理论课并不是不讲理论，理论是必须讲的，但是讲理论并不是简单的理论知识的传递，而是要让理论深入学生内心，内化为为人做事的行动指南，“理论的认同、内化，很难通过知识传授的方法来达到，更不是靠强行灌输所能奏效的”①。因此，思想政治理论课教学与理工科所传授的理论知识有着巨大的差别，和其他人文社会科学的理论知识也有差别。真正能够帮助学生解决思想困惑，树立正确的世界观、人生观和价值观，是教育内容的内化，是科学理论的武装②。所以，思想政治理论课既要把理论内容讲清楚，让学生理解和把握，还要让学生把这些理论内化于心、外化于行，成为他们认识和改造主客观世界的自觉方法。

正是因为思想政治理论课与知识传递型、技能拓展型的课程有着本质的区别，所以一般在其他领域具有良好效果的教学模式在思想政治理论课上却

① 李金萍，李芳．高校思想政治理论课研究型教学的原则及模式研究[J]．湖北省社会主义学院学报，2010(2)：67.

② 程馨莹，卢黎歌．谈思政课以理论内化为主的教改取向[J]．中国高等教育，2011(6)：32–33.

很难达到预期的效果。思想政治理论课教学模式要在教师主导性和学生自主性之间保持平衡。传统教师高度主导的灌输说教式的教学模式早已被证明是无法满足思想政治理论课教学需要的。案例教学、课内实践、翻转课堂、移动课堂等多种教学模式也在不断探索在多大程度上赋予学生自主性，才能既可以保证思想政治理论课顺利完成既定教学目标，又能够最大限度地提高学生学习的积极性、主动性，达到较好的教学效果。

三、思想政治理论课课堂教学模式的创新

课堂教学是地方高校思想政治理论课传授理论和方法的主要途径。思想政治理论课除了传授理论知识之外，更重要的是改造学生的世界观、人生观和价值观，其课堂教学模式与知识传递型、技能拓展型课程有很大差异。思想政治理论课课堂教学模式需要维持教师的主导地位，以保障理论教学的正确方向，但也要赋予学生自主性，调动学生自主学习的积极性。在教学模式创新方面需要教师付出更多的努力。除却思想政治理论课本身的特点外，在外部环境、课程设置、教学方法等因素的共同作用下，地方高校思想政治理论课尤其是形势与政策课教学实效并不理想。面对困境，思想政治理论课课堂教学模式创新也在不断加快，近些年形成了各具特色的教学模式，如专题教学模式、大班授课小班讨论教学模式、网课辅助教学模式、对分教学模式等。但所有思想政治理论课教学模式的设置都要坚持一般性原则：政治性与学理性相结合的原则、知识性与价值性相结合的原则、建设性与批判性相结合的原则、理论性与实践性相结合的原则、统一性和多样性相结合的原则、教师主导性与学生自主性相结合的原则、灌输性和启发性相结合的原则、思政理论与专业知识相结合的原则。

(一)思想政治理论课课堂教学模式面临的特有挑战[①]

思想政治理论课课堂教学模式所面临的挑战不仅仅来自其在教学内容上与知识传递型和技能拓展型课程的巨大差别，也来自社会环境、课程设置、教师和学生多个方面。

思想政治理论课教学同时也是一项政治任务，具有鲜明的意识形态特性。思想政治理论课在高校课程体系中占有重要位置，就地方本科院校而言，思想政治理论课学分占本科学生所修总学分的五分之一左右。思想政治理论课一般都有很强的专业性，个别课程还有艰深而系统化的理论知识，但又是面向所有全日制大学生的通识教育类课程；同时，它还肩负着当代大学生意识形态教育与价值观念教育的重任，要与党团组织一道共同化解大学生在学习和生活中遇到的各种思想问题。

然而，近年来随着智能手机技术与网络技术的深入发展，微媒体尤其是手机媒体对大学生的影响日益加深，传统主流媒体遭遇前所未有的挑战，网络信息监管难度越来越大。大学生获取信息的渠道更加快捷，接触到的信息中却充斥着形形色色的价值观念，然而他们辨别是非的能力有限，很难在陈杂的观点中做出正确的价值判断。思想政治理论课面临着与微媒体争夺学生意识形态掌控权的斗争，然而思想政治理论课主干课程授课内容相对固定，短期内变化不会很大，很难及时对大学生获得的信息做全面深入的解读，对大学生的引导缺乏时效性。形势与政策课时效性强，恰好可以弥补主干课程的缺陷，就当下的热点和焦点问题做正确的深度解读，及时纠正大学生受不良信息影响而导致的思想观念偏差。

当今大学生尤其是理工类大学生对思想政治理论课没有更高的理论追求，对思想政治理论课的学习没有积极性，大多是为了应付考试获得学分，产生这种情况的原因很复杂，归结起来大致可以表现在以下四个方面。

① 张栋，王维美，王方友.课内实践与高校学生思政课抗拒心理的化解[J].长春师范大学学报，2016(1)：174-176.

首先，社会环境因素，这又是多种因素综合作用的结果。一是至今仍有人认为苏东剧变是马克思主义的失败，一个失败的理论不值得拿来学。这种观点的错误在于没有真正弄懂马克思主义，把斯大林模式当成马克思主义的唯一实现途径。斯大林模式的失败与斯大林等人教条地理解马克思主义有很大关系。比如，马克思认为共产主义社会的第一阶段应该实行生产资料公有制，苏联据此在落后的生产力基础上建立了单一的公有制，然而这却和马克思的观点背道而驰。因为，马克思认为共产主义成为可能是以生产力普遍发展和与此相联系的世界交往为前提的①，马克思所说的共产主义社会第一阶段，是经历了资本主义充分发展，建立在相当高的生产力发展水平之上的。显然，苏联当时并没有经历资本主义的充分发展，经过自身努力生产力水平虽然有了较大提升，但在经济上从未对当时发达的资本主义造成挑战，更不用说超越资本主义的生产力发展水平了，因此单一的公有制实际上是超前于生产力发展水平的，并不能长期促进生产力健康发展，这是教条式理解马克思主义的结果。

二是市场经济的快速发展，利益主体、思想观念迅速多元化。现实中，懂不懂马克思主义和获得一定的经济地位似乎没有什么直接联系。尤其是在教育成为一个产业之后，教师成为谋生的职业，精通思想政治理论的教师也不见得就有较高的经济地位；学生交学费也就是要学一个谋生的职业技能，教学也就成为培养工作技能的中介。加之很多地方院校应用型办学定位，过于突出职业技能培训，个别学校领导层面甚至会提出思政课能为应用型大学建设做出什么贡献的问题。这给以理论内化为特征的思想政治理论课教学活动带来了更大的困难。一些学生、高校领导甚至思想政治理论课教育工作者自己都会问，思想政治理论课能不能教给学生谋职的技能或知识，能对学生将来就业有什么帮助？在这样的大背景下就可以看到，在现实的教学过程中，学生对于专业课的态度和对于思想政治理论课的态度有较大的差别，对于专业的重视态度要高于思想政治理论课。这在无形之中增加了思想政治理论课

① 马克思，恩格斯.马克思恩格斯文集：第一卷[M].北京：人民出版社，2009：538-539.

的课堂授课难度。诚然，思想政治理论课不像专业课那样能够赋予学生专业技能，更不能直接让学生找到工作从而转化为经济利益，但是这也并不是说思想政治理论课对于学生的就业能力培养没有任何助益，思想政治理论课能教给学生处理人与人、人与事以及人与自己的关系的科学方法，而这些是学生成人成才的基本条件。思想政治理论课讲授的很多理论内容，比如哲学部分都具有一般意义，完全可以为学生职业能力培养提供普遍意义上的指导性方法；比如德育方面的理论内容培养学生基本的职业道德素养，而这又是学生在未来就业和职场竞争中不可或缺的。在市场经济大潮中，以功利的心态对待思想政治理论课本身就是对思政课的误读。

其次，思想政治理论课课程设置的问题。从课程性质上看，高校思想政治理论课肩负着党和政府大政方针的宣传与教育的政治任务，要让大学生学习并理解党在不同时期的政策理念，加深对马克思主义基本理论的体悟，自然要讲执政党的指导思想与方针政策。新中国成立以来，我们党一直处于执政地位，执政理念虽然随着经济社会的发展而不断与时俱进，但总体上讲，执政理念和指导思想前后相继，有清晰的历史脉络，而且基本的思想路线（一切从实际出发，理论联系实际，实事求是，在实践中检验和发展真理）和政治观点（如群众观点等）没有也不会有根本的变化。因此，思想政治理论课课程的设置变化也很缓慢，个别课程的内容甚至几十年来都少有变动。许多人会误认为思想政治理论课就是一种陈旧的脱离实际的高大上的理论。

此外，中学阶段也开设了较为系统的思想政治课，介绍马克思主义及其中国化最为基本的一些理论内容。文史类学生会觉得已学过，没必要再认真听一遍。中学思想政治课对理工类学生的要求虽然相对较低，很多学生甚至没有系统地听过课程内容，对思想政治理论一知半解，甚至有先入为主的成见，但在大学中细听之下又发现很难理解，反而加重了对思想政治理论课的逆反心理。思想政治理论是必须系统讲授的，但思想政治理论课教师在授课过程中就会发现，一方面部分学生对思想政治理论内容完全没有新鲜感，另一方面又没有真正系统地学过思想政治理论内容，对思想政治理论一知半解的学生很容易对思想政治理论课抱有成见，误认为大学思想政治理论课无非就是空洞的政治说教或者是意识形态的灌输，这在无形之中就增添了学生对思想政治理论课的抵触心理，从而增添了思想政治理论课课堂教学的难度。

再次，教师教学方法和手段等方面的原因。思想政治理论课教学内容虽然会随着时代的发展而不断丰富和发展，但理论核心内容的变化却较为缓慢，部分授课教师容易忽视教学方法的改进，一直沿用老一套的教学方式和手段宣讲课程内容，既跟不上理论的时代发展，不能赋予思想政治理论以新的内容，又与学生的学习和生活实践严重脱节。尤其是对于一般地方性本科院校来说，思想政治理论课专任教师师生比相对较低，部分高校只有1∶700，甚至更低，远远达不到教育部规定的1∶350的比例，于是思想政治理论课教师大多都面临较为繁重且重复的教学任务，没有足够的时间和精力深入钻研思想政治理论课教学方法和开展思想政治理论课科学研究，反过来制约了思想政治理论课教学方法和内容的创新。过低的师生比例还会导致超百人的大班普遍存在，甚至出现150人以上的超大班授课的现象。大班授课不利于师生建立良好的互动关系，教师难以监控学生的学习效果，学生也得不到教师的有效指导，教师更不可能照顾到学生的个性化需求，即使有良好的授课方法，也无法达到良好的授课效果。

另外，一些地方高校为了能够完成思想政治理论课教学任务，不得不任用兼职教师讲授思想政治理论课。然而，思想政治理论课教学有着较强的专业性，具有专业知识背景的专任教师全身心地投入教学工作，尚不能保证每一堂思想政治理论课都有良好的教学实效，兼职教师虽然具备专业相关的知识背景，也有很多兼职教师善于从事思想政治理论课教学，有较好的课堂教学效果，但毕竟兼职教师不可能全身心投入思想政治理论课教学和研究中来，总体而言，其教学效果与专任教师是难以相比的。因此，部分思想政治理论课课堂教学效果不尽如人意，教学感染力不强，没有针对性，也不能引起学生共鸣[①]。

思想政治理论课要求任课教师有坚定的崇高的理想信念，然而，在现实中由于种种原因，总有一些专兼职授课教师并不能做到对马克思主义基本理论的真懂、真信，而仅仅是把思想政治理论教学当作谋生的手段或只看作一种教学任务。教师在职业需求层面上给学生讲马克思主义，是不可能达到理想效果的。这不仅使得思想政治理论课独有的感染力、说服力大打折扣，还有可能会加重学生对思想政治理论课的排斥心理。

最后，学生自身特点对思想政治理论课教学也有重要影响。如今的大学生都是“00后”，他们的世界观、价值观虽然具有一定的可塑性，但是处于迅速形成阶段。在网络时代的大背景下，新媒体的迅速发展使得他们获取信息的渠道更加便利而且更加多样化，获取信息的速度甚至超越了思想政治理论课的授课教师。新媒体时代，开放的网络环境中充斥着形形色色的观点：极端个人主义、拜金主义、享乐主义、历史虚无主义等。诸多价值观念，总会在复杂环境的阴暗角落中找到滋生的土壤，而且会借助不断翻新的形式迅速传播。思想政治理论课教师不可能总是先于网络而对大学生进行正确的价值观念引导，一旦这些观念在世界观、价值观尚在形成之中的大学生的思想中抢占了先机，思想政治理论课想要夺回阵地就要花费更大的气力。尤其是对于地方性本科院校来说，学生在中学阶段对思想政治理论的学习相对薄弱，思想政治理论基础较差，辨别是非能力不强，又频繁接触网络媒体，受不良思想感染的概率更高，思想政治理论课课堂教学完成既定目标的难度也更大。

形势与政策课在内容与课程设置上容易造成学生的抗拒心理。一是形势与政策课虽然不用像马克思主义基本原理等课程那样要系统地讲艰深的理论，但以国际国内政治经济形势为课程内容的形势与政策课也难以和学生实际生活相切合。也正是因为形势与政策课不用讲授系统的理论，因此缺少了四门主干课程的理论科学性、学理性魅力，不能靠理论征服学生，又因为和学生

① 房慧玲.高校思想政治理论课教学的现状、问题、对策[J].广东教育学院学报，2010(2):70-75.

生活实际没有多少关联，无形之中加大了授课的难度。美国教育学家杜威说“教育即生活”，我国教育家陶行知先生也说“生活即教育”。形势与政策课教学内容与学生生活相脱节，就很难激发学生认真学习的兴趣。二是在课程设置上，有些地方院校并不把形势与政策课放在与四门主干课程同等重要的地位。个别院校采用不同教师讲授不同专题的形式，形势与政策课一个学期有四个专题，由四个不同的教师分别授课，由于授课内容、授课风格迥异，学生往往无所适从。对于授课教师来说，只讲一次课的课堂管理难度更大，教师与学生无法相互熟悉，很难对学生的听课状态进行有效监管，学生旷课率高，听课状态差的情况始终难以改善。这反过来又会挫伤认真听课同学的积极性，加深学生对形势与政策课的抗拒心理。三是在考核方式上，形势与政策课基本以小论文写作的方式进行课程考核。目前地方高校主干思政课考核方式都朝着多元化方向发展，过程考核、期末考试、实践课考核等多种考核方式同时适用。而形势与政策课的考核方式多是单一的论文考核，缺乏过程考核和独立的实践教学考核，无法在多个层面上监控学生学习状态。另外，许多高校不是形势与政策课授课教师参与学生课程论文的批改评分，而是单独抽取部分兼职教师集中批改，存在评分不严或不够专业的问题，认真写作的同学不一定能评得高分，而网络抄袭拼凑的论文又可能评分很高，这种情况传导到学生一端又会加剧学生抄袭拼凑应付课程论文的现象。

在各种挑战共同作用之下，思想政治理论课尤其是形势与政策课课堂教学模式一直面临实效差的困局。高校思想政治理论课“05方案”出台以来，创新思想政治理论课课堂教学模式一直是思想政治教育工作者的努力目标，新的教学模式不断被提出。2018年，教育部印发关于《新时代高校思想政治理论课教学工作基本要求》的通知，学界同人不断创新思政课课堂教学模式，为授课教师提供了多种教学模式组合选择的空间，灵活多样的教学模式提升了教学针对性，课堂教学实效也有了很大提升。

(二)思想政治理论课课堂教学模式的设置原则

教学模式创新是思想政治理论课提高课堂教学实效的有效途径之一，也是思想政治教育工作者的努力方向。在“05方案”指导之下，思想政治理论课课堂教学模式创新不断走向深入，出现了许多特色性很强的教学模式。

其一，在“一对多”的思想政治理论课课堂教学基础上，提出“一对一”的“因材施教”教学模式。在开课前的寒暑假深入了解学生需求，把握学生特点，授课期间充分利用多个时段、多个场所进行师生交谈。这种经过延伸的课堂教学模式能够及时掌握学生思想动态，有效消除师生间的心理隔阂，减轻学生对思想政治理论课教学的排斥心理，但是对教师有很高的专业知识和综合能力要求，也需要教师有足够的时间和精力。这对于很多师生比相对较低的地方性本科院校来说有很大的实施难度。

其二，以问题为导向的专题教学模式。打破原有的四门思想政治理论课主干课程体系，凝练设置若干个专题教学内容，而后根据教学内容结合学生生活实际设置一系列问题，通过问题引发学生思考。教师则根据各自的研究基础与兴趣爱好选择一定数目的专题开展教学与研究工作。这样能够把教师的学术研究与教学紧密结合在一起，把课堂理论教学引向深入。然而对于地方一般本科院校而言，学生思想政治理论素质基础相对薄弱，尤其是对于应用型办学定位的本科院校而言，学生对理论的深度需求也不是很明显，而与教师研究前沿相关的理论内容往往又具有较强专业性，在地方高校的可推广性值得商榷。

其三，大班集中授课、小班分组讨论的教学模式。在传统的大班讲授理论课的基础上，加设引导性小班分组讨论，既可以在教师主导下保证思想政治理论课实现授课目标，又能在一定程度上提高学生自主性，增强自我学习和理论内化的效果。不足之处在于，理论授课之外需要更多的课时数，需要更多的具有专业知识背景的指导教师。对于以应用型为办学定位的地方本科院校来说，学生的专业实践操作类课程占据了大量课时，思想政治理论课课时总数面临较大的缩减压力，这种教学模式的推广也有一定的困难。

其四，网课与课堂教学相结合的教学模式。不同于远程大规模在线课程，网课只是辅助手段，把一些难懂的知识点、思考题、作业等放在网课上，而课堂教学则留出更多时间进行重难点的讲解、讨论和问题集中解答。这种教学模式有利于调动学生学习积极性，缓解课堂教学压力，便于学生对重难点知识的学习理解和把握，但是前期需要教师投入大量的时间和精力积累网课资源，教学过程中教师也需要时时关注学生动态，解答学生在网课上提出的问题，对教师要求更高。

其五，整合讨论法与讲授法，以讲授、内化、讨论三个模块为基础的对分课堂教学模式。所谓对分教学，简单来说有两层含义。一是课堂时间一半留给老师，一半留给学生，时间对分；二是教与学的责任，一半是教师教，一半是学生学，权责对分。与以往的课堂讨论法和讲授法不同，对分教学课堂上的时间前半段留给学生讨论上次课的授课内容，后半段留给教师讲授新课内容。如此一来，教师的讲授和学生的讨论之间会隔一定时间，通过留作业引导学生自主学习，用来让学生内化吸收教师讲授的新课，到下一次课才会讨论上一次课老师讲授的内容。这种教学模式最大的特点是在讲授和讨论之间多了一个内化的环节，隔堂讨论将讲授与讨论分开，中间加入了学生自主学习内化吸收的过程，最大的优势是能调动学生的学习积极性、增强学生学习的自主性，保证讨论的针对性和高效性。这种教学模式最大的局限是让出一半课时给讨论，在课时数有限的情况下，可能无法满足系统讲授所有知识点的要求。这就需要精简授课内容，浓缩课程知识，只做引导性框架性的讲述，而对于理论性系统性都很强的思政课而言，框架性的讲述并不能满足其要求。

其六，突破传统学生分层教学模式的教师分层教学模式。传统的思想政治理论课教学模式采用一刀切的方式，对所有专业学生采用统一的教案、教法，缺乏针对性，也不可能做到思想政治理论课与专业课的融合。以学生为分层主体的思想政治理论课分层分类教学要么是按照学生理论需求分层，降低了部分学生思想政治理论课的教育标准，要么以学生专业大类分为理工、文史和艺体类，分层深度不够导致思想政治理论课与专业融合效果不佳。安徽科技学院马克思主义基本原理课教学探索建立同一专业的原理课由固定教师担任的教师分层教学新模式：结合教师知识背景，每位原理课教师固定地在与专业知识相关的几个专业授课，有利于任课教师充分了解学生专业知识特点，并根据学生专业特点进行备课，选择具有针对性的教学案例、素材。一方面，与学生专业知识相关的原理课，能够大幅度降低学生对理论内容的抗拒，提升课堂教学实效；另一方面，能够充分发挥原理课理论知识的一般指导意义的优势，为学生学习和将来就业、创业提供一定的理论指导，有利于把思想政治理论教育与专业知识教育高效地结合起来。更进一步，原理课教师固定承担特定学院的教学任务，便于与学院专业课教师互动交流，相互学习，既能提升课程思政的理论水平，又能为原理课教学提供更加专业的案例素材，同时也有利于思想政治理论教育与党团教育尤其是辅导员教育形成合力。

思想政治理论课课堂教学模式的新探索还有很多，一般来说都是结合各高校自身办学定位、师资水平、学生特点等，每一所地方高等院校在思想政治理论课教学模式上都或多或少有一些自己的独特之处。或许正是因为如此，思想政治理论课教学模式创新才层出不穷，思想政治理论课课堂教学也很难有一个固定的普适性的模式，只有结合地方高校实际情况而设置的教学模式，才是最适合本校教师与学生的教学模式。

然而对于地方性本科院校来说，思想政治理论课教学模式的设置也有一些共通的基本原则。2019年3月18日，在学校思想政治理论课教师座谈会上，习近平总书记明确提出推动思政课改革创新要坚持“八个统一”，对思政课教学模式的设置也有重大的指导意义。就思政课而言，教学模式的设置应该遵循如下原则。

1. 政治性与学理性相结合的原则

思政课首先是一门政治课，具有鲜明的政治属性。思政课教学模式的设置必须服务于社会主义意识形态的宣传教育，要以马克思主义为政治灵魂，无论思政课教学模式如何改革与创新，思政课的政治功能都只能强化，而不能有丝毫的削弱与动摇。思政课的政治属性又是以严密的学理逻辑为根基的，马克思主义本身就是一个科学的严密的理论体系。思政课教学模式的设计要能够有利于增强思政理论的学理说服力和解释力，用强大的真理的力量征服学生的大脑，让学生在学理性探讨的过程中自觉地站在马克思主义的政治立场上思考和分析问题，实现政治教育的目的。

2.知识性与价值性相结合的原则

求真致善是所有实践活动的根本目的，思政课教学模式的设置既要满足知识传播的需要，又要便于引导学生形成价值认同。与一般传授知识的专业课程不同，思政课并不是价值中立的，不能在教学中将马克思主义理论当作众多社会思潮或者科学理论知识的一种，或者思想史中一个理论流派观点，只讲述其中的理论知识，例如，讲道德时把马克思主义道德观等同于其他流派，只做理论介绍，而不是从人类社会进步的意义上进行道德价值的评判。在思政课教学模式中要把知识型认识与评价型认识置于同等重要的地位。当然，思政教育并不是单纯的道德说教，道德信仰教育需要科学知识作为基础，离开了真理性，理论就不可能产生说服力和感召力。

3.建设性与批判性相结合的原则

思政课教学模式要兼具“破”与“立”。所谓建设性就是“立”的方面，就是要旗帜鲜明地传播主流意识形态，弘扬社会主义核心价值观，为此需要在教学模式上协调处理好师资队伍建设、学科建设、教材建设、课程建设的关系，并在建设中实现对马克思主义的坚守与创新。所谓批判性就是“破”的方面，就是要敢于同各种错误观点、思潮作斗争，就是要用真理的力量回击错误观点和思潮。新时代，面对意识形态领域日益复杂的斗争形势，思政课的批判性只能不断强化而不能有丝毫减弱。大学生群体充满青春活力，易于接受新事物，但又缺乏明辨真理与谬误的能力，思政课有责任帮助他们辨析各种思潮，引导其分清主旋律与错误思想的界限。

4. 理论性与实践性相结合的原则

思想政治理论课课堂教学内容基本都具有很强的思想性和理论性，这也是当今大学生对思想政治理论课没有太多热情的原因之一。理论的魅力在于它的科学性，而科学性就体现为能够解决实践问题。思想政治理论课教学模式的设置要充分考虑学生的学习与生活实际，贴近学生所思、所想，这样才能在学生心中产生感染力，才能有说服力。无论课堂上授课教师讲得多么高大上，也不如在实际生活中能够为学生消释他们面临的困惑对他们产生的触动大。如果思想政治理论课课堂老是给学生一种虚无缥缈的感觉，学生就只会把它当作一种学习任务，而不可能做到真学、真懂、真信、真用，更不可能真心喜爱，终身受益。

5. 统一性和多样性相结合的原则

一方面，思政课教学要服务于党和国家意志，坚持马克思主义一元化指导，严格落实统一的教学目标、课程设置、教材使用和教学管理规定；另一方面，各地方高校又要从本校师资情况、学生个性化发展、地方经济文化特点出发，因地制宜、因材施教，探索多样化的教学方法、手段与考核方式。在思政课教学模式的设置中，统一性与多样性并不处于同等地位，要着力突出统一性这一矛盾的主要方面，不断巩固主流意识形态的指导地位，强化价值引领，内化政治认同，为社会主义事业培养合格建设者和可靠接班人。另外，在坚持统一性的前提下，将问题导向与目标导向结合起来，重视个性化教学方法的创新，将教师与学生的情况与地方文化结合起来，发掘特色教学素材，做好统一性的有益补充和有效衔接。

6. 教师主导性与学生自主性相结合的原则

“教学”是“教”与“学”，不论是先“教”后“学”，还是先“学”后“教”，或是“教”“学”相承相长，二者都不可偏废，思想政治理论课尤其如此。思想政治理论课教学内容的理论性、严肃性决定了课堂教学必须具有一定的教师主导性，教师有了主导性才能够保证思想政治理论课课堂教学导向正确的政治方向。教学目标的设定、教学内容的组合、教学案例的取舍、教学情境的创设、教学程序的设置、教学方法的选用、教学对象的组织、教学效果的反馈等都不可能离开授课教师的主导性。教师不仅仅是课堂教学的组织者，更是教学活动的指导者和监督者。思想政治理论课的教学目标也决定了其课堂教学必须坚持一定的学生自主性。要让理论性很强的思想政治理论课教学内容入脑、入心，让学生真心喜爱，终身受益，被动说教的低效性是早已被证明的了，保持学生一定的自主性才能激发学生的学习兴趣，让学生自主思考、自主学习，而后才能培养出运用马克思主义基本观点和方法自主分析问题、解决问题的能力，问题的成功解决反过来又会进一步坚定马克思主义信念。

7.灌输性和启发性相结合的原则

意识形态从来都不是自发形成的，因此专门的意识形态教育工作才有了存在的必要性。理论灌输是思政教育本质属性的内在要求，也是思政课教学模式的基本原则与手段。所谓灌输，就是思政课要对学生进行正面系统的理论传授，以马克思主义理论武装其头脑，强调的是理论教育的刚性，不管受众是否对理论感兴趣，都必须接受理论学习。所谓启发，是指思政课教师要启发受教育者积极思考，通过教师合理的引导，学生自觉自主地做出判断，得出科学的结论。灌输并不是填鸭式的硬灌，更不是“洗脑”，而是引导式启发式的教育，要用便于学生接受的方式方法进行理论灌输，激发学生受教热情，让学生在启发中水到渠成地得出结论。

8.思政理论与专业知识相结合的原则

中共中央、国务院《关于进一步加强和改进大学生思想政治教育的意见》曾明确指出：“要把思想政治教育融入到大学生专业学习的各个环节，渗透到教学、科研和社会服务各个方面。”2016年底，在全国高校思想政治工作会议上，习近平总书记强调，要坚持把立德树人作为中心环节，把思想政治工作贯穿教育教学全过程①。为此需要使各类课程与思政课程同向同行，协同融

① 习近平在全国高校思想政治工作会议上强调：把思想政治工作贯穿教育教学全过程 开创我国高等教育事业发展新局面[N].人民日报，2016-12-09(01).

合，形成协同效应。2019年3月18日，习近平总书记在学校思想政治理论课教师座谈会上再次强调，挖掘其他课程和教学方式中蕴含的思想政治教育资源，实现全员全程全方位育人[①]。专业课与思政课协同融合的问题再次被凸显出来，思政教育与专业教育相结合成为思政课教学模式设置不可忽视的原则。

总体而言，思政课教学模式的设计要着力增强思政课程的亲和力和针对性，既要满足教学目标、课程设置和教材使用等方面的统一性要求，又要结合学校特点发挥个性化优势；既要让学生有积极性主动性，又要保持教师的主导作用；既要注重启发式教学方法，又要兼顾理论灌输的效果。

四、形势与政策课课堂教学模式的特点、问题与创新

形势与政策课是大学生思想政治教育的重要组成部分，也是思想政治理论课的重要内容。形势与政策课的课堂教学在很大程度上沿袭了思想政治理论课的课堂教学模式。但是，形势与政策课课堂教学与四门主干思想政治理论课程相比还有一些差别，思想政治理论课的教学模式并不能完全适用于形势与政策课。也正因如此，形势与政策课的课堂教学需要不断进行独立创新，而不能仅仅依附于思想政治理论课的主干课程。形势与政策课课堂教学具有专题化特点，且专题具有相对独立性；教学内容涉及诸多领域，知识面广，这决定了其教学模式设置具有灵活性，教学内容具有很强的时效性，教学模式要兼顾内容的动态更新。除此之外，形势与政策课教学模式的设计有其自身的限制条件：地方高校对形势与政策课重视不够，认识不清晰；教学模式创新不足，学生的积极性不高；教学模式贯彻不力，课堂实效性较差。在这种情况下，地方高校不断加大形势与政策课教学改革力度，涌现出一批以提升学生学习自主性为努力方向的形势与政策课教学模式。虽然地方高校在形势与政策课教学环境、手段等方面具有一定差异，但形势与政策课教学模式的设计也存在一些共通的原则：专题讲座与时事报告相结合、教师讲授与学

① 习近平．习近平谈治国理政：第三卷[M]．北京：外文出版社，2020：331.

生讨论相结合、时政教育与自我教育相结合、课堂教学与实践教学相结合等。

（一）形势与政策课课堂教学模式的特点

1. 课堂教学专题化与专题的独立性

所有的思想政治理论课主干课程都是严密的系统化的理论，前后知识点具有紧密的关联，这就要求思想政治理论课主干课程的教学模式必须考虑前后知识点的连贯性。因此，四门主干思想政治理论课程所采用的专题教学模式往往是一种组合式的专题教学。例如，“中国近现代史纲要”课程可以建立以问题为导向的主题教学模式。这种教学模式先把系统的课程教学内容分成若干个相对独立的专题，然后按照思想政治理论课课程内容的内在逻辑关联组合在一起，形成系统而完整的专题化教学内容体系。教学内容的系统化逻辑体系决定了专题分解之后还能够进行系统化组合，保持思想政治理论课教学内容的完整性。

与其他思政课程不同，形势与政策课不需要讲授系统的理论知识，因为形势与政策课的内容来自一定时间段之内的国内外重大事件或者是对国家重大方针、政策、路线的权威解读，但是无论涉及哪一方面的内容，在形势与政策教材里都是以专题的形式呈现的。就一个学期所用的形势与政策教材而言，通篇的几个专题并不强调知识点的关联。这就决定了形势与政策课教学不可能采用与其他课程相同的系统化教学模式，也不可能采用组合式的专题化教学模式，而是采用具有独立性的专题化教学模式，每个专题独立讲述一个问题，而不需要考虑专题之间的系统性联系。

2. 广泛的知识面与教学模式的灵活性、固定性

形势与政策课是一门综合性很强的课程，教学内容涉及经济、政治、文化、科教、军事等诸多方面，知识面非常之广。专题内容有宏观的国家战略，也有微观的热点问题；有国家政策法规的宣讲，也有社会时事的剖析。内容的广泛性虽然赋予了形势与政策课广泛的关注度，总有几个专题是学生非常感兴趣的，但是也给形势与政策课教学模式的设计带来了难题。

同一种教学模式要求把各种教学相关要素严密地组合在一起，要有既定的教学程序，对教学方法和手段的运用也要有明确的指导性建议。教学内容涉及诸多领域，不仅给教学模式的设计带来了困难，也给授课教师带来很大压力，要求形势与政策课教学模式要有灵活多变的设计，针对不同领域的专题可以有不同的教学模式。部分地方院校安排授课教师在不同学期相对固定地讲授相同领域的专题，可以让形势与政策课教师更加熟悉专题内容所适合的教学模式，在灵活运用的基础上形成相对固定有效的独特教学模式。无论教学内容涉及面有多广，每个学期形势与政策教材的内容总是固定地面向若干个领域。针对不同领域，教学模式可以灵活多变；针对同一领域，则可以有固定的教学模式。

3. 教学内容的时效性与教学模式的动态性

形势与政策课的教学内容大多是一定时期内正在发生的重大事件，具有很强的时效性。多数地方高校的形势与政策课教材是以一年或半年为周期更新的，而时事尤其是国际局势在这一年或半年中一般都会有很大的变化，但本学期的教材内容却是半年前或一年前总结出来的。这往往导致在教学过程中会出现教材内容远远滞后于实际授课需要的情况。因此，形势与政策课教学模式不能局限于教材，需要授课教师根据时事发展及时总结更新授课内容。这一方面要求授课教师有较强的时事跟踪与分析的能力，另一方面由于对教材之外的材料把握理解不同，即使是同一学期讲授同一个专题的授课教师，也可能采用不同的教学模式，很难确保每一堂课都能实现既定授课目的。

针对这一问题，解决方案就是要赋予形势与政策课教学模式以动态性。例如，部分地方高校探索编制动态电子教材，把近期国际国内发生的重大事件和热点问题收集整理出来并进行专业分析，通过信息化渠道及时传递给授课教师，授课教师在授课时依据原有教材，辅以动态电子教材内容实施课堂教学，把最新时事动态补充进去，既可以保证教学目的与效果，又可以降低对授课教师的要求。也有一些高校思政课专职教师尝试绕过原有形势与政策课的授课模式，将形势与政策课教学内容与思想政治理论课其他课程融合在一起，由授课教师在其他思政课程授课前抽出少量时间进行动态时事传达，并运用思政理论进行专业的相关理论分析。这种设计并不在形势与政策课教学模式之中，或许只是其他思政课教师导入新课的一种设计，却涉及形势与政策课教学内容，能够满足形势与政策课教学时效性和教学模式动态性的要求，但需要授课教师有深厚的理论功底和较高的时事分析能力。

(二)形势与政策课课堂教学模式面临的问题

2018年4月，教育部发布《关于加强新时代高校“形势与政策”课建设的若干意见》，进一步规范形势与政策课教学管理活动，对形势与政策课开课学时、教学内容、教学资源建设、教师队伍遴选以及教学设计、教学考核、组织领导等方面做了深入的规范。文件还提出形势与政策课“要保证本、专科学生在校学习期间开课不断线”，形势与政策课自此开始贯穿大学教学始终，进一步提升了形势与政策课的课程地位。

“形势与政策课是高校思想政治理论课的重要组成部分，是对学生进行形势与政策教育的主渠道、主阵地，是每个学生的必修课程，在大学生思想政治教育中担负着重要使命，具有不可替代的重要作用。”[①]就目前来看，高校对形势与政策课教学的重视程度严重不足，致使形势与政策课大都缺乏稳定而专业的教师队伍，兼职教师占据授课教师的大多数。

较之于专职思政课教师，兼职教师专业背景差异大，精力投入不足，对课程内容与精神的领悟和把握本身就不够深入；专职的思政课教师虽然有一定的相关研究背景和相近的研究兴趣，但是相对于形势与政策课的要求来说还是有一定差距；形势与政策课教研室的专职教师也并非只专心于形势与政策课的教学与研究，而是同时兼任多门思想政治理论课主干课程的教学任务，部分高校甚至没有专门的形势与政策课教师，都是由其他思想政治理论课或

① 中共中央宣传部，教育部.关于进一步加强高等学校学生形势与政策教育的通知：教社政〔2004〕13号［EB/OL］.(2004-11-17)［2021-03-30］. http://www.moe.gov.cn/srcsite/A13/moe_772/200411/t2004117_80567.html.

专业课教师兼任，这就造成了形势与政策课教学模式的创新和贯彻的不足。

1. 课程教学重视不够，认识不足

首先，一些地方高校领导和教师对形势与政策课重视程度不够。尽管同属于思政课，但一些地方高校学校层面并没有给予形势与政策课足够的关注，教师对形势与政策课的重要性认识也不足，往往在四门主干思政课程上倾注很大精力，而对形势与政策课的重视不足。主要原因在于形势与政策课没有统一的教学大纲、完整的理论体系，甚至没有统一的教材、教案，很多领导和老师并不把形势与政策课当作一门“课”来对待。其次，形势与政策课每学期更新教学内容，授课教师需要重新备课，而相应的课时工作量却相对较少，相对于内容相对固定的四门主干思政课程而言，专职思政课教师大都不愿接受形势与政策课授课任务。最后，在师资队伍上，虽然大部分地方高校都会把形势与政策单列一个教研室，但专门从事形势与政策课教学工作的教师并不多，很多教师主要承担其他思政课程教学任务，即使是形势与政策教研室主任，也未必以形势与政策课为主要教学任务，兼职教师更不会把形势与政策课教学作为主要工作，于是形势与政策课教学就成了附带性任务。

2. 教学模式创新不足，学生积极性不高

形势与政策课师资力量薄弱，导致教学模式创新不足。如前所述，各地方院校对形势与政策课的重视程度是有限的，既不能和专业课相比，也不能和思政课四门主干课程相比；在师资力量上更是有很大差距，绝大多数的形势与政策课教师都是兼职教师。一般来说，专职教师会一直关注本门课程的理论知识研究和教学方法创新，而兼职教师很难有足够的时间、精力及意愿开展形势与政策课教学研究工作。在这种情况下，关注形势与政策课的教师很少，专门从事形势与政策课教学研究的教师更是少之又少，这就造成形势与政策课教学模式研究不足，创新度不够。

大学生思想活跃，有一定的家国情怀，渴望能够为国家、社会做出更多的贡献，也有掌握国家大政方针和了解国际国内形势的意愿，但却对形势与政策课没有多少兴趣，认为形势与政策课对自身能力培养意义不大。原因在于形势与政策课生搬硬套思政课一般教学模式，教学效果欠佳，挫伤学生学习积极性。思政课一般教学模式未必适用于形势与政策课。形势与政策课有很多关于社会热点甚至是焦点问题的剖析，丰富的教学内容本是大多数大学生所关注的，也很容易引发学生的兴趣，只要有适当的教学模式的设置，用合适的教学方法和手段加以引导，就能够产生良好的教学效果。然而，对于具有一定相关知识背景的思政课专职教师来说，其他思政课的教学方法和程序可以直接应用于形势与政策课的教学，其他兼职教师更多的是把形势与政策课简单地看作教学任务，不会做深入的教学方法研究。硬套思政课教学模式反而会降低形势与政策课本该有的对学生的吸引力，导致学生对形势与政策课积极性不高，甚至漠不关心。

3.教学模式贯彻不力，课堂实效性较差

形势与政策课教学内容的广泛性与时效性，要求授课教师必须有开阔的视野、深厚的知识积累和敏锐的洞察力；形势与政策课教学模式的动态性，要求授课教师要投入大量的时间与精力；教学模式的灵活性，要求授课教师要根据教学专题的特点，及时灵活地调整教学手段、方法甚至程序。思政课专职教师通过专业培训，在花费大量时间和精力的情况下，可以保证形势与政策课各种专题的不同教学模式得以良好地贯彻实施。没有经过专业训练的部分兼职教师本身能花在形势与政策课上的时间和精力就相对有限，想要保证教学模式的完整实施并不是那么容易，甚至个别兼职教师仅以完成授课任务为目的，授课就是翻课件、读讲稿，完全不按照原有教学模式进行授课。所以，即使有较为完善的教学模式，没有足够的精力和时间投入，没有配套的专业培训，教学模式的优势也很难发挥出来，甚至形同虚设，课堂教学效果也不可能达到理想状态。

在考核上，形势与政策课缺乏有效考核方式。从教学考核上看，各地方高校基本都没有单独的形势与政策课教学考核标准。作为一般考核方式的督导听课也会无视形势与政策课课堂教学，教学督导常态化听思政课已是各地方高校常见做法，但基本不听形势与政策课。一些地方高校确立了校领导深入思政课堂、听取思政课的制度，但听形势与政策课的甚少。课堂教学监管不到位，教师授课随意性大，导致形势与政策课教学实效差。从课程考核上看，期末论文考察对学生要求不高，上课听课不听课与最后的课程考核几乎没有关系，学生旷课、早退成常态，即使迫于班级考勤压力出勤，也并不听课，玩手机、睡觉、做其他作业是常见现象。

形势与政策课大量兼职教师任教，不仅造成课堂教学模式的创新不足，现有的教学模式也难以得到有效实施，教学实效也难以得到保障，这就迫切需要建设一支专门的高素质教学与教研队伍，专门负责形势与政策课的教学与教研。另外，形势与政策课专业教学技能培训也是必不可少的，也可以适当开展高校间的形势与政策课课堂教学技能大赛，以推动形势与政策课教学模式的研究，保证优质教学模式的实施效果。

（三）形势与政策课课堂教学模式的创新

1.形势与政策课课堂教学模式创新表现

2004年，中共中央宣传部、教育部联合发布《关于进一步加强高等学校学生形势与政策教育的通知》①，对形势与政策课的地位与性质，在大学教育中的开课时间、学分、教材与教学参考资料、考核方式等都做出了初步的规定，但也提出要积极探索新形势下开展形势与政策教育的新方式和新途径。此后十多年间，地方高校形势与政策课课堂教学创新案例大量涌现。针对形势与政策课的独特性，在传统的教师主导型教学模式效果不明显的背景下，出现了一批以提升学生学习自主性为努力方向的形势与政策课教学新模式。

形势与政策课教学模式改革中，提升学生学习自主性成为改革的主线。按照交往教学论的观点，教学活动就是师生之间相互交流、沟通、理解的一种交往活动。而在教与学的过程中，教师是“教”的主体，学生是“学”的

① 中共中央宣传部，教育部.关于进一步加强高等学校学生形势与政策教育的通知：教社政〔2004〕13号[EB/OL].(2004-11-17)[2021-03-30].http://www.moe.gov.cn/srcsite/A13/moe_772/200411/t2004117_80567.html.

主体，教师“教”的目的是让学生更好地“学”。因此，学生自主性学习也一直是地方高校形势与政策课教学模式研究的一个重要方向。在此基础上，有人提出了师生“双主体”教学理念。在这种教学理念中，课程是师生之间发生“教”与“学”的关系的共同客体，教师与学生在课堂教学中实现主客角色动态互换，能够较好地调动学生学习的积极性。师生在平等民主的氛围中，共同参与形势与政策专题问题的讨论，在讨论中形成共识，达到既能传授课程信息知识，又能培养学生沟通交流能力的效果。这成为近年来形势与政策课教学模式改革的一大方向。

近年来，有翻转课堂教学模式应用于形势与政策课教学的探索。这种教学模式要求赋予学生更多的自主性，也需要拓展形势与政策课的课堂教学空间，促使教学活动向课下延伸。首先，要实现形势与政策课最新时政材料与相关分析解读的网络共享，并提前预留需要课前思考、课上讨论的问题；需要学生在课前认真预习形势与政策教材，在课程辅助时政材料的帮助下提前思考专题相关问题，准备好课上讨论。其次，课上分组讨论，通过探究式合作讨论，每个小组形成共识并当堂发表小组讨论结论，持不同观点的小组在课堂上充分辩论，最终形成对课程教学内容的一致认识。在课堂教学过程中，教师需要掌控讨论进度，引导讨论方向与辩论思路，让学生通过自主讨论与辩论形成对国家大政方针，重大时政事件的正确认识。最后，课下还需要学生针对课堂讨论和辩论内容进行总结，整理心得体会；教师则根据学生的心得体会了解学生对授课内容的理解是否出现偏差，以便及时纠正，确保形势与政策课教学的正确方向。

在翻转课堂的方向上，也有一些地方高校在形势与政策教学中进一步引入“慕课”教学，将线上线下资源整合起来。教社科〔2018〕2号文件下发之后，形势与政策课被纳入地方高校教学计划，并严格落实课程学分，本科生每学期8学时以上，共计2学分；专科生每学期8学时以上，共计1学分。就目前来看，形势与政策课已覆盖所有地方高校本专科学生。在此基础上，地方高校有丰富的形势与政策课教学经验与充足的教学资源，以合作共建共享优质的形势与政策课“慕课”课程。教学内容线上发布，由学生在课前自主学习，通过自主学习掌握基本知识点；课堂教学则是充分利用翻转课堂教学模式，在教师引导下通过讨论、辩论、演讲等形式，解决线上自主学习解决不了的问题，并在教师引导下让学生自主得出预定结论，完成对教学内容的巩固、吸收和内化。这种教学模式改变了传统填鸭式教学模式，一方面能够有效提升学生学习自主性，在一定程度上调动学生学习形势与政策课的积极性；另一方面并不忽视教师的主导性，课堂教学过程中的讨论环节由授课教师掌控节奏与方向，能够确保切实实现教学目的。

线上形势与政策课也不是万能的，缺点也很明显，突出表现为线上教学无法掌控学情。超星尔雅、智慧树、课堂派等线上教学终端能够提供的大都只是单项教学授课，师生实时交流互动功能偏弱。教师只能通过学生学习时长、作业完成情况判定学生在线学习成绩，但学生是不是本人在线学习，学习状态如何，答题是否有作弊等情况教师都无法掌握。于是出现了学生“刷学时”现象，只是单纯保持教学视频播放状态，并没有观看教学内容；线上测试也无法杜绝抄袭甚至代答的情况。更有甚者，一些地方院校还出现了“代刷”服务，专门有一批学生替他人代刷课时，做线上测试。就师资队伍而言，目前地方高校形势与政策课教师基本都是线下授课，有着丰富教学经验的优秀教师年龄偏大，他们中的很多人并不愿意接受全新的网络视频教学，年轻教师虽然愿意尝试，但缺乏教学经验，还有部分教师不愿将自己的授课录制成视频在网上传播。就线上教学平台来看，个别省份集中省内资源，着力打造全省统一的在线课程教学平台，但效果并不突出。这些平台可以集中优势资源，提供免费的优质教学资源，并保证教学内容的实时更新和教学平台的日常维护。然而，各高校形势与政策课教学模式有一定差别，课程联结度有限，并不能建立统一有效的形势与政策课线上教学平台。在线上教学监控不足的情况下，一些并不具备教学资质的教育培训机构反而借助个性化的设计和良好的服务占据了大量市场。相关内容的深度讨论将在后文展开。

2. 形势与政策课课堂教学模式创新原则

各个地方高校形势与政策课教学模式有较大差别，但总有一些通用的原则。教学模式是教学活动的一般结构，无论什么课程，都要在一定的教学理论指导下，通过一定的教学模式展现教学内容，实现教学目的。不论什么层次的教师，即使自己并未意识到，也会按照一定的教学模式开展教学活动。一位优秀的教师必定能够成功地将特定教学模式应用于教学实践。虽然各个地方高校形势与政策课教学模式各有特色，在教师、学生、教学环境、教学手段上有一定差异，教学评价的标准也不尽相同，不可能形成统一通用的教学模式，但都是围绕相同的教学目标设置的，因而总会有一些共通的教学模式设计原则。

第一，专题讲座与时事报告相结合。

时效性强是形势与政策课与四门思想政治理论课主干课程的重要区别。思想政治理论课主干课程也需要把党和国家的大政方针与思想政治理论课一般理论相结合，做到进教案、进课堂、进课件、进头脑，但是与形势与政策的时效性相比还是较为滞后的。形势与政策课需要把最新的党和国家的政策动态、社会热点事件、国际形势等传达给学生。这就要求在教学模式上有独特的设计。一般而言，专题讲座要讲授上一年度或半年之内的时政内容，但是这在实际授课过程中已经不是最新的内容了，于是，在相对固定的专题讲座之外，还需要不间断地报告近期国内外重大热点事件与国家相关政策，这就要求教师根据形势发展变化适时进行时事报告。

时事报告相对于专题讲座更具有灵活性，可以由形势与政策课专职教师定期发布。部分高校缺乏专门从事形势与政策课教学研究的专职教师，定期进行时事报告有一定难度。在这种情况下，思想政治理论课专职教师探索出主干思想政治理论课与时事报告相结合的教学模式，就是在国内国际发生重大时政事件时，由思想政治理论课教师在主干课课前，根据时政特点抽出几分钟时间，介绍事件背景，讲清事件经过，讲透事件实质，阐明党和政府的原则立场，引导学生理性看待时政热点事件。

第二，教师讲授与学生讨论相结合。

随着信息技术的不断发展，大学生可以随时随地方便而快捷地获取各种时政信息。教师所要讲授的国家大政方针、国内外热点时政事件，大学生可能早就有了一定程度的了解，并受到网络上一些错误观点的影响。教师在授课时要先讲清楚时事的来龙去脉，然后有目的地引导学生对事件进行评论和辩论，如此才能破除大学生先入为主的偏见，统一认识。对于形势与政策课而言，学生的课堂讨论是必须的，不然不能够有效消除学生的既有偏见；授课教师的有效引导也是必需的，不然不能保证讨论的正确方向。

第三，时政教育与自我教育相结合。

形势与政策课需要培养大学生正确地认识时事、准确地把握趋势的能力，使其能够全面而准确地理解党和国家的路线、方针、政策，坚定走中国特色社会主义道路的信念与决心。形势与政策课要完成这样的教学目标，不仅需要充分发挥教师课堂教育、党团组织课下教育的作用，还必须考虑如何充分调动大学生的自觉性、主动性，使其进行有效的自我管理和自我教育。因此，形势与政策课教学模式的设计，不仅要考虑教学内容的高效传授，更要注重学生自我教育能力的培养，教会他们分析和认识形势的方法，树立明确的是非观念，培养自我监督、自我评价的能力，敢于坚持自己的正确言行，改正错误的想法。

第四，课堂教学与实践教学相结合。

形势与政策课并不是单纯依赖课堂教学。实践教学有其独特的优势，是形势与政策课完整教学模式中不可或缺的一个环节。但是实践教学与课堂教学并不是脱节的，二者要密切配合。首先，实践教学选题要与课堂教学专题有紧密的关联。实践教学是课堂教学活动的延伸，实践教学内容与课堂教学内容紧密关联才能形成协同效应，放大课堂教学效果。其次，课堂教学与实践教学有效协同可以实现优势互补。形势与政策课课堂教学的优势在于集中高效地传播专题知识，而实践教学的优势则在于通过学生亲身体会实现课堂教学内容的内化，二者有机结合，可以充分发挥各自优势，强化教学实效。

因此，形势与政策课课堂教学模式的设计要考虑如何对接实践教学，哪些内容适合于课堂教学，哪些内容适合于学生亲身体验。只有通盘考虑课堂教学与实践教学，在总体上做好规划设计，才能让二者更好地发挥协同效应，取得良好的教学效果。

第二节　拓展网络教学途径

在网络时代已经到来的大背景下，大学生掌握信息的方式越来越多样化，越来越便捷，获取网络信息的能力甚至已经超越了大学教师。在这种大环境下，以时效性为主要特点的形势与政策课教学面临着巨大的冲击，如何在复杂的网络环境中抢占舆论阵地，对大学生进行正确而有效的形势与政策引导，是形势与政策课教学工作迫切需要解决的问题。

网络教学兴起于20世纪90年代，并随着信息技术的发展而不断成熟和普及，尤其是近年来大规模网络开放课程的强势崛起，迅速而深刻地改变了传统教育教学理念与模式。形势与政策课不可能抗拒已经袭来的网络教学大潮，需要积极适应并利用这一潮流，探索新的教学模式，“组织开展各种形式的网上教学、讨论等活动”[①]。网络教学兴起之后，教学网络化就逐渐成为不可逆转的趋势。网络教学能够突破时空限制，共享优质教学资源，便于开展立体式交流互动，促成教学手段与资源的多元化，节约学习成本，赋予学生高度的学习自主性，帮助学生培养问题分析和解决的能力。然而，网络教学具有诸多缺陷，不可能取代传统的课堂教学。网络教学与课堂教学的有机结合，是思想政治理论课教学模式的必然选择。形势与政策课课堂教学信息量有限，学生参与课堂互动与思考深度不够，课堂教学内容无法满足时效性要求，决定了教学网络化也是形势与政策课不可抗拒的趋势。然而，地方高校形势与

① 中共中央宣传部，教育部.关于进一步加强高等学校学生形势与政策教育的通知：教社政〔2004〕13号［EB/OL］.(2004-11-17)［2021-03-30］. http://www.moe.gov.cn/srcsite/A13/moe_772/200411/t2004117_80567.html.

政策课网络教学缺乏统一的平台，难以做到优势资源共享，也面临较大困境。为此，需要由上级主管部门统一协调各种优势资源，让有能力的地方高校联手共建统一的网络教学平台，让优势资源在全省地方高校共享，也便于加强对地方高校形势与政策课教学情况的监督考核。形势与政策课网络教学与课堂教学的结合，可以实现优势互补，有效提升教学效果。

一、网络教学的兴起

现代网络教学是指利用互联网等媒介、各种终端设备，实现异地在线教学的教学模式。现代网络教学得益于计算机技术、多媒体技术和网络技术的充分发展。1959年美国国际商用机器公司（International Business Machines Corporation，简称IBM）率先研制出第一例电子计算机辅助教学系统（Computer Assisted Instruction，简称CAI），开计算机技术在教育教学上应用的先河。1966年，美国斯坦福大学（Stanford University）研制了IBM 1500教学系统，进一步促进了CAI的推广应用。20世纪70年代之后计算机开始微型化，尤其是在1984年，IBM公司推出的增强型个人计算机“IBM 5170 PC AT”使得微型计算机迅速流行于商用及普通用户市场，为计算机及计算机辅助教学系统在教学上的普及提供了必要条件。20世纪80年代末开始出现的建立在计算机技术之上的多媒体技术（Multimedia Technology），可以对文本、图像、声音、视频等多种信息进行综合处理，很快便成为计算机辅助教学系统的发展方向。1991年，美国麻省理工学院（Massachusetts Institute of Technology，简称MIT）、美国数字设备公司（Digital Equipment Corporation，简称DEC）和IBM公司联合开发的雅典娜（Athena）工程取得突破，开启了网络化计算机辅助教学的新时代。此后随着互联网技术的迅速发展，网络教学逐渐普及。至1998年，美国已有1690所大学提供网络远程教育，占美国高等院校总数的30%以上，网络教学课程超过5.4万门，实际注册网络学习人数超过166万人次，约占当时美国各类高校在校生总数的11.6%。

2008年，加拿大阿萨巴斯卡大学（Athabasca University）与国家研究委员会（The National Research Council）联合开设了一门在线开放课程："连通主义与连通知识"（Connectivism and Connective Knowledge），并开始尝试向全球免费开放，开创了"慕课"（大规模网络开放课程，Massive Open Online Course）这种新型在线课程开发模式。与旧式网络教学平台相比，"慕课"利用互联网平台实现了教师、学生以及教辅人员的联通互动，创设了一个多方互动的网络环境。然而，"慕课"在之后几年的发展远未达到预期，一直处于低速发展状态。直到2011年，斯坦福大学开设了"人工智能导论""数据库基础""机器学习导论"三门面向全球的在线免费课程，上线四个月时间注册学习的人数就突破了百万，生源更是遍及全球各地，才使得"慕课"教学模式得到迅速推广，引发了全球范围内的"慕课"风暴。此后，相继出现了Coursera、MITx和Udacity三家提供在线课程的教育公司，公开向全世界提供免费或付费在线课程。2012年4月，麻省理工学院和哈佛大学（Harvard University）联合创建了免费的大规模在线开放课程平台edX，并于2012年秋在MITx启动，随后全球数十家教育机构参与其中，包括中国的清华大学、北京大学、香港大学和香港科技大学等。

我国网络教学的兴起始于国家推动的教育与科研示范网络工程。1989年开始建设，1996年通过国家自然科学基金委员会验收，中关村地区教育与科研示范网工程连接了北京大学、清华大学和中国科学院的局域网络，首次实现了国内网络化计算机辅助教学课件的共享。1996年，哈尔滨工业大学经由美国雪城大学（Syracuse University）在互联网上开设了四门课程。1998年，教育部批准了清华大学、北京邮电大学、浙江大学和湖南大学为网络教育的首批试点高校，我国远程网络教学正式起步。2000年增设了中国人民大学等15个网络教育试点，2002年又进一步增设了北京科技大学等21所试点高校。目前我国远程网络教学试点高校有68所。

20世纪90年代开始我国就在探索网络教学模式，早在"慕课"兴起之前就出现过很多网络课程资源的建设工程。比如，教育部在2000年启动的"新世纪网络课程建设工程”；2003年启动的“国家精品课程建设工程”，截至2010年共建设国家精品课程近4000门，其中网络教育课程就有209门；2011年正式启动了“国家精品开放课程建设与共享工程”；2011—2013年教育部批准高等教育出版社组织建设精品视频公开课600门，精品资源共享课2800门。“慕课”风潮来袭，引起了我国多方的高度关注。2013年，在“慕课”全球风暴到来之后，清华大学、北京大学相继加入edX平台，随后上海交通大学、复旦大学和北京大学与Coursera达成协议。清华大学基于open-edX开放的源代码，开发了自主“慕课”平台“学堂在线”。上海交通大学也开发了自主在线平台“好大学在线”，并于2014年4月正式对外发布，实现与西南片高校的学分互认。2013年，中国东西部高校课程共享联盟在重庆大学成立，首批签约加盟的有中国人民大学、复旦大学、哈尔滨工业大学、兰州大学等多所高校。中国拥有自主知识产权的“慕课”平台“中国大学MOOC”，在2014年5月由教育部爱课程网和网易云课堂联合推出。我国的网络教学平台建设大致可以分为三类：一是高校自建的网络教学平台，二是高校购买的商业化平台，三是校企合作开发的网络教学平台等。主要的网络教学系统有Blackboard、Moodle、THEOL、天空教室网络课堂和卓越课程中心等网络教学平台，应用范围包括精品课程建设、本科网络教学、教学资源库等方面。安徽农业大学购买了“超星尔雅”教学平台，主要用于形势与政策、当代世界经济与政治的教学及互动。

以“慕课”为代表的在线开放课程在世界范围内的迅速兴起，极大地促进了高校教学模式、教学方法和教学管理体制的变化，对于高等教育教学而言既是全面革新的机遇，同时也是严峻的挑战。2012年9月5日，时任国务委员刘延东，在全国教育信息化工作电视电话会议上提出要大力推进“三通两平台”建设，即宽带网络校校通、优质资源班班通、网络学习空间人人通，建设教育资源公共服务平台、教育管理公共服务平台。教育部一直密切关注“慕课”发展新动向，积极引导在线开放课程迅速兴起背景下高等教育改革的大讨论。2015年教育部把加强“慕课”建设，探索在线开放课程应用带动机制作为加快推进教育信息化的重点之一，提出要进一步加大优质数字教育资源的开发与应用力度。2015年4月，结合我国国情和高等教育发展的实际需要，教育部出台第3号文件《关于加强高等学校在线开放课程建设应用与管理的意见》，提出了强化在线开放课程与平台建设组织管理，促进课程应用的七项重点任务，为推动适合我国国情的在线开放课程与平台建设指明了道路[①]。

2017年12月，教育部发布《关于数字教育资源公共服务体系建设与应用的指导意见》，进一步明确数字教育资源公共服务对于网络教学模式和教育服务的重要作用，将之视为新时代推进教育现代化的必然要求，期望依此在现实中更好地解决教育发展不平衡不充分问题。指导意见提出，全面推进“互联网+教育”，提升教育基本公共服务水平，到2020年，基本实现数字教育资源公共服务体系全国覆盖，基本实现“全国一体系、资源体系通、一人一空间、应用促教学”。2018年12月，教育部发布《关于加强网络学习空间建设与应用的指导意见》，提出要加快推进“教育信息化转段升级”，以信息化推动教与学全面变革，构建“互联网+教育”新生态，计划到2020年建立面向各级各类教育全体师生的实名制空间，以贯通学校教育、管理与评价等核心业务，构建“人人皆学、处处能学、时时可学的学习型社会”。2019年10月，教育部办公厅下发《关于开展2019年度网络学习空间应用普及活动的通知》[②]，进一步规划依托国家数字教育资源公共服务体系，组织师生开通1000万个实名制网络学习空间，并遴选网络学习空间应用优秀区域40个、优秀学校200所，进行展示推广，在此基础上逐步实现“一人一空间、人人用空间”。

随着我国信息化进程不断加快，在国家层面的大力推动下，民众对网络

---

① 教育部.关于加强高等学校在线开放课程建设应用与管理的意见：教高〔2015〕3号［EB/OL］.（2015-04-28）［2021-08-30］. http://www. moe. gov. cn/srcsite/A08/s7056/201504/t20150416_189454.html.

② 教育部.关于开展2019年度网络学习空间应用普及活动的通知：教技厅函〔2019〕74号［EB/OL］.（2019-11-08）［2021-08-30］.http://www.cqooc.net/news/detail?id=2042.

教育认知度不断提升，对网络学历教育的认可度持续提高。在这种情况下，我国网络教育平台发展迅速，网络教育市场规模快速增长，网络教育产业正在多元化、国际化、品牌化。网络教育迅猛的发展态势势必对传统教学模式产生重大冲击，我国教育理念和教学模式正在发生革命性变化。

二、网络教学的特点与缺陷

学术界对网络教学的讨论从20世纪末21世纪初就开始了。以“网络教学”做篇名搜索，可以发现截至2020年末，在中国学术期刊全文数据库中公开发表的各类论文达到10 360篇。2005年之后，连续11年每年论文数量都超过了500篇，尤其是2007年至2013年，连续7年每年的论文数都在600篇以上，个别年份甚至超过了700篇。2016年之后发文数量呈现不断下降的趋势，但每年也在300篇以上。2020年发文量又升至735篇。学术界对于网络教学的探讨热度可见一斑。近几年，以“慕课”为代表的在线课程的迅速发展，更是极大地推动了网络教学模式的普及，国内外也在不断探索网络教学的商业运营模式。网络教学的推广普及已经成为信息化时代不可逆转的趋势。然而相对于课堂教学而言，网络教学有其优势，也有缺陷。如何让课堂教学与网络教学有机配合，最大限度地发挥各自优势可能是未来教学模式不可回避的问题。

（一）网络教学的特点①

1.突破空间的限制

首先，传统课堂教学需要在固定的地点，教师与学生必须同时同地进行授课与听课，才能完成教学活动。网络教学完全打破了课堂教学的空间界限，教学活动可以异地进行，学生听课之地可以距离教师授课地点万里之遥。尤

① 张栋.“慕课”时代高校思政课教学机制的理性选择[J].佳木斯大学社会科学学报，2017(6):184-185,189.

其是移动媒体进入学生日常生活之后，学生可以通过移动终端，在方便的地点进行网络学习。其次，授课范围极其广泛。传统课堂教学固定在一定大小的教室内，听课人数为几十人或上百人，除了个别专题讲座以外，一般不会超过两百人，教室过大，人数过多会影响授课效果。在网络教学下，同一门课程可以容纳成千上万人同时在线学习，而且不用担心授课效果受到影响。

2.突破时间的限制

首先，对于网络直播授课来说，听课与授课还是同一过程，但是很多网络课程的授课过程与听课过程是脱节的。教师的授课过程通过录像设备进行录制，并经过加工存储起来，学生听课则是读取已存储的视频资源，授课与听课不再是同一过程，学生只要在规定的时间段内随时都可以进行课程学习。其次，可以实现多次重复学习。传统课堂教学，授课与听课只可能是同步进行的，教师讲一遍，学生只能听一遍；而在网络教学模式中，教学视频多是通过特殊软件提前录制的，可以反复播放。即使是网络直播，也可以通过录制视频实现多次重播。这对于学生学习来说非常重要，尤其是一些艰深的理论重点难点问题，可以让学生重复学习，直到准确把握授课内容。

3.高度的学习自主性

在传统课堂教学过程中，教师不仅是课程内容的讲授者，也是课堂学习状况的监督者、学生学习的督促者，教师或多或少总会有一定的主导性。而在网络教学中，教师不能再对学生的听课情况进行实时监控，甚至不知道哪些人听了或者正在听自己的课程。与此相对应的是学生学习的高度自主性，学习者可以根据自己的兴趣、爱好、知识背景、职业需求等自主选择相关课程，尤其是在移动终端介入网络教学之后，学习者的学习自主性得到了更大的扩展，只要在规定时间内完成特定网络课程的学习任务和网络测试，就可以通过课程考核，获得相应的学分或者认证，学习的时间、地点、方式完全由自己掌控。这种高度的自主性是课堂教学不可比拟的。

4.有助于学生深入思考，培养问题分析、解决能力

传统课堂教学过程中，教师可以随堂设置教学内容相关问题，也可以留

少量课堂时间让同学们思考以便提问作答。但是课堂四十五分钟的时间是有限的，不可能有足够的时间提出很多问题进行课堂讨论，而且在课堂上的讨论时间也是有限的，想要实现深度讨论也有难度。网络教学可以把“课堂”进行极大的拓展，线上设置的问题，可以线下思考，而后集中在网上作答。学习者有充足的时间思考，也可以查阅更多的资料，和其他网络学习者交换意见，或者请教相关老师、专家，而后在网上进行深入的讨论，并在思考、讨论的过程中，不断强化分析问题和解决问题的能力。

5.共享优秀的教育资源

传统课堂教学模式下，教师授课局限在学校教室里，优秀的教育资源往往只限定于某个专业或某个高校之内，不同高校的教育资源是不均衡的，甚至有着巨大的差别。在网络教学模式中，有着优秀教育资源的院校或专业可以通过在线平台把相关课程公开。不同高校甚至非高校的学习者，都可以通过学习共同的在线课程共享现有优质网络教学资源。传统的高校围墙再也不是高校教育资源的界限，优秀的教育资源可以实现全球共享。

6.教学手段与资源的多元化

传统课堂教学运用板书讲解或者借助多媒体课件进行授课，课堂上所能利用的资源非常有限，要么是单纯的粉笔、黑板，要么是课件中涉及的本地磁盘里存储的文字、图片、声音和视频资料。而网络教学过程中，授课教师为了录制教学视频，可以调用整个互联网的资源。学习者在学习过程中可以通过互联网迅速而便捷地获得相关最新最全面的详细资料，也可以查阅其他学习者发表的学习心得或发起网络讨论，从而有助于学习活动的开展，提高学习效率。

7.立体式的交流互动

在传统的课堂教学中，一言堂式的教学模式很少有互动与交流，即使在注重讨论、互动的翻转课堂，交流与互动也只发生在教师与学生或者学生与学生之间，不可能再有其他的互动交流渠道。在网络教学环境中，学生可以通过网络随时和授课教师或者助教互动交流，也可以参与学生讨论组进行深入的课程内容讨论，还可以通过互联网在线咨询相关领域的专家，或者通过各种平台在网络上发布学习中遇到的问题，寻求领域内全面而专业的课程学习援助。这种立体式的交流互动模式是传统课堂教学无法实现的。

8. 促进职业学习、终身学习、全面学习

高校的课堂教学多是和修学位挂钩的，无论是普通高等教育还是成人教育，最终都要修得一定层次的学位。网络教学则不一定与学位有关系。学习者可以根据自己的职业或兴趣需要，选择某些课程进行研修。对于有职业需求的学习者来说，学习网络课程可以自主安排上课时间，在不用脱产也不会耽误工作的情况下，实现“充电”式“进修”。只要有学习能力，网络教学不会拒绝任何年龄段的学习者。具有特定个人兴趣爱好的学习者更会借助网络教学突破时空界限，尽可能地选修有助于拓展个性特长的网络课程，实现“活到老学到老”。

9. 节约学习成本

传统课堂教学模式下，无论是短期培训还是攻读特定学位，都需要有教师当堂授课，要有固定的教室作为授课场地，还需要有一定的组织和管理。这都是要花费一定成本的，而且学习者也要花费一定的费用，免费学习的情况极其少见。在网络教学中，尤其是大规模在线开放课程中，有很多课程资源是免费的，学习者不需要花大笔的费用就可以学到自己想要的知识。即使是攻读学位，在网络教学的模式下，学习成本也有大幅度的降低。例如，美国佐治亚理工学院（Georgia Institute of Technology）2013年开设的计算机科学硕士学位“慕课”课程，总学费只需要6600美元，当年注册报名学习的学生就超过了1400人。尤其是网络教学延伸到三线、四线城市之后，本来在一线城市要花1000元才能完成的传统教育课程，在三线、四线城市只需要20—30元的成本。相比在校课堂学习，网络学习的成本得到了大幅度的降低，而且学习者在家利用业余时间就可以完成学业，不需要到学校学习，没有往返路费，没有食宿成本。除此之外，利用业余时间进行网络学习，并不耽误学习者日常工作挣钱，也相对降低了学习成本。由此可见，在节约学习成本方面，网络教学模式拥有传统课堂教学无法实现的优势。

总体而言，网络教学随着信息技术的不断发展，尤其是近几年在大规模在线开放课程强势崛起的推动下，以其独特的属性逐渐改变了传统的教学模式。网络教学的普及是传统的课堂教学模式不可抗拒的，已经成为不可逆转的教学改革潮流，并且正在加速改变人们的教育理念和获得知识的方式。

（二）网络教学的缺陷

借助信息技术，网络教学拥有课堂教学无可比拟的优势，但是从目前来看，网络教学在高等教育中还只是处于从属地位，并不是高等教育的主要形式，更不可能取代课堂教学。这是因为相对于课堂教学，网络教学有其优势，也有无法弥补的缺陷。

1.对学生的自主性要求较高

学习者高度的学习自主性是网络教学相对于课堂教学而言的一大特点，同时也是其缺陷。网络教学可以充分调动学习者的学习积极性，对于与个人兴趣爱好紧密联系的课程，学习者可以全身心地投入课程内容的学习中，自然可以取得优良的学习效果。但是，在现实中并不是所有的学习者都是出于兴趣和爱好需要学习一定的课程，更多的是为了拓展个人知识面，或者为了提升职业技能，或者为了获得学位，或者出于其他原因而被动地参与网络课程的学习。对于此类学习者而言，网络教学的优势就丝毫得不到有效发挥，反而因为缺乏教师的主导性而使得学习效果大幅度降低。

2.对网络基础设施和硬件要求较高

网络教学依赖于健全的网络基础设施，学习者还要具备学习信息的接收终端，如电脑等。第44次《中国互联网络发展状况统计报告》显示，截至2019年6月，我国网民规模达到8.54亿，仅2019年上半年就新增网民2598万人，互联网普及率达到61.2%；在线教育用户规模已达到2.32亿，在网民整体中占比27.2%。第47次《中国互联网络发展状况统计报告》显示，截至2020年12月，我国网民总体规模达9.89亿，已占全球网民的五分之一左右。

此外，我国用户月均使用移动流量创下新高，达10.35GB。虽然我国互联网普及率大幅提升，数字鸿沟不断缩小，但是由于各地经济发展水平、互联网基础设施建设方面存在差异，各省区市的互联网普及率还是存在参差不齐的现象，数字鸿沟依然存在，尤其是偏远山区互联网普及率相对较低。对于网络普及率比较高的东部地区而言，网络教学不会有硬件限制；而对于中西部，尤其是偏远农村而言，网络教学还是很遥远的事情。就地处中部的安徽来说，城镇基本都有网络覆盖，城镇周边农村地区互联网普及率也达到了很高的水平，但距离城区较远的农村，尤其是偏远山区互联网普及率相对较低，网络教学的发展受到很大限制。

3.教学资源易遭受网络风险威胁

在互联网环境下，网络教学资源需要对公众开放，尤其是一些收费的网络课程资源很容易遭到攻击。总有一些不法之徒，在经济利益的驱使下，采用非法手段侵入网络教学相关服务器，非法复制数据库中的教学资源，造成网络教学资源的损毁丢失，网络教学资源开发方会遭受更大的损失。网络教学平台在投入教学资源开发成本之外，还要在预防网络攻击方面进行一部分投入，提升了开发成本。一旦教学网络遭受攻击，势必影响正常的网络学习活动。

4.网络环境复杂，学习者难以找到有益的辅助资料

无论什么课程，都不能仅仅靠教师的讲授就完成课程学习任务，达到学习目标。网络教学中的课程视频所包含的知识内容也是有限的，因此在网络学习之后还需要查阅大量的文献资料。网络教学也不像课堂教学模式那样有配套的图书资料库可供学习者查阅，要想获得学习辅助材料大多需要学习者独自通过网络搜索，或者购买图书资料，或者到公共图书馆借阅相关书籍材料。参与网络学习的学习者除了攻读研究生学历以外，大多都是不具有所学课程专业知识背景的初学者，对专业知识并没有深入了解。在没有教师主导的网络教学条件下，学习者仅仅根据网络课程的指导学习，教学视频中所能提供的资料也是有限的。这就要求学习者在视频学习之外，在网络环境中或

在现实中自主寻找课程辅助资料。然而，网络环境十分复杂，没有经过专业的训练，想要在其中找到合适的学习材料也不是一件容易的事情。

5.网络互动淡化面对面的交流

在信息时代，人与人之间的沟通交流更多的依靠信息化手段，电子邮件、手机通话，甚至QQ都已经成为传统的沟通方式，微博、微信的普及使得网络交流更加方便快捷，面对面的直接交流互动越来越少，很多网民每天大部分时间都在面对手机或电脑屏幕。网络教学的兴起与推广使得原本面对面的直接教学活动也变成了间接的网络互动，如此就加剧了人与人之间的隔阂，淡化了学习者的群体意识。学习者面对的是冷冰冰的屏幕，师生、生生之间的网络互动也不再有面对面互动时的情感交流。对于攻读学位的学习者而言，他们也不会在网络学习中获得大学生活的体验，这对青少年心理健康与人格塑造都会产生不良影响。

6.网络教学缺乏现场的感染力

教学对于教师来说不仅仅是职业活动的一部分，更是情感生活的一部分。"教师在课堂教学过程中的心理气氛是教师情感、态度、精神面貌的综合反映与表现，它对每个学生的心理和行为均产生巨大影响。"[①]在课堂教学过程中，教师要积极创设情境让学生怀着快乐的心情学习，使学生的情感在学习的过程中得到陶冶，使师生人际情感在教学过程中积极交融[②]。教师需要"注重学生的情感因素，努力建立起和谐融洽的师生关系并通过精心设计的教学活动增进学生之间思想和情感上的交流，从而切实提高大学课堂教学质量"[③]。在课堂教学中，教师与学生、学生与学生之间可以进行良好的情感互动，这是网络教学不可能实现的。

① 袁桂亭.试析课堂教学中教师的情感因素[J].中国教育学刊,2010(9):49.

② 卢家楣.课堂教学的情感目标分类[J].心理科学,2006(6):1291-1295.

③ 陆洁.注重学生情感因素 切实提高课堂教学质量[J].中国高等教育,2010(22):60.

（三）网络教学与传统课堂教学优势互补

相对于传统课堂教学而言，网络教学有独特的优势，也有自身难以克服的缺陷，尤其是对于学位教育而言，单独的网络教学效果并不理想。比较之后就会发现，网络教学的缺陷基本都可以在传统课堂教学中得到弥补，因此把网络教学与传统课堂教学结合起来是提高教育教学效果的重要探索方向。

首先，把网络教学的学生自主性与传统课堂教学的教师主导性结合起来。

理想化的教学模式既要有教师的主导性，确保教学活动的进度、目标导向，对学生学习情况进行监督与面对面的指导；也需要有学生的自主性，激发学习兴趣，提高学生学习的积极性、主动性，提升教学效果。单纯的课堂教学与单纯的网络教学刚好是两个极端，要么教师的主导性较强，学生自主性太弱，要么学生自主性太强，教师的主导性完全丧失。将二者结合起来是高等教育教学模式不错的选择。把教学中基础知识性的内容以网络教学的形式呈现出来，调动学生的积极性，还可以让学生反复学习，以便掌握重点难点。然后在课堂教学中，在教师的主导下，通过面对面的师生和生生讨论、辩论，加深对知识的理解，纠正错误的认识，培养学生运用知识的能力，以此获得更好的教学效果。

其次，把网络形象资源与校园实体资源结合起来。

网络教学可以把教学内容更为方便地转化为形象生动的图片、视频材料，便于学生理解和接受抽象的理论知识。学生也可以利用丰富的网络资料，加深对课程内容的理解。传统课堂教学过程中，在教师的指导下，学生可以充分利用学校图书馆的文献资源，通过校园网查阅各种付费文献，这是网络教学无法实现的。将这二者结合起来，学习者可以获得立体化的课程相关知识信息，既可以进行课程学习，也可以在教师的指导下培养专业文献追踪、梳理和驾驭能力，丰富专业学识。

最后，把线上间接互动与线下直接互动结合起来。

线上互动的优势在于可以突破时间、地点的界限，随时随地进行师生、生生以及学生与其他专业人士的交流互动，便于学生在第一时间获得问题的答案，也便于学生接触到各种不同观点，开阔视野。课堂教学能够提供面对面的交流互动，不仅可以增进师生、生生情谊，培养学生的集体意识、团队意识和人际交往能力等，还可以利用教师的主导性提高互动效率。把线上与线下的互动交流结合起来，既可以促进学生通过思考发现问题，又可以让学生方便快捷参与讨论，并在讨论中培养分析问题、解决问题的能力，同时也能够更有效地拓展学生的知识面。

需要指出的是，网络教学与课堂教学相结合的教学模式并不能降低学习成本，适合于攻读学位的学习者。不以攻读学位为目的的技能拓展、课程培训和专门知识学习等单独的网络学习就可以获得良好的学习效果。这类学习者参与网络课程学习基本都是出于个人兴趣爱好，即使不存在教师的主导性也会保持浓厚的学习热情与很高的学习效率。他们也多半对所学知识有一定的基础，对与课程知识相关的网络资源有一定的鉴别和追踪能力，即使没有教师手把手的现场指导，也可以在复杂的网络环境中找到自己想要的学习资源。

三、思想政治理论课网络教学探究

今天，网络技术已经深入社会生活的方方面面，不仅改变了人们的工作方式、生活方式，也在逐渐改变人们的学习方式和思维方式。教育网络化是不可避免的趋势，思想政治理论课也不可能阻止网络对传统课堂教学方式的介入。

（一）思想政治理论课教学不能完全网络化

思想政治理论课与一般的知识性、技能性课程不同，其教学活动是不可能完全网络化的。思想政治理论课教学可以借助网络无可比拟的优势提高教学实效，但是网络教学的缺陷决定了它只能是一种辅助手段，而不可能取代课堂教学，尤其是不可能取代思政课的课堂教学，也不可能成为思政课主要的教学方式。思政教育最适宜的教学模式应该是课堂教学为主体，网络教学为辅助，“将线上线下教学相结合，充分利用二者的优势，将思想政治教育课堂翻转起来，提高课堂教学的效果”①。

首先，网络教学高度的自主性要求学生有较高的学习自觉性。“00后”一代成为大学校园的主体，他们大多没有改造世界观、价值观的主观意识，对思想政治理论课程内容也没有很高的热情。传统的思想政治理论课课堂教学过程中，教师时时对学生的学习状况进行监督，即便如此仍然有部分学生旷课，上课聊天、睡觉、玩手机、做其他作业。网络教学中，教师不可能对学生的学习过程进行时时监管，学生对网络教学过程中留下的思考题或者作业的作答，是经过认真思考后自己的体悟总结，还是网上复制粘贴后修改的，甚至是他人代为学习作答的，授课教师很难或者根本无法掌握。于是，思想政治理论课有可能就成了部分“学霸”的“专利”性课程。

其次，网络教学针对性不足。对于地方性高校而言，毕业之后能找到一份合适的工作是学生念大学一个重要的目的，思想政治理论课教学也需要考虑学生的这种需求。因此在课堂教学中，思想政治理论课要结合学生的专业课程采用不同的教学方法和教学案例。一方面，以此加强对学生专业学习和职业生涯的指导；另一方面，也只有思想政治理论课能够解决学生学习和职业需求中的一般性问题，提升思想政治理论课在学生心目中的地位，让学生对思想政治理论课真懂、真信、真用。网络教学提供给学生的是统一的教学视频，不可能针对某一专业而进行个性化的设计。当然，网络教学视频也可以针对某一特定专业而专门录制，但是即使以相近专业为依据进行归类，也需要录制许多不同版本的教学视频，代价很大。另外，网络教学的最大优势莫过于优质教学资源的网络共享，让普通高校的大学生也能享受到一流大学的教学资源。因此，地方高校思想政治理论课服务于专业教育的任务也与网

① 汪倩倩.慕课视域下高校思想政治教育理论课教学改革刍议[J].高教探索，2015(7):85.

络教学共享优质教学资源的理念相违背。

最后，思想政治理论课需要情感投入。思想政治理论课教学不仅仅是思想政治理论知识的传授，更重要的是要通过思想政治理论课教师的言传身教，把思想政治理论内容内化为学生的价值观念和行为准则，要达到这一目的就需要充分依靠思想政治理论课教师的人格魅力，在师生之间建立起深厚的情感，而师生情感的建立又离不开面对面的交往，单纯的网络教学是不可能完成这一任务的。在这一点上，思想政治理论课似乎和知识型课程完全不同。以知识传授为主要目的的课程，比如计算机、网络工程等理工类课程，教材中基本上不会包含情感因素，教师在课堂上要么讲授理论知识，要么传授相关职业技能，师生情感互动相对较少。因此，知识传授型的课程完全网络化的难度要比思想政治理论课小很多，思想政治理论课无法实现完全的网络教学。

(二)思想政治理论课网络教学的思路

网络教学有其超越课堂教学的优势，思想政治理论课也有其独特的内在要求。作为一种辅助教学手段，网络教学有条件成为课堂教学的必要补充。然而就目前来看，很多地方高校思想政治理论课网络教学仍处于探索阶段。虽然有很多高校在试行思想政治理论课的部分“慕课”化教学，但是也没有建成高校间共享的思想政治理论课网络课程。利用校园网络，开展本校的思想政治理论课网络教学虽然操作起来更为方便，但是无法实现高校间优势资源的互补共享，因此也不可能发挥网络教学的全部优势。

首先，需要统筹协调，构建优质思想政治理论课教学资源，实现高质量教学资源在不同地方高校共享。优质教学资源的在线共享是网络教学，尤其是“慕课”教学具有巨大优势。但就目前来看，探索网络教学的高校基本上都是各自为政，大都在做自己的网络课程，或购买商业网课资源，或购买商业网络教学平台，而后组织本校精干力量填充教学资源。各地方高校并未形成统一的网络教学系统或者标准。一方面，各高校都在做同样的网络课程建设探索，浪费了很多的时间、人力和物力；另一方面，各高校都有专长于某一门思想政治理论课教学的优秀教师，但是未必每门课程的教学都能做到水平一流。人力、财力投入了，却没有达成优质网络教学资源共享的状态。因此，组建地方高校思想政治理论课教学联盟，在原有省级精品思想政治理论课课程的基础上，把地方各高校每门课程一流的思政课教学团队组织起来，让每一门课程的教学名师参与网络教学视频的录制，就可以轻松地打造出优质的网络教学资源，以此共建全省统一的思想政治理论课网络教学资源库，真正做到各地方高校共享最优质的网络教学资源。

其次，分层分类网络教学，服务于地方应用型高校建设目标。课堂教学的分层研究颇多，思想政治理论课课堂教学的分层研究及实践也不鲜见。例如，按照学科大类可以把学生粗略地分为理工类、文史类和艺体类，也可以按照专业的相似度进行更为细致的分层。分层教学的好处是可以提高授课针对性，尤其是对思想政治理论课而言，可以更加贴切地根据学生的学缘结构设计课程教学内容。但是，就目前来看，针对网络教学的分层研究还是很少见的。对于地方高校而言，学生求学的职业期望较高，学校的应用型办学需求也需要思想政治理论课有针对性地开展教学活动。因此，课堂教学需要分层分类，网络教学也需要分层分类。

网络分层教学需要对同一门思想政治理论课录制不同的教学视频，课程在线平台也需要有独特的设计，“根据不同层次的教学目标，为不同层次的学生订制并推送不同的教学资源及网络教学功能模块”①。在课堂分层教学经验的基础上，完成网络分层教学的设计难度也不是很大，只不过需要花费更多的财力与人力。虽然需要更大的投入，但是依据课堂分层教学的经验，有理由认为网络分层教学也会取得优良的教学效果。

最后，构建统一的网络教学平台。目前很多地方高校购买一些网络教学平台，如“超星尔雅”平台，尝试性地开展本校思想政治理论课网络教学的

① 安继芳，戴红. 网络教学平台动态分层教学体系构建[J]. 内蒙古师范大学学报（教育科学版），2015（10）：51.

探索，也取得了很多宝贵的网络教学经验。但是一所高校的资源总是有限的，在经费、技术等因素的限制之下，网络教学平台买来之后很难再结合自身需要对平台进行改进，平台的功能也难以得到最大利用。构建统一的网络教学平台，可以集中不同地方高校的资源，为平台的设计和运转提供充足的资金和有效的技术支撑，并且可以根据网络教学的探索及时地进行平台改造，也能够充分保证教学平台得到良好的维护。

四、形势与政策课网络教学的必要性、困境与优化路径

2000年教育部曾指出，用正确、积极、健康的思想文化占领网络阵地，同时防止一些人利用网络传播错误的思想和信息，已经成为高校思想政治工作非常重要而又紧迫的课题。“要通过思想政治教育进网络，开展丰富生动的形势与政策宣传教育。”[①]2004年11月，中共中央宣传部和教育部联合发布的《关于进一步加强高等学校学生形势与政策教育的通知》强调，要积极运用互联网这一现代信息技术，丰富教育资源[②]。思想政治理论课教育工作者，要充分利用网络教学模式深入发展的机遇，一方面不断改进课堂教学模式，另一方面也要积极利用现代化的传媒手段，探索网络教学新模式，推动教学内容、教学方法与教学手段的革新，以增强形势与政策课的教学实效。

(一)形势与政策课网络教学的必要性

首先，课堂教学信息量有限。

形势与政策课的一大特点就是课程内容涉及范围广，信息量非常大，即使运用多媒体技术进行课堂教学，课程信息也基本上限定在课件范围之内，

① 教育部.关于加强高等学校思想政治教育进网络工作的若干意见：教社政〔2000〕10号[EB/OL].(2000-09-22)[2021-08-30].http://www.law-lib.com/law/law_view.asp?id=72660.

② 中共中央宣传部，教育部.关于进一步加强高等学校学生形势与政策教育的通知：教社政〔2004〕13号[EB/OL].(2004-11-17)[2021-03-30].http://www.moe.gov.cn/srcsite/A13/moe_772/200411/t2004117_80567.html.

而课件一般是根据形势与政策课教材专门制作的，教材的每一个专题都是某一领域内的专家编写的，编写者可能会掌握大量的专题相关信息，但是也要对这些信息进行细致的筛选，并不能把所有信息都编进教材。于是，海量的信息经过编写专家的筛选会被剔除很大一部分，课件制作者往往不是专题的编写者，也不一定能完全把教材中的信息准确完备地体现在课件中，因而又有可能在课件制作过程中丢掉一部分信息。授课教师大多不会参与教材的编写和课件的制作，对于教材的把握、对于课件的理解与教材编写专家和课件制作者可能会有一定的差距，在课堂教学中也不一定能够完全把课件内容表达出来。所以，课堂教学过程中教师能给学生展示出来的信息量相对于网络上的事件信息是相对有限的。网络教学模式的介入，则可以让学生轻松接触到更为丰富的专题相关信息。

其次，课堂教学课时少，无法让学生参与深度的互动与思考。

形势与政策课一般都采用专题式的教学模式进行课堂教学，每个专题一般2个课时。在这2个课时即90分钟内，授课教师需要把专题内容详细地向学生做介绍，一般课堂教学环节安排比较紧凑，很难留有富余时间。传统的形势与政策课课堂教学沿袭了教师一言堂的教学模式，即使有提问，也因时间有限，很难给学生留出充分的思考时间，也难以实现深度讨论。然而，形势与政策课的任务就是要引导学生正确认识社会热点事件，深入领会和理解党和国家的大政方针，不经过深入的思考和讨论，是很难达到理想的效果的。网络教学就可以较好地弥补课堂教学这一缺陷。形势与政策课可以通过微课程的形式，把教学专题的基本内容制作成教学视频，并预留思考题。学生在课前通过网络学习，了解专题内容并思考相关问题，课堂上就可以有充足的时间在教师的引导下展开深度讨论。

最后，时效性决定了课堂教学内容的滞后性。

形势与政策课具有很强的时效性，一般都是一年或半年内国内外重大事件或党和国家大政方针的分析解读，编写组在编写教材之时，一般会对专题相关事件进行追踪并做出最新的权威解读。但是从专题编写完毕到教材出版，再到授课教师的课堂教学，周期很长，很多热点事件都有了进一步的发展，尤其是在国际形势发生迅速而深刻变化的时期，某些事件的发展甚至已经远远超出了教材内容的预期。比如，2020年1月3日，在美国总统特朗普的指令下，美军对伊拉克巴格达国际机场附近的目标展开空袭，定点清除了伊朗“圣城旅”指挥官苏莱曼尼，导致中东国际局势高度紧张。事件发生时，2020年上半年形势与政策书稿已经基本完工，并报送相关部门审阅，因而很难在上半年的教材中出现该内容，下半年教材如果再谈及这个问题的国际影响，早已失去时效性。再如，2020年新冠肺炎疫情对国际关系产生重大冲击，在2021年上半年的形势与政策教材中可以设置“疫情下的国际关系和‘中国答卷’”专题，其中涉及中美关系的相关论述是基于特朗普政府的对华政策展开的，而给学生讲授专题时拜登政府已经开启中美高层战略对话，相关内容就需要在教材的基础上做及时更新补充。多数大学生对于时政有着较为浓厚的兴趣，也乐于听形势与政策课教师的时政分析与讲解，但是这些没有新鲜感的教学内容根本无法引发学生的学习热情，当然也不会有良好的教学效果。网络教学介入形势与政策课教学之后，把教材内容放在网络教学中，教师可以及时补充新近发生的重大国际国内事件，让学生先进行时政背景的了解，然后再在课堂教学中结合时政事件的最新动向做出相应补充，做出分析解读。这样不仅可以提高课堂教学的吸引力，也可以强化形势与政策课对时政热点的追踪与解读，从而收到良好的授课效果。网络教学模式可以随时添加新近发生的形势与政策素材，而这一点对于形势与政策课这种对教学材料时效性要求较高的课程来说无疑是非常重要的。

（二）地方高校形势与政策课网络教学的困境与优化路径

中西部地区高校形势与政策课网络教学相对于东部沿海地区起步较晚，近几年在“慕课”大潮的推动下，也出现了较为迅速的发展。就目前来看，很多地方形势与政策课程的网络教学面临着缺乏统一的网络教学平台，开放性不足，难以做到优质资源共享等困境。

1. 地方高校形势与政策课网络教学的困境

首先，缺乏统一的网络教学平台。

地方高校形势与政策课大多没有独立专门的网络教学平台，而是与思想政治理论课四门主干课程共用网络教学平台，这本身也并不是问题。就目前来看，多数地方高校思想政治理论课网络教学平台还是由各高校自主筹措建设的，而网络平台的建设往往和各高校教学工作习惯、师资水平、资金等多种因素有关。与形势与政策课相关的网络教学既有网站、BBS专区、QQ群、博客、微博、微信等平台，也有基于校园网的专用“毕博”等网络教学平台。思想政治理论课网络教学平台在各地方高校中发展很不平衡，虽然部分地方高校网络教学平台建设启动较早，水平也较高，目前已经形成了具有特色的思想政治理论课网络教学模式，但也有很多地方高校网络教学平台建设尚处于起步阶段，甚至还没有网络教学平台筹建计划。就目前情况来看，构建全省统一的地方高校形势与政策课网络教学平台还有很多工作要做。

全省统一的形势与政策课网络教学平台有助于用统一的教材、课件、学习资料等构建统一的形势与政策课程教学标准，有助于全省各地方高校充分共享省内形势与政策课最优秀的教学资源，有助于对省内高校大学生形势与政策课学习需求、思想动态等做准确的整体性把握，因而有着重大的积极意义。然而，就目前来看，各地方高校已有网络教学平台建设水平参差不齐，各高校各自为政，既要花费很大的建设代价，也不可能实现优质教学资源的共享，网络教学平台的优势很难发挥出来。但是，要建立统一的网络教学平台，需要各高校间建立高效的沟通协调机制，用以统一协调人力、物力，这本身就是一个难题。因为各高校的办学定位、办学特色、师资水平、工作习惯、资金和网络硬件条件都有差距，更重要的是一些高校的思想政治理论课教学部门并没有充分认识到网络教学对提高思想政治理论课教学实效的积极意义，传统的课堂教学观念没有改变，对网络教学模式存在抵触情绪。很多高校并不愿意投入经费做自己不想做的事。因此，形势与政策课网络教学的普及，统一网络教学平台的建设，需要以教学观念的转变为前提，各地方高校协同行动，才能实现平台统一运转。

其次，网络教学开放性不足，难以做到优势资源共享。

“慕课”作为大规模在线开放课程，是网络课程的一部分。网络课程包括视频公开课、“慕课”等。视频公开课的学习者不一定需要修一定的学分，“慕课”一般和学分或认证有关联。“慕课”不同于其他网络课程的特点首先是开放性，也就是要基于互联网向所有人开放，每个人都可以在平台上分享学习心得，参与讨论和辩论，课程的参与者既是课程的学习者，同时也可以是课程资源的提供者。

“慕课”教学的强势崛起，为进一步改善形势与政策课教学模式提供了新的思路，带来了新的发展机遇。虽然很多地方高校较早建立了本校的形势与政策课网络教学平台，然而，就目前情况来看，相当一部分地方高校的形势与政策课网络教学从严格意义上讲都不能算是“慕课”教学。因为，很多地方高校形势与政策课程的网络教学多是基于校园网建立起来的，组织校内专家或邀请个别校外专家共同组建的课程资源库，也只对校内修读形势与政策课课程学分的学生开放，修读该课程的学生能够参与校内网络学习，通过本校网络提出问题并参与问题的讨论。此类课程并不直接在互联网平台上提供相关资源，其他地方高校无法直接利用，更不用说社会人士。作为课堂教学的辅助，这种网络教学模式对于本校形势与政策课而言，确实能够发挥网络教学应有的优势。然而，很多地方高校目前的所谓形势与政策课程的“慕课”教学平台，充其量也就是这种校内的网络教学平台，受众仅限于本校修学分的学生，很难实现优势课程资源校际共享。

2. 地方高校形势与政策课网络教学的优化路径

要提高形势与政策课网络教学的实效，构建统一的网络教学平台是必然的选择，跨越单个高校的网络教学平台就具有“慕课”的意义。建立全省统一的形势与政策课“慕课”教学平台可以从以下几个方面入手。

由于各高校有各自的具体情况，高校间的自主“慕课”联盟的建立限制条件颇多，因此由上级主管部门统一协调很有必要性，可以由教育厅牵头，各高校广泛参与，共同提供资金，共享优质师资，共建统一的形势与政策课“慕课”教学平台。建议在教育厅的统一协调下，首先选择几所网络教学平台建设起步早、有经验的高校，协调资金、师资和其他教学资源，共同构建多校共享的在线开放网络教学示范平台。然后，在前期示范平台的运作基础上总结建设经验，优化平台建设，逐步把更多的高校纳入统一示范平台中，最终建立覆盖全省各高校的形势与政策课大规模在线开放平台。

统一的形势与政策课在线开放网络教学示范平台应该包括四大板块。第一，专题教学板块。根据教育部下发的形势与政策课教学要点，定期组织专家编写形势与政策电子教材，更新平台教学内容，也可以把授课课件上传至平台并设置相关问题，通过图片、文字、视频等多种形式，让学生在课前对本学期所学形势与政策课的所有专题都有初步的了解。第二，互动讨论板块。设置专门的师生、生生互动讨论专区。学生可以对平台提供的专题内容进行讨论，也可以就时下热点新闻事件提出问题或发表评论，由指导教师负责审核学生评论并参与相关讨论，提供指导，教师也可以发表教学体会与时政热点见解。第三，时政追踪板块。除每学期固定的专题教学内容之外，就时政热点组织相关内容，尤其是对学生关注度高、理解困难或有偏差的热点事件进行实时追踪和理论分析，对教学专题进行有效补充，给予学生及时有效的时政引导。第四，考核评价板块。平时成绩根据网上专题学习、思考题作答和网上互动讨论的情况判定；对于课程论文能够自动检测复制比，系统直接可以将复制内容超过一定比例的课程论文判定为不合格，课程论文提交后，教师对课程论文进行点评并判定等次或分数。统一的教学平台还要根据授课需要统一进行系统升级，调整或增设相关板块。

与网络教学平台相一致的是统一的网络教学培训。在形势与政策课网络教学平台上讨论的信息具有很强的时效性，指导教师要对所涉及的热点事件有深入的了解，也要有过硬的理论知识，既要确保网络点评的理论深度，又要把握正确的舆论导向，还需要充分掌握学生对时政热点的理解程度与心理反应特点。这些需要指导教师花费大量的时间和精力，也对指导教师的理论素养、应变能力、文字表达能力等提出了更高的要求。形势与政策课网络教学的时效性对指导教师能力的要求可能要超过其他任何一门思想政治理论课。为了让指导教师能够充分胜任网络教学以及指导工作，需要对指导教师进行定期的统一培训，培训的内容应涉及教学方法、时政热点评论、党和国家政策解读等方面。

第三节　丰富实践教学手段

实践教学是促进理论与实际相结合，提高教学效果的有效教学模式。思想政治理论课的实践教学可以分为课内实践与课外实践两类，课外实践又可分为校内实践与校外社会实践两种。就目前来看，思想政治理论课网络教学面临困境，课外实践不具备独立完成思想政治理论课教学任务的能力，因此课内实践是思想政治理论课教学改革的重要努力方向。就思想政治理论课而言，把理论知识的讲授放在网络教学环节，在课堂教学中则采用课内实践教学模式，让学生对理论内容做准确理解、领会运用与心灵内化，这种网络教学加课内实践的混合教学不失为一种相对高效的模式。形势与政策课实践教学是思想政治理论课实践教学的重要组成部分。思想政治理论课实践教学的经验和模式对形势与政策课有积极的借鉴意义，但是形势与政策课实践教学也有自身的特点和要求。

一、实践教学的兴起

实践教学是与理论教学相对应的教学模式，是在教师的指导下培养学生理论运用能力或者提高操作技能水平的教学活动。“实践教学不是一般意义上的社会实践，而是受制于教育的目的和要求，本质上是以培养人为宗旨的教学活动，必须在教师指导下，蕴含着丰富的教育因素，遵循教学规律和原则。”[①]因此，在实践教学中，实践只是手段，教学才是目的。实践教学与理论教学相互区别，又有紧密的联系。理论教学以让学生理解课程理论知识为目的，学生在理论教学中获取的是间接知识。实践教学则是以培养学生的理论运用和动手能力为目的，学生在实践教学中获得教师传授的间接知识，更重要的是自己总结的直接知识。实践教学是理论教学的延伸，对学生来说是理论知识的巩固学习和强化理解，没有对理论知识的深入理解和良好的把握，实践教学只能是盲目地进行，不可能取得良好效果，因此在实践教学中需要有理论知识的指导，而在理论教学中往往也有实践操作部分内容的讲解。实践教学也并不一定发生在课堂之外，在课堂上为了加深学生对理论知识的理解，教师也会采用实践案例、现场演示等方式进行实践教学。

发达国家对于实践教学的研究和应用起步于20世纪70年代，并在90年代形成了完整的实践教学体系。“从20世纪70年代起世界发达国家为了能适应社会和经济发展的需要在人才培养教育中就开始改革原有的教学模式，并注重实践教学。”[②]例如，英国早在20世纪60年代之前就出现了半工半读的教学模式，20世纪90年代已经形成了完善的实践教学体系，布鲁内尔大学（Brunel University）的“三明治”课程体系把教学和培训进行了有机结合；苏联很多高校推行生产实习与理论教学相结合的模式，实习就是为了让大学生为未来的工程实践做好准备；至20世纪90年代初，美国已有约900所大学实行了生产实践与学校教育相结合的合作教育计划，美国东北大学（Northeastern University）通过与企业建立密切的合作关系，形成了在校大学生在入学的第二年开始一半时间在学校集中学习，另一半时间在企业带薪实习的实践教学模式[③]。

相对于西方国家而言，我国的实践教学起步较晚，但如果追溯历史，也由来已久。“文化大革命”之前我国机械类型五年制高等教育的“实验与课程

① 高等农林本科教育实践教学体系改革的研究与实践课题组.实践教学体系的内涵与外延[J].辽宁高等教育研究,1998(4):48.

② 王维凯.借鉴国外经验改革实践教学[J].实验室研究与探索,2005(12):90.

③ 张风莲,杨宏业.国外高等工程院校的生产实践教学[J].高教探索,1990(2):69-73.

设计课内学时为731学时，占总学时的16.3%，生产实习与毕业设计共38周”[①]。20世纪六七十年代，高等教育实行“开门办学”，高校工农兵学员在教师的带领下深入农村、工矿、军队等基层单位，一边参加工农劳动，一边以所学知识服务当地生产生活实践。比如，农学、医学的学员在参加劳动的过程中，以农学知识服务当地农业实践，以医学知识服务当地人民群众等。此时的高校实践教学基本就是“学工”“学农”“学军”。具体而言就是组织学生到工厂或农村开展学工、学农劳动，或者建立“校办工厂”，让学生参与生产实践，既没有文理科的专业区别，也没有明确的实践教学考核标准[②]。当时“开门办学”虽然有理论知识与具体实践相结合的成分，在一定程度上培养了学生的社会生活和适应能力，但更多的是为了改造学生的思想，正常的教学秩序被打乱，工农兵学员也学不到多少理论知识，实践也大多变成了纯粹的劳动，于是“实践教学”大多只“实践”不“教学”，因而也算不得真正的实践教学。

1977年恢复高考之后，我国高等教育逐渐恢复正常教学秩序，随着高校逐渐重视对学生能力的培养，人们开始认识到高校对人才的培养要能够满足社会的需要，社会所需要的人才“不是只具备书本知识或空头理论的人，而是能够运用书本知识从事业务工作的人，是具有实际本领的人”[③]。实践教学在高等教育中才开始逐渐受到重视并逐步应用推广，实践教学的学时数、实践硬件设施、实践基地建设等不断得到制度化保障。理论来源于实践，但还是要回到实践中去。实践教学是理工类专业在适应经济社会发展的大背景下，将课堂理论与实践操作相结合的教学探索的结果。

文史类课程的实践教学在毛主席提出“文科要把整个社会作为自己的工厂”指示之后，就已经在高等教育中展开，但同样囿于各种因素，“实践”的意义要远大于“教学”。“文革”之后，文史类课程的实践教学紧随理工科实

① 容文盛，陆家钦．贯彻理论联系实际的原则加强实践教学[J]．教育研究通讯，1984(4):51.

② 陈文江．面向21世纪的高校文科实践教学改革[J]．科学·经济·社会，2003(2):58-61.

③ 杨村夫．加强实践教学全面培养学生能力[J]．吉林艺术学院学报，1984(1):3.

践教学的研究而被提出来。20世纪80年代开始，我国实践教学开始区分文理科，不同的专业实践教学活动内容与方法差异日渐明显，文史类课程开始深入讨论实践教学问题。此时的文史类课程实践教学“既包括课堂讨论、实习等等大型的综合实践环节，也包括课堂教学中教师有计划安排的各种分散的小型的实践训练”[①]。实践教学在形式上虽然还是派遣学生到工厂和农村中去实习，但已不再重点关注学生的思想改造，而开始重视学生能力的培养，引导学生运用所学知识和技能了解和认识社会，在此基础上培养分析和解决问题的能力。

2012年，教育部等多个部门联合出台《关于进一步加强高校实践育人工作的若干意见》，将实践教学同军事训练、社会实践活动一并列为实践育人的主要形式，进一步提升了实践教学在人才培养中的地位，规定：“人文社会科学类本科专业不少于总学分（学时）的15%、理工农医类本科专业不少于25%、高职高专类专业不少于50%，师范类学生教育实践不少于一个学期，专业学位硕士研究生不少于半年。”[②]实践教育体系化有了重要的文件保障。2019年7月，教育部发布《关于加强和规范普通本科高校实习管理工作的意见》，指出“实习是高校实践教学的重要环节之一”[③]，将大学生实践能力培养与创新精神、社会责任感并列，共同视为提升高等教育育人质量的重要内容；对实习教学体系建设、实习组织形式、实习方案制定、实习指导教师选配等做了进一步规范；在加强实习组织实施，明晰各方权利义务，保障学生权益等方面做出了新的规定；在组织保障方面，对实习工作责任体系做了进一步明确，在实习基地建设、信息化建设方面给出了指导意见，对实习经费和实习工作监管做出了具体规定。

① 王文敬.关于加强文科实践环节的几个问题[J].天津师大学报,1983(3):12.

② 教育部,中宣部,财政部,等.关于进一步加强高校实践育人工作的若干意见:教思政〔2012〕1号[EB/OL].(2012-01-10)[2021-08-30].http://www.moe.gov.cn/srcsite/A12/moe_1407/s6870/201201/t20120110_142870.html.

③ 教育部.关于加强和规范普通本科高校实习管理工作的意见:教高函〔2019〕12号[EB/OL].(2019-07-30)[2021-08-30].http://www.moe.gov.cn/srcsite/A08/s7056/201907/t20190724_392130.html.

目前来看，我国文史类实践教学已然体系化，从学科上看，相关研究涉及经济学、法学、管理学、文学等40多个学科领域；从研究类型看，既有基础理论研究，也有应用对策研究，既有学校管理层面的研究，也有专业学科层面的研究；从研究内容来看，涉及实践教学的目标、内容、条件、管理、评价等多个方面。

二、思想政治理论课实践教学的两种基本类别

中共中央、国务院《关于进一步加强和改进大学生思想政治教育的意见》明确指出："社会实践是大学生思想政治教育的重要环节，对于促进大学生了解社会、了解国情，增长才干、奉献社会，锻炼毅力、培养品格，增强社会责任感具有不可替代的作用。"①中共中央宣传部、教育部《关于进一步加强和改进高等学校思想政治理论课的意见》指出："要通过形式多样的实践教学活动，提高学生思想政治素质和观察分析社会现象的能力，深化教育教学的效果。"②十多年来，实践教学在思想政治理论课教学工作中引起广泛重视。从中国学术期刊全文数据库发表的文章来看，关于思想政治理论课实践教学的研究2013年开始进入高峰期，至今实践教学仍是思想政治理论课教学研究的重点与热点，涌现出大量的新观点和新的实践教学模式。

目前来看，思想政治理论课基本都采取了理论教学和实践课教学相结合的教学模式，实践课已经成为思想政治理论课实践教学体系中不可分割的重要组成部分。实践教学大致可以分为两大基本类别：课内实践教学和课外实践教学。课内实践教学采取演说、辩论、情境模拟等多种形式，在正常课堂

① 中共中央，国务院．关于进一步加强和改进大学生思想政治教育的意见：中发〔2004〕16号[EB/OL].（2004-10-14）[2021-08-30].http://www.moe.gov.cn/s78/A12/szs_lef/moe_1407/moe_1408/tnull_20566.html.

② 中共中央宣传部，教育部．关于进一步加强和改进高等学校思想政治理论课的意见：教社政〔2005〕5号[EB/OL].（2005-02-07）[2021-08-30].http://www.moe.gov.cn/srcsite/A13/moe_772/200502/t20050207_80415.html.

教学过程中开展。课外实践教学又分为校内实践教学与校外实践教学。校内实践教学多是发起与大学生群体相关的调查研究或者与课程内容相关的主题教育活动。校外实践教学面向广阔的社会环境，以问卷调查或访谈为主要形式，开展选题多样的社会调查，或者借助校外实践教学基地，开展特色化专题教学。

课内实践是地方高校思想政治理论课实践教学的基本环节，在实践教学中具有独特的地位与优势，可以充分发挥教师的教学主导性与学生的学习主体性。思想政治理论课的课内实践教学与课程内容关联度较高，往往是根据课堂教学内容而设计，运用丰富的影像、案例材料，通过演讲、辩论甚至虚拟仿真等形式，让学生在课堂上亲身体验授课内容，实现理论内容的内化，做到知行统一。课内实践教学具有较高的可操作性，对教师能力要求相对较低，除虚拟仿真实验室建设之外，经费需求相对较小；针对性较强，课内实践是根据具体教学内容安排的，可以针对某个知识点展开，课内实践还可以灵活多样，针对不同专业学生的特点，进行不同的设置；与传统的理论教学相比，课内实践教学实效性较高，由于实践教学形式多样、内容丰富，能够调动学生的积极性，因而实效性较理论教学更高。

课外实践是思想政治理论课实践教学的重要组成部分。课外实践也有多样的形式，常见的有如下几种。其一是网络实践教学。借助专门网络教学平台或者QQ群、微信群、微博等多种网络渠道，在教师的指导下，学生开展自主学习和协作学习，实现多向互动与多维反馈，实现师生在课外的良好互动。其二是暑期实践教学。通过广泛的社会调查等形式，让学生深入了解社会，运用课堂学习的理论知识理解和分析社会现象，加深对马克思主义理论的内化和对党和国家政策方针的理解。其三是实践基地教学。目前来看，各地方高校基本都有专门的思想政治理论课实践教学基地，这些教学基地多是红色教育基地，不同地方高校结合地方革命文化等，可以开展特色鲜明的实践教学。其四是专题报告。地方高校也会邀请校外专家、道德模范、劳动模范、先进典型人物等到校为学生做专题报告，通过专项宣讲与理论教学相呼应，提升总体教学实效。

总体而言，课内实践与课外实践各具特点，各有优势，共同构成思想政治理论课实践教学体系。从课内实践到校内实践再到校外实践，实践平台越来越广阔，与社会实际结合度越来越高，但对教师实践指导能力和经费支持等的要求也越来越高。

(一)课外实践的困境

长期以来，思想政治理论课理论教学面临实效差的困局。课外实践不能独立地承担思想政治理论课教学任务，只能作为思想政治理论课课堂理论教学的有益补充。思政课课内实践是在课堂上，在授课教师的指导下，学生运用所学的思想政治理论分析社会现象，解决现实问题，以强化对理论内容的理解与内化的一种教学模式。思想政治理论课必须讲思想政治理论，也不能因为“00后”大学生的个性化特点就降低理论教育的目标要求。但是面对说教式理论授课实效并不理想的现实，探索高效的课内实践教学模式与教学方法成为当下思想政治理论课教学改革的重要努力方向。

课外实践是在课堂教学之外进行的社会实践。相对于课堂理论教学而言，思想政治理论课的课外实践形式多种多样，对学生的自主性要求较高，能够在一定程度上调动学生的积极性，锻炼学生运用所学思想政治理论知识发现和分析社会问题的能力，还可以培养学生关注社会热点的习惯，在实践中增强学生的社会责任感和使命感。

课内实践中学生虽然也能够获得直接经验，但是毕竟不能直接接触现实社会，而课外实践中学生要直面现实生活，直接对社会现实进行认识，对社会问题进行分析，获得的认识是最深刻的，得到的锻炼也是课内实践形式所不能相比的。但是课外实践也有其自身无法克服的局限性，无法独立承担思想政治理论课教学任务。

第一，思想政治理论课受众广泛，课外分层分类实践教学难度大。

思想政治理论课是全体高校学生都需要学习的通识教育类课程，属于公共必修课，思想政治理论课课堂理论教学一直存在着教学针对性差的问题，因此很多专家学者都在探讨思想政治理论课的分层分类教学，尽量在统一的考核标准下，针对不同类型的学生进行不同的教育教学。但是目前关于思想政治理论课分层分类教学的讨论基本都集中在课堂理论教学方面，对于分层实践教学的探讨不足，思想政治理论课分层实践教学更是薄弱环节。思想政治理论课课外社会实践是理论授课的延伸，要求所有在校生都要参与。但是就目前来看，针对不同专业背景分别开设不同的课外实践教学课程的思想政治理论课教学模式尚未有足够的实践探索，来自不同专业背景的学生就被要求从事同样的社会实践活动。然而，地方高校很多是应用型的办学定位，思想政治理论课需要充分考虑学生应用型能力培养的需求。这就要求思想政治理论课的实践教学要根据学生的不同特点进行分类教学。但是对于受众相当广泛的思想政治理论课而言，要想充分考虑不同专业背景学生的实践需求并不容易。

第二，地方高校经费有限，课外实践投入不足。

课外社会实践教学的地点很多都在校外，部分社会实践可能距离学校还很远，交通费、打印费、食宿费等加在一起也是一笔不小的开支。以大学生思想政治理论课暑期社会实践为例，地方高校经费有限，除了实践基地外，很少有专门的思想政治理论课社会实践经费，暑期实践活动的开展基本都是学生自己支付费用。于是，多数学生实践团队为了节省开支，都把实践地选在本校，选择针对本校在校大学生的调研选题，做调研也采用网络调查的方式。如此一来，学生选题重复率很高，甚至一个班内多个团队选择同一个选题，共用一份调查问卷，同用一组调研数据，实践报告的质量很难保证，更有部分团队直接在网上复制粘贴，虚构调研数据，凭空捏造调研报告，或者直接拿上一届学生的实践报告重复应付。这样不仅达不到锻炼学生实践能力的目的，甚至反而会造成个别学生对思想政治理论课社会实践教学的误解，导致相反的效果。

第三，学生人数过多，教师实践指导有限。

按照教育部《关于印发〈高等学校思想政治理论课建设标准（2021年本）〉的通知》，“严格按照师生比不低于1∶350的比例核定专职思想政治理论课教师岗位”，“课堂规模一般不超过100人”[①]。就目前来看，地方高校思想政治理论课专职教师的师生比一般都在1∶500以下，部分高校在1∶700以下甚至更低。思想政治理论课一般还是大班授课，很多合班人数大概在120人，部分超过130人，个别合班甚至会超过150人。学生人数过多不仅会降低授课教师的课堂监控和讲授效果，影响理论教学实效，对课外实践而言，也会造成教师对实践团队的指导不足。以思想政治理论课暑期社会实践为例，暑期实践一般由6名学生组成一个团队，就算以1∶350的比例计算，1名思想政治理论课教师就需要给大约60个团队提供实践指导，即使学生在三个暑假分开进行暑期实践，每位思想政治理论课教师平均也需要一次指导20个团队，对于其他一些地方高校而言，思想政治理论课教师所要指导的暑期实践团队数量可能还要多出很多。此外，暑期课外实践都不在课内授课时间进行，部分实践团队的实践地点选择在校外，可以说遍布全国各地，指导教师没有集中的时间进行实践指导，更不可能跟随每个实践团队深入实践地点提供现场指导。实际上，多数思想政治理论课暑期实践团队也就在选题和调研报告的修改过程中能够得到指导教师的指导，在最重要的实地实践中往往与指导教师联系很少，甚至整个实地实践过程中都没有教师指导，只能靠自己摸索。于是，教师对课外暑期实践教学的指导就变成了调研报告的修改指导，远远不能发挥思想政治理论课暑期社会实践应该具有的效果。

第四，课外实践与理论教学脱节。

思想政治理论课具有很强的政治性、理论性，教师在课堂理论教学中能够很容易把握授课的政治理论方向。课外实践有很多不确定因素，不像课堂

① 教育部.关于印发《高等学校思想政治理论课建设标准(2021年本)》的通知:教社科〔2021〕2号[EB/OL].(2021-11-30)[2021-12-30].http://www.gov.cn/zhengce/zhengceku/2021-12/18/content_5661767.htm.

教学那样容易把握。首先要进行精心的教学设计，实践地点、内容、形式和过程等都需要与思想政治理论课理论教学具有一定的关联性，或者能够充分体现和验证思想政治理论课的理论内容。课外实践如果与课堂理论相脱节，不仅会使学生们感觉所学理论空洞无用，更会使他们对思想政治理论产生怀疑，甚至出现逆反心理。课外实践教学是课堂理论教学的延伸，是让学生自己动手、动脑验证所学理论知识的环节，二者的紧密结合能够给学生身临其境的体验，从而更好地帮助学生进行理论知识的理解和内化。

第五，课外实践对教师能力要求更高。

以大学生思想政治理论课暑期社会实践为例，暑期实践选题多种多样，涉及经济、政治、文化、教育等众多领域，在调研中所用到的调研手段也有差异性，有实地考察、文献调研、问卷调查，也有结构式访谈等。很多学生会结合自己所学专业，选择相关的实践选题，在调研中也会遇到比较有专业性的问题与方法，这就给思想政治理论课暑期实践的指导教师提出了更高的能力要求。如果指导教师不能给学生实践团队提供具有专业水准的指导，学生团队不仅会怀疑教师的能力，更会对整个暑期社会实践产生负面情绪。因此，为了保证在思想政治理论课课外实践中取得良好的教学效果，指导教师必须不断拓展知识面，提升综合实践指导能力。

第六，课外实践管理不够规范。

虽然思想政治理论课实践教学的探索已经进行十多年了，但是仍然有高校对思想政治理论课的课外实践没有清晰的定位。现在高校大学生能够参加的课外实践活动很多，有团委系统组织的暑期文化、科技、卫生下乡活动，有科教、文体、法律和卫生进社区活动，还有各种类型的创新创业相关的实践活动，等等。部分高校对思想政治理论课暑期社会实践没有足够的重视，宣传组织也不到位，致使很多大学生把思想政治理论课暑期社会实践与其他课外实践活动混为一谈，或者直接拿其他实践活动的成果来应付思想政治理论课暑期社会实践。虽然团委等组织的实践活动也有帮助大学生树立正确的世界观和价值观的任务和目标，但是毕竟与思想政治理论课有一定的差距，也不属于同一个范畴，更不能保证思想政治理论课社会实践的理论深度。思想政治理论课暑期社会实践需要独立于其他社会实践之外，在这方面也有地方高校已经建立了完善的大学生思想政治理论课暑期社会实践制度，并纳入学分考核体系，从前期宣传动员，到组织实施、过程指导，再到后期的考核评价、成绩录入，都有完善的操作规程，对指导教师也有相应的工作量计算办法和考评激励机制。做到这一点，需要学校对思想政治理论课社会实践有足够的重视，进行总体布局，也需要思想政治理论课教师花费更多的时间与精力投入指导工作中去。

(二)课内实践的优势与不足①

思想政治理论课课内实践教学是在课堂上，结合思想政治理论课理论教学的既定内容，采取灵活多样的形式，如专题辩论、时政评论、专题讲座、情景模拟、情感渲染、课堂演讲、经验汇报等开展的实践教学活动。课内实践是思想政治理论课实践教学体系的重要组成部分。就中国学术期刊全文数据库发表的文章来看，学术界对于课内实践的研究兴起于2009年前后，并于2012年达到一个研究的高潮。近几年学界对课内实践的研究也一直保持着较为浓厚的兴趣，不断有新的研究成果出现，对课内实践的分析与探索也更加深入。

1.课内实践的优势

第一，教学成本低。思想政治理论课课内实践教学的地点在教室中，原有的理论教学所需的教学硬件就可以满足课内实践的需求，与课外实践相比，不需要差旅食宿费用。只有个别课内实践需要少量的经费，如专题讲座，需要请相关领域的专家学者或者先进模范人物到课堂上讲解艰深理论、解读国家方针政策、宣讲先进事迹等，要支付一定的酬劳。但是，与课外实践需要全体学生外出调研相比，相关费用要少很多，而且这种类型的专题讲座也不

① 张栋.高校思政课回归课内实践的必然性与困境[J].扬州大学学报(高教研究版),2016(6):84-87.

是经常性的，经费实在困难的高校完全可以用其他实践形式取代。除此之外，其他的课内实践基本上都不需要学校单独安排专门的教育经费，更不需要学生自筹实践经费，因此相对于课外实践而言教学成本要低很多，更易于操作。

第二，良好的师生互动。课内实践教学是在课堂上进行的，师生双方进行面对面的交流，既便于教师对学生学习状况进行监督，又有利于师生、生生之间沟通。与课外实践教师不可能深入学生的实践地进行当场指导相比，课内实践的师生交流互动更加方便快捷；与网络教学师生纯粹通过电子屏幕交流相比，课内实践师生面对面的沟通更加顺畅，还可以培养深厚的师生情谊，对于思想政治理论课这类以内化价值观念为主要任务的课程尤其具有特殊的积极意义。此外，在课内实践教学过程中学生有很大的自主性，授课教师也可以更好地把握教学进度，掌控全局，有一定的主导性。

第三，理论和实践紧密结合。课内实践与理论教学有着紧密的关联，实践教学是针对理论教学而展开的。在实际授课过程中，先进行的是理论授课，让学生初步理解思想政治理论相关知识，而后在教师的引导下，选择相关案例、主题等，帮助学生用所学理论知识围绕案例或主题进行讨论、辩论或演讲等。在整个课内实践过程中，实践教学始终是围绕着思想政治理论进行的，与单纯的理论教学相比，学生有更多的时间进行自主探索和分析，更容易理解和内化抽象的理论内容；与课外实践相比，授课教师更容易对学生进行指导，把握住理论的方向，做到理论和实践的结合。

第四，可与网络教学优势互补。网络教学有其优势，但是不能完全取代思想政治理论课课堂教学。理论教学有其局限，枯燥的理论难以引发学生的学习兴趣。课内实践可以用生动活泼的形式调动学生学习的积极性，并能够教会学生如何更好地内化和运用理论知识。理论虽然艰深难懂，但是必须讲的，传统的课堂教学教师讲一遍，学生也只能听一遍，如果没有很好地掌握，就只有课间再自主学习或向老师、同学请教。把晦涩深奥的理论基础知识放在网络教学中，就可以让学生反复学习，直到达到理想效果，然后在课堂上通过课内实践进行理论知识的强化理解与运用，最终达到理论知识的认同内化。所以，思想政治理论课网络教学讲基础理论知识，课内实践教学则在教师的引导下，由学生自主探索理论知识的理解与运用。对于思想政治理论课来说，把网络教学与课内实践有机地结合起来，能收到良好的教学效果。

第五，不会对授课教师提出特殊的能力要求。思想政治理论课课内实践还是在课堂上进行，与理论教学有紧密的关系，因此课内实践所涉及的内容大多还在思想政治理论课教学范围之内。虽然个别案例会与其他专业知识有一定关联，但是不会像课外实践那样涉及更多其他领域的更为专业的知识，因此降低了对授课教师的能力要求，减轻了授课教师的压力。当然，相对于理论教学而言，课内实践过程中授课教师需要引导学生进行社会问题的分析，把握课堂讨论或辩论的节奏，对学生的课堂表现予以及时、准确、合理的点评，因而要求授课教师具备更强的理论分析能力、课堂驾驭能力、随堂应变能力等。然而，课内实践还是课堂教学的一部分，有既定的教学内容和授课程序，教师在课前熟知所有与课程内容相关的讨论问题，可以预设各种讨论情境，提前设想处置方案。更为有利的是，课内实践和理论授课一样，授课教师可以采取集中备课的方式，集合教研室的群体智慧，对每一次课内实践教学做详尽的教学设计，共享经典案例，复制成功经验，也可以在很大程度上降低授课难度，便于操作。

2. 课内实践的不足

第一，重视不足。课内实践可以较好地提高思想政治理论课的授课效果，却没有得到应有的重视。在学校层面，几乎所有的思想政治理论课课内实践都是学校的二级机构在牵头设置，甚至直接由基层教学组织自行安排，学校领导层的关注和推动力度十分有限。就教师层面来看，很多思想政治理论课专任教师虽然认识到传统的理论说教效果很差，但是在授课时也多数时间在讲理论，虽然也有案例教学，但大多只是针对课程理论做举例解释，很多学生听案例很明白，但是对理论内容还只是一知半解。这与真正的课内实践教学还有一定的差距。

第二，规范不足。就目前来看，很多高校都在思想政治理论课教学中设置了课内实践环节，但是课内实践还是仅仅作为一个环节而设置的，在思想政治理论课四门主干课程中占的课时数非常少，基本都不会超过总课时的七分之一，个别高校甚至不足十分之一。即使在这少量的课内实践教学中，还存在授课内容随意、管理考核松散等问题。思想政治理论课课内实践教学内容和形式并没有统一的标准，每所学校都有自己的设计，授课形式不定，授课内容也不确定，即使在同一学校，不同教师的授课安排也有很大差别。随意设置的授课内容很难保证与理论授课相衔接，于是课内实践就成了为了实践而实践，完全违背了课内实践教学初衷。此外，课内实践的考核也不规范。各高校思想政治理论课都有一套完善的教学考核规范，对教师而言，有学生评教、同行评教、领导评教、教学督导评教；对学生而言，有教师评学、督导评学等。课内实践不同于传统的理论授课，对学生的考核方式也更加侧重学生平时的参与表现，对教师的考核也不再只注重课堂讲授，更重要的是要对教师的课堂设计、组织、点评等进行更为细致的考核，原有的思想政治理论课考核体系未必完全适用于课内实践。但就目前来看，课内实践还只是思想政治理论课的一个环节，很少有高校对思想政治理论课课内实践做单独的规划设计，也缺乏独立规范的考核标准。

第三，研究不足。目前对思想政治理论课课内实践的研究虽然也是学界的一个兴趣所在，但是深入的研究还远远不够。思想政治理论课课内实践要真正发挥全部优势，需要对所有的课程内容都进行精心的设计，紧密结合教材理论知识，筛选恰当的案例，组织讨论，还要通过情境的渲染进行情感教育，每个步骤都需要花费一定的精力做深入研究。另外，思想政治理论课的授课内容也会随着时代的发展而不断丰富变化，也需要对课内实践教学的内容与形式不断进行创新，更需要投入大量的研究精力。

提高认识，加强管理是保障思想政治理论课课内实践良性运行的前提①。思想政治理论课课内实践体制机制的健全，教学效能的发挥，需要更高层面

① 李洪影，胡宝元，佟玉冬.高校思想政治理论课课内实践教学途径探析[J].辽宁工业大学学报(社会科学版)，2011(6)：87-90.

的重视引导、全盘规划，需要有思想政治理论课教师更为深入细致的研究，为此还要投入很多时间和精力。

（三）思想政治理论课课内实践高效机制的构建

保障体系常规化，组织实施规范化，课内实践活动项目化，教学评价科学化，是构建思想政治理论课课内实践高效机制的努力方向①。目前思想政治理论课课内实践研究不深入、体制机制不健全是制约思想政治理论课教学效果的一个重要因素。

首先，构建网络加课内实践的思想政治理论课教学模式。相对于课堂教学，网络教学的优势很明显；相对于课外实践，课内实践也有其优势。课外实践和网络教学都不能独立承担思想政治理论课的授课任务。课内实践经过精细的设计可以取代理论课堂教学，但是无论怎么安排，理论都是必须讲的，理论教学必不可少，没有理论，实践就没有指导，也谈不上思想政治理论课实践教学。课内实践不是专门的理论讲授，而是侧重于理论的运用与内化，那么理论讲授怎么安排呢？如果安排在课堂上，就和传统的理论课堂教学并无二致，不会收到良好的效果。因此，可以借助网络教学的优势，把理论教学部分放在网上。从教师的角度讲，可以推选最擅长理论讲授的教师讲理论录制教学视频，提高网络理论教学的吸引力；从学生的角度看，借助网络视频可以反复播放的特点，可以对晦涩难懂的理论内容进行多次学习，直到准确理解理论内容为止。教师可以充分利用课内实践的优势，在课堂上引导学生进行理论内化，以此构建网络理论教学加课内实践教学的教学模式。

其次，完善思想政治理论课课内实践的体制机制。一是完善组织管理机制。思想政治理论课课内实践的高效展开，不仅需要专业教师的深入研究和课堂设计，更需要学校层面的总体规划，需要各职能部门和其他教学单位的通力配合，只有做到规范化的管理，才能规避思想政治理论课课内实践教学

① 闫新丽.高校思想政治理论课课内实践教学实效性探究：以“思想道德修养与法律基础”课为例[J].理论导报，2014(2)：54–56.

的随意性安排，同时也便于对实践教学进行监控与考核。二是完善考核激励机制。“有效的评价机制是确保思想政治理论课实践教学实效的重要条件。”①建立独立的考核机制，多方位、系统化的评学、评教体系对于思想政治理论课课内实践的规范化也有非常重要的意义。针对目前思想政治理论课课内实践教学研究不够深入的现状，激励机制也显得尤为重要。为此，需要对课内实践授课效果优异的教师进行物质和精神激励；需要在教研、科研项目的立项上给予课内实践研究更多的支持；需要在职称评定上给予实践教学一定的倾斜政策。三是完善教师培训机制。思想政治理论课课内实践虽然不像课外实践那样需要教师具备更广博的知识储备，也不一定要有很强的课堂组织能力和临场应变能力，但实践教学内容也需要随着时代变迁而丰富发展，因此需要对授课教师进行定期的专业培训。四是完善实践保障机制。课内实践的组织实施除了学校层面的总体规划部署以外，还需要学校各职能部门和各教学院部的协调合作，教学设备和专用经费也需要得到保障。

最后，建立实践教学经验共享机制。在思想政治理论课课内实践教学方面，有的地方高校起步早，实践机制完善，教学经验丰富，教学效果较好，可以作为示范高校向其他地方高校推介成功经验。为了建立全省统一的思想政治理论课课内实践经验共享机制，可以在原有思想政治理论课教师培训机制中，增加实践教学经验介绍推广板块，也可以在思想政治理论课区域高校联盟的基础上先行试点，试点成功后再推广。

三、形势与政策课实践教学的特点、形式与要求

形势与政策课实践教学是思想政治理论课实践教学的一部分，思想政治理论课实践教学中的很多做法可以为形势与政策课实践教学提供良好的借鉴和参考。但是，形势与政策课教学与思想政治理论课主干课程相比有其自身

① 符惠明．高校思想政治理论课实践教学条件保障机制探讨[J]．江南大学学报(人文社会科学版)，2006(4)：97.

的特点，因此实践教学也有异于一般思想政治理论课程的特点、形式与要求。

（一）形势与政策课实践教学的特点

1.教师的主导性

形势与政策课与其他思想政治理论课课堂理论教学一样，一般以教师讲授理论知识为主，教师要把党的理论知识和经验总结讲清楚、讲透彻，便于学生理解和接受，因此课堂理论教学有很强的教师主导性，学生更多的是被动听讲、接受、理解或记忆。一般而言，实践教学注重理论知识的运用，学生需要在把握理论知识的基础上动脑思考，进行探索式理论运用，这本身就是学生自主学习的过程。但是，相对于其他思想政治理论课实践教学而言，形势与政策课教师在实践教学中，必须切实起到指导作用，更加强调教师的主导性。这和形势与政策课宣讲党和国家政策方针的任务有关系。一方面，形势与政策课内容多是党和政府在治国理政过程中经过深入的实践探索和缜密的思考之后得到的经验总结，体现了党和政府的政治智慧，很多内容具有很强的理论性；另一方面，在校大学生社会经验不足、理论知识欠缺、分析问题的方法也不够科学，对形势与政策课授课内容的理解与运用也容易出现偏差，这就需要在实践教学中强化教师引导，让教师深度介入学生的实践学习活动中。因此，在形势与政策课实践教学中要保证授课教师有较高的主导性，对学生的自主性要求不如其他思想政治理论课实践教学那么高。

2.鲜明的时代性

形势与政策课要培养学生对现实问题的分析和解决能力，引导学生对党和国家现行政策和方针做出正确、全面而深刻的理解，因此无论是课内实践教学还是课外实践教学都不能与现实相脱离，都要有鲜明的时代特点。相对于课外实践而言，形势与政策课的课内实践在授课教师的主导之下，所探讨的内容更容易有现实的针对性。以安徽省为例，安徽地方高校形势与政策课课外实践教学多与思想政治理论课暑期社会实践结合在一起，开展具有现实针对性的调研活动，在调研中加深学生对授课内容的理解。课外实践基地建设也与其他思想政治理论课有所区别，比如“中国近现代史纲要”课的课外实践基地教学，可以选择近现代历史上著名的遗迹或各类陈列馆、博物馆、纪念馆等作为实践基地或者实践场所，而不一定要与当今时代有紧密的关联。具有地方特色的企事业单位、成熟的城镇社区、新农村建设示范村庄等可以成为能够满足形势与政策课实践教学时代性要求的实践教学基地。这些基地都能在一定程度上反映我国当前经济社会现状，党和国家的政策也能在其中有所体现。深入这些具有鲜明时代特点的实践基地开展实践活动，“向人民群众学习，向基层干部学习，深入了解当地经济建设与社会发展状况，可以把一系列学生在课堂上所学的内容带到实践中去验证，获得直接感知”①，能够让学生结合自身经历更加有效地深化对授课内容的理解。

3.主题的开放性

形势与政策教育本来就是一个具有高度开放性的教学活动②，来自现实生活和网络虚拟世界的各种信息都有可能进入学生的头脑，形形色色的观念以各种形态隐藏于大学生所能接触到的各种信息之中。在这种情况下，说教灌输式的美德教育不再那么让学生心悦诚服，传统的课堂教学受到很大的挑战，其局限性也更加凸显。对于形势与政策课教学来说，帮助学生树立科学的世界观、人生观和价值观的关键，就是培养学生正确地获取信息以及良好的信息分析与鉴别能力。开放的信息环境要求所有大学生所能接触到的观念、思潮都应该成为形势与政策课的教学内容，这就决定了形势与政策课的实践教学无论采用什么形式，都必然具有开放性的主题。形势与政策课课内实践主题涉及经济、政治、文化、历史、军事等社会生活的方方面面，所有的社会热点都可能成为时政辅导、课堂讨论的内容；课外实践在有条件的情况下，也涉及经济社会的诸多方面。实践教学在培养大学生的分析与鉴别能力上比课堂理论讲授更有效率，也应该承担起这个重任。反过来看，大学生的政治

① 余精华.高校“形势与政策”课实践教学模式探析[J].思想理论教育导刊,2009(3):97.

② 王宝林.形势与政策课“教学双主动模式”探索[J].河北工业大学学报(社会科学版),2012(4):77-81.

敏感性与辨别能力也就是在开放的形势与政策课主题实践教学中才逐渐培养出来的。

(二)形势与政策课实践教学的形式

目前来看，与思想政治理论课主干课程一样，形势与政策课实践教学也分为课内实践与课外实践两种形式，只不过形势与政策课的实践教学与其他思想政治理论课也有差异。

从课内实践来看，除了分组讨论与辩论等形式之外，形势与政策课还有一些特有的实践形式，包括撰写随堂小论文、观看专题影像资料、时政知识竞赛、时政辅导报告等。例如，撰写随堂小论文，形势与政策课的专题教学模式决定了其可行性与针对性。其他思想政治理论课虽然也有做专题教学的例子，也在专题教学中设置思考题引发学生思考和讨论，但是选择撰写随堂论文课内实践形式的很少见，这或许和课程的考核习惯、较强的专业理论性有些关联。形势与政策课所讲授的专题虽然涉及诸多学科，知识面很广，但都是社会热点，并不苛求学生做专业的深入的理论分析。从学生方面看，面对时政热点，学生对每个形势与政策的专题都有一定的认知，都有相当的发表评论的能力，因而撰写300~500的随堂小论文难度并不大，这是调动学生学习思考积极性的重要实践形式，也可以作为课堂考核的一部分。例如，时政知识竞赛，每个学期可以设置一次全校范围内的时政知识竞赛。首先在授课教师的指导下，在授课合班里由各班学生自主组织初选，选拔出来的参赛选手在合班里进行复赛，最后选出一到两名选手参加全校决赛。学校层面由思想政治理论课教学单位牵头、其他职能部门通力协作，共同选择比赛场地、组织宣传方式、专家评委、奖励奖品等。时政知识竞赛可以充分调动学生学习形势与政策课的积极性。再如，时政辅导报告，邀请企事业单位领导人、劳动模范、道德模范等先进人物到校做集中报告，他们在社会主义建设事业中有突出的贡献，通过讲事迹、讲经验、讲现实、分享体悟，让学生切实感受到党和政府政策的科学性。

课外实践主要是实践基地参观考察，进企业、农村和社区开展实地考察，纳入思想政治理论课暑期社会实践体系的社会调查或者形势与政策课专门的社会调研活动等。课外实践基地需要社会力量的大力支持。例如，参观新农村建设示范点实践教学基地，以小岗村为例，带领学生参观小岗村实践教学基地，通过实地考察，参观大包干纪念馆等，结合新农村建设专题、党的十九大专题进行现场教学，讲授党和政府的农村政策，让大学生充分认识到40多年改革开放政策给农村带来的巨大变化。以先进企业为实践基地，则可以通过实地参观考察，结合经济发展新常态专题、供给侧结构性改革专题等相关教学内容，加深学生对我国宏观经济政策的理解。再如，社会调查实践，以大学生暑期思想政治理论课社会实践为例，可结合形势与政策课相关教学内容，设置暑期社会实践调查选题，在教师的指导下，学生深入工矿企业、农村、社区、高校等，通过问卷调查、访谈、实地考察等方式进行调查研究。一方面，学生通过实践活动获得关于现实社会的感性认识，在充分理解课堂教学内容的基础上，深刻领会党和国家以及地方政府在推动经济社会发展、保障民生、保护生态环境等方面各项政策措施的科学性；另一方面，大学生自己动手操作进行社会调查，不仅掌握了获取准确信息的科学方法，也培养了分析问题、解决问题的能力，同时也实现了课堂授课内容与社会现实的紧密结合。

(三)形势与政策课实践教学的要求

1.以课堂讲授为主、课内实践为辅

主干思想政治理论课程授课程序一般是先讲思想政治理论，然后在教师指导下进行课内实践，通过充分讨论加深学生对理论内容的理解与内化。课内实践是为了帮助学生理解理论内容，而只要做好理论引导，学生在特定实践情境中获得的实践结论基本是唯一的或可以预期的。形势与政策课虽然也是思想政治理论课程的一部分，但是理论性不如四门主干课程那么强，授课过程中也不需要讲系统的理论知识。在课堂教学中，教师讲授的重点也不是

艰深的理论内容，而是党的基本路线、方针、政策和治国理政经验，当前国际国内形势、发展趋势，以帮助学生认清国内外形势，引导学生全面而准确地理解和把握党在特定形势之下制定的路线、方针、政策。当代大学生尤其是地方高校的大学生，普遍缺乏深厚的理论素养，即使经过主干思想政治理论课程的训练，在没有引导的情况下，看问题也很难做到正确、全面而深刻。因此，在形势与政策课堂上要以教师讲授为主，可以在分支问题上设置讨论环节，通过讨论对主要结论做出补充。

2. 课外实践要与课堂教学相匹配

形势与政策课课堂教学内容一般是按照教育部定期下发的教育教学要点而组织的，一般都是具有重大经济或政治影响的社会关注度较高的热点事件。课外实践教学必须与课堂教学内容相匹配才能形成教育合力，取得预期的教学效果。如果课堂教学讲一套，课外实践让学生接触的是完全不相干的另一套内容，那么学生自然不会认识到课堂学习的重要性，甚至会对课堂教学内容产生怀疑，也会采取应付了事的态度对待课外实践教学。要想课外实践匹配课堂教学，就要在课外实践选题上多做思考。比如，在2016年上半年的形势与政策课课堂教学中，针对“全面建成小康社会决胜阶段的行动纲领——党的十八届五中全会精神解读”专题，可以设置课外实践选题“在校大学生对‘五大发展理念’的认知调查”；也可以引导学生就“五大发展理念”的一个方面展开调研，比如就“绿色”发展理念深入企业调研，回到家乡结合生态农业建设开展实地考察等；还可以纳入思想政治理论课暑期实践范围，让学生在暑假期间做一些有关家乡经济社会变化的调研，加深对全面建成小康社会的现实理解等。

3. 课外实践要体系化，与其他社会实践活动形成协同效应

中共中央宣传部、教育部联合发布的《关于进一步加强高等学校学生形势与政策教育的通知》指出：“要把形势与政策教育与‘三下乡’、‘青年志愿

者'等活动结合起来，使学生在社会实践中接受教育。"①宣传党的理论，引导学生正确认识国内国际形势，坚定中国特色社会主义信念，培养社会主义建设者和接班人也是校党团系统、思想政治理论课主干课程的重大责任和历史使命。形势与政策课拥有与其他课外实践教学融合在一起的现实基础，形势与政策课在现实中也很难依靠本课程资源单独开展课外实践教学。一方面，这需要大量的经费投入；另一方面，需要授课教师投入大量的时间和精力，而形势与政策课大多是兼职教师授课，因而也很难有实现的时间和精力保证。除了专门的实践教学基地之外，形势与政策课课外实践教学理论上可以纳入思想政治理论课课外实践系统。现实中，形势与政策课的课外实践教学也基本上不是独立的。此外，形势与政策课课外实践教学还要与党团系统组织的暑期"三下乡""四进社区""青年志愿者"等社会实践活动联合起来，构建立体的大学生社会实践体系，形成实践教学的协同效应。

总体而言，实践教学能够有效促进理论与实际相结合，是思想政治理论课不可或缺的教学形式。目前，地方高校思想政治理论课基本都采取了理论教学与实践教学相结合的教学模式。思想政治理论课实践教学分为课内实践与课外实践两大类。课外实践尤其是校外实践形式多样，与现实生活零距离，能够让学生最大限度地自主学习，对于培养学生理论运用能力，增强学生社会责任感、使命感有着巨大的优势，但也存在针对性不足，经费限制，指导有限，理实脱节等问题。课内实践教学成本低，有良好的师生互动，理论与实践结合紧密，可与网络教学优势互补，但由于地方高校领导层与部分教师重视不够，教学规范和研究力度不足等原因，也存在很多问题。构建网络加课内实践的思想政治理论课教学模式，完善思想政治理论课课内实践的体制机制，建立实践教学经验共享机制，是当前思想政治理论课教学改革的应然努力方向。形势与政策课作为思想政治理论课的一部分，没有独立于思想政

① 中共中央宣传部，教育部．关于进一步加强高等学校学生形势与政策教育的通知：教社政〔2004〕13 号［EB/OL］．(2005-07-08)［2021-08-30］．http://www.moe.gov.cn/s78/A13/sks_left/s6387/moe_772/tnull_9309.html.

治理论课之外的实践教学形式。形势与政策课的实践教学要求较高的教师主导性、内容的时代性、主题的开放性，但是从现实来看，其课外实践形式基本与思想政治理论课其他课程相一致。形势与政策课的课内实践也有独具特色的形式，如时政知识竞赛、时政辅导报告等。总体而言，形势与政策课实践教学要以课堂讲授为主、以课内实践为辅；课外实践要与课堂教学相匹配；课外实践要体系化，与其他社会实践活动形成协同效应。

第五章　地方高校形势与政策课教学队伍的建设

如何提高思想政治理论课教学魅力与育人效果，是高校思想政治理论课教学改革与发展长期面临的重大现实问题。教学队伍的建设与培育是落实先进的教育理念、构建科学的课程知识体系、设计有效的培养方法和手段的关键，是实现创新人才培养目标的基础，教学团队水平的高低决定了创新人才培养质量的高低。但我国的高等教育面临着一个重要的问题，就是重视科研团队建设，轻视教学团队建设。而课堂教学始终是思想政治理论课教学的主阵地、主渠道，师资队伍建设是提高学校教学、科研水平和人才培养质量的基本保证。近期教育部办公厅要求高校思想政治理论课教师队伍建设突出顶层设计，突出精准施策，突出教学质量，突出协同推进。因此，建设一支适应现代高等教育发展需要的，高水平、高素质的思想政治理论课教师队伍是地方高校落实上级要求和加强大学生思想政治教育工作的重中之重。

第一节　教学团队的有机配置

一、地方高校形势与政策课教师队伍建设现状及存在的问题

2013年，习近平在十八届中共中央政治局第九次集体学习时强调：“人才

资源是第一资源，也是创新活动中最为活跃、最为积极的因素。”[①]在庆祝中国共产党成立95周年大会上的讲话中，他强调：“功以才成，业由才广。”[②]党和人民事业要不断发展，就要把各方面人才更好使用起来。形势与政策课的改革与发展首先要抓好教师队伍的建设，在高校思想政治教育中，形势与政策课以其时效性、综合性起到重要的作用，凸显该课程的特点重点在于教师。在以学生为主导的教学理念下，教师依然是教学活动中最重要的中心，因此，若要提高形势与政策课的教学效果，必然要加强形势与政策课教学专任教师队伍的建设。

以安徽省为例，近年来安徽地方高校采取有力措施，在加强和改进形势与政策课教师队伍建设方面取得了显著的成绩。形势与政策课教学内容近些年逐渐走向科学化和规范化，但是人才队伍的建设还不够合理，师资建设和学科队伍的水平等方面还面临许多挑战。形势与政策课的师资队伍建设与学科建设要求、学生期待之间还存在一定的差距。形势与政策课在高校思想政治理论课的教学体系中被边缘化、冷门化、轻视化的趋势仍然存在，对学科的不了解和不重视，导致课程建设滞后，教师队伍的凝聚力不强，队伍稳定性和科研水平等方面都有待提高。要解决这些问题，关键是教师队伍的合理配置和科学培养。

(一)教师队伍建设现状

现阶段地方高校的形势与政策课教师队伍的组成有几种情况：一是由专职教师承担，二是由专兼职教师共同承担，三是由兼职教师承担。其中第二种情况，即专兼职教师共同承担的情况最为普遍。据对部分安徽地方高校的调查，形势与政策课的任课教师中，兼职为40%左右，青年教师占60%以上，讲师和助教占50%以上。从这个比例可以看出，形势与政策课教师队伍呈现

① 习近平.习近平关于社会主义经济建设论述摘编[M].北京：中央文献出版社，2017:129.

② 习近平.在庆祝中国共产党成立95周年大会上的讲话[M].北京：人民出版社，2016:19.

以青年教师为主局面，职称普遍偏低。形势与政策课教师多是由其他思想政治理论课专职教师、辅导员和党政机关行政人员组成。就结构而言，形势与政策课教师队伍的结构不够合理，主要表现在以下几个方面。

第一，形势与政策课教师队伍年龄偏低，职称结构不是十分合理。一些高校思想政治理论课教师中40岁以下的讲师占总数的50%以上，而形势与政策课教师队伍的年轻化程度更是大大超过其他思想政治理论课教师的比例，教授可谓凤毛麟角。教师队伍年龄偏低、职称结构不合理，就难以形成“以老带新”的良性教学科研团队，造成教学和学术研究上的“断层”。

第二，就知识结构而言，部分形势与政策课教师知识面较窄，知识结构比较单一。教师知识结构的单一，主要是由于单一的学科知识背景造成的。单一的学科知识背景，使得他们更新知识的意识不强，不能够追踪学科发展前沿，也不能够自觉地去拓展知识面，实现学科的交叉和融合。而形势与政策课是一门综合性很强的课程，涉及哲学、政治学、经济学、社会学以及自然科学等诸多方面的知识。如果知识面太窄、知识结构过于单一，是不可能把这门课讲好的。一部分教师也存在讲课的艺术性和生动性不强，教学手段和教学方法陈旧的情况，课堂气氛比较沉闷，学生学习的效果不佳。此外，一些教师自身对形势与政策课的意义认识不足、教研活动开展较少以及缺乏必要的培训，也导致该课程师资队伍建设落后。现阶段要按中央对思想政治理论课的要求和教育部的相关规定开满、上好形势与政策课，师资队伍的建设迫在眉睫。

第三，从待遇激励效果来看，由于得不到应有的重视、课时经费不足，部分形势与政策课教师缺乏进取心。教学成果得不到认可和职称评定不够公平等，导致形势与政策课教师产生自卑心理，对自己的本职工作缺乏应有的兴趣和激情，极大地影响了他们的进取心。

（二）教师队伍建设存在的问题

当前，地方高校形势与政策课教师队伍建设存在的问题比较多，各个地方高校这方面的问题也不完全一样，但通过调研交流，我们发现了许多同质性的问题。

第一，部分地方院校对形势与政策课教师队伍建设重视不够。

形势与政策课是对大学生进行形势与政策教育的主渠道、主阵地，在大学生思想政治教育工作中担负着重要使命，具有不可替代的作用。加强大学生形势与政策教育，主要包括师资队伍建设、教学课程建设和教育教学管理建设等，其中最关键的是师资队伍建设。师资队伍建设不仅为形势与政策课提供组织保证，而且奠定了形势与政策教育全部工作的根本和基础。但是从目前地方高校的情况来看，多数院校将其人才培养目标定位于高素质专业应用型人才，因而普遍重视专业课建设、重视专业课教师队伍建设、重视学生专业知识和应用技能的学习与训练。与此同时，不可避免地造成忽视包括形势与政策课在内的公共基础课建设、忽视形势与政策课教师队伍建设、忽视学生思想政治素质的培养，这就造成了形势与政策课的边缘化和教师队伍建设的不利局面。

形势与政策课肩负着重要的教学任务：进行党的基本理论、基本路线、基本纲领和基本经验教育；进行改革开放和中国特色社会主义建设的形势、任务和发展成就的教育；进行党和国家重大方针、重大活动和重大改革措施的教育；进行当前国际形势与国际关系状况、发展趋势和我国的对外政策、世界重大事件以及我国原则立场教育；进行马克思主义形势观、政策观教育等。通过形势与政策教育，引导学生树立正确的政治立场，理清对国际国内重大问题认识的思路，促使学生解放思想、大胆探索，培养政治上坚定合格的大学生；通过形势与政策教育，让学生认清当前形势和肩负的使命，培养马克思主义的形势观和政策观，形成独立的形势与政策分析及判断能力，坚定社会主义信念，激发学生投入改革开放和社会主义现代化建设事业的热情；通过形势与政策教育，向学生传授大量的人文社会科学知识，培养学生分析问题和处理复杂事务的能力，实现知识、能力、信念三维素质的完美结合。因此，形势与政策教育为大学生提供掌握科学分析国内外形势和党的路线、方针和政策的方式方法，为今后独立走向社会把握好形势与政策发展的趋势打下良好的基础。早在2004年教育部就联合中宣部下发了《关于进一步加强高等学校学生形势与政策教育的通知》，指出：“形势与政策课是高校思想政治理论课的重要组成部分，是对学生进行形势与政策教育的主渠道、主阵地，是每个学生的必修课程，在大学生思想政治教育中担负着重要使命，具有不可替代的重要作用。”但从地方高校近些年整体的教学实践和教学效果来看，形势与政策课的开展并不十分理想，师资建设明显滞后。概括地说，部分高校对形势与政策课教师队伍建设重视不够的具体表现主要如下。一是对形势与政策课教师队伍建设的重要性重视不够，未能从培养中国特色社会主义合格建设者和可靠接班人的高度来看待形势与政策课教师队伍建设，缺乏对形势与政策课教师队伍建设中若干重大问题的探讨，很少有专题研究形势与政策课教师队伍建设工作，没有很好地把握形势与政策课教师队伍建设的特点和规律，缺乏甚至没有这方面建设的近期目标和长远规划。二是对形势与政策课教师的教学工作重视不够，往往是在研究其他思想政治理论课教学工作时顺便提到形势与政策课教学。按一般的教学管理来对待形势与政策课教学，停留于一般性的教学检查、课堂听课，对党和国家关于形势与政策课教学的有关文件精神的贯彻不够到位，较少与思想政治理论课教师就教学改革、课程建设等问题进行深入探讨，缺乏对思想政治理论课教师如何搞好教学工作、提高教学水平的具体指导。有的高校削减形势与政策课的课时，没有设置形势与政策课教研室，形势与政策课专职教师长期配备不足，形势与政策课教师承担的教学任务量过重。三是对形势与政策课教师教学工作的政策保障重视不够，对形势与政策课教师的教学改革和课程建设投入较少，对形势与政策课开展实践教学所需的经费和条件保障不力，给形势与政策课教师提供的进修培训和参加社会实践的机会不多，缺少晋升渠道和人文关怀。

建设高水平的形势与政策课专职教师队伍，既符合习近平总书记在全国高校思想政治工作会议上的讲话要求，也满足中国“一带一路”倡议下国际交往的现实需求，更是培育社会主义核心价值观的需要。“高校思想政治工作关系高校培养什么样的人、如何培养人以及为谁培养人这个根本问题。”[①]习近平总书记这个论断对形势与政策课教师来说具有重要的指导意义，“一带一路”倡议下我们的交往格局更加开阔，这需要我们在认识世界和中国发展大势的过程中，将中国的发展置于更宽广的国际视野和纵深的历史视角中。这也要求高校无论在教学还是科研方面，都要主动引导学生全面、正确、深入了解世界与中国的发展大势，准确地认识中国在世界舞台上所扮演的重要角色和不断上升的国际地位，为发展中国、面向世界打好知识基础、人才基础。社会主义核心价值观是我们这个时代的行为指南，它提出了在建设中国特色社会主义过程中全体中国人民对于国家、社会和个人的基本诉求。要对大学生进行社会主义核心价值观教育，就要紧紧围绕社会主义核心价值观的基本内容，在其他几门思想政治理论课的基础上充分运用形势与政策课堂，通过最新的政策和案例解读，让学生理解社会主义核心价值观。形势与政策课可以最大程度地营造浓厚校园舆论氛围，使社会主义核心价值观为大学生所感知、所认同、所接受。这就要求形势与政策课教师深入研究大学生思想活动独立性、选择性、多变性、差异性的特点，深入研究社会变革和利益关系调整给大学生思想观念带来的影响和他们的价值追求，深入研究形势与政策课程内容中有利于社会主义核心价值观建设的积极要素，推动社会主义核心价值观进教材、进课堂、进头脑，最后融入大学生的学习、成长过程中。

高校作为高级专门人才的培养基地，不能仅仅限于让学生学习以知识和技术为主的纯科学的东西，那样只会让学生形成形势与政策课“纯工具”意识和“职业至上论”意识，导致他们只在实用主义、功利主义的层面上去判断事物，思考问题，而忽视从人生的意义、生存的价值等根本问题上去认识和改变自己。任何专门人才，无论他所从事的工作是物质的还是精神的，最终都会体现为其社会价值。因此，专门人才必须是具有正确的价值判断能力的人。高校要注意把科学知识和人文知识进行整合，不仅传播科学知识，还

① 习近平在全国高校思想政治工作会议上强调：把思想政治工作贯穿教育教学全过程开创我国高等教育事业发展新局面[N].人民日报,2016-12-09(01).

要讲授人文知识，使培养的人才达到人文精神与科学精神的高度统一。只有这样，才能使掌握了一定科学技术的专门人才，在发展科学、创新技术的过程中，正确处理人与人、人与社会、人与自然的关系。而形势与政策课既涵盖政治、经济、外交，又涉及科技、文化、教育、历史等，对于培养学生的人文精神和正确的价值观具有重大意义。所以，建设高水平的形势与政策课教师队伍，是很有必要的。各高校一定要坚持把培养造就社会主义事业建设者和接班人作为根本任务，全面贯彻党的教育方针，着眼于树立和巩固马克思主义的形势观、政策观，着眼于提高学生的思想政治素质，着眼于促进大学生的全面发展和健康成长，着眼于激励大学生积极投身于改革开放和社会主义现代化建设伟大事业，坚定不移地走中国特色社会主义道路。只有这样，才能充分认识形势与政策课在大学生思想政治教育中的重要地位，积极主动地建设高水平的形势与政策课专兼职教师队伍。认清当前高校形势与政策课教师队伍建设中的问题，积极建设高水平的专兼职教师队伍，是形势与政策课教学贯彻习近平总书记对高校思想政治工作建设要求的有效途径。

第二，形势与政策课教师队伍的教学能力和水平有待进一步提高。

总体来说，地方高校思想政治理论课教师教学能力、教学素质近些年来有较大程度的提升，是能够适应思想政治理论课教学需要的。然而，这支队伍还比较年轻，还缺乏教学实践的锻炼，教学经验还不够丰富，一些教师的教学水平还不尽如人意，主要表现在以下几个方面。

其一，有的地方高校形势与政策课教师的马克思主义理论基础比较薄弱。当前，我国面临着很多新问题和新现象，学生在成长过程中也有很多对国际国内形势和相关政策方针的思想困惑和疑问。这就要求形势与政策课教师要有强烈的使命感和责任感，在形势与政策课教学中，能结合实际很好地运用科学的理论来分析和说明这些问题、现象。然而，有的形势与政策课教师由于自身学科知识背景单一，教学自信不足，加上对形势与政策的钻研也不够，在课堂上往往照本宣科，导致理论和实际脱节，未能从理论与实际的结合上、历史与现实的联系上为学生解疑释惑，对学生的思想引导乏力。

有的形势与政策课教师教学基本功不扎实，教学手段和教学方法单一，对教学重难点把握不准、突破不够，对党的理论创新和政策讲解不清晰、阐述不透彻，语言平淡、乏味，不够鲜活、生动、幽默，教学缺乏亲和力、吸引力。

其二，有些教师政治意识不强，师风师德有待进一步提高。少数形势与政策课教师政治信仰有所动摇，敬业精神不强。在师德问题上，部分教师为人师表的意识淡薄，不把全部精力投入教书育人之中，而是应付了事。这与形势与政策课教师所扮演的角色是极不相称的。

其三，有的地方高校形势与政策课教师对形势与政策课程理念的学习和把握不够，不能完全适应形势与政策课教学与培养的要求。一方面，有的教师在上形势与政策课时，没有将以学生为中心、“教学做一体化”等教育理念融入教学中，仍然是注重教师主导作用，忽视学生主体作用，注重系统理论讲授，忽视开展实践教学；另一方面，有的教师忽视理论教育与道德情感教育的关联性，忽视形势与政策和意识形态的相关度，没有结合实际来进行讲授，也没有情感价值的注入，教学方式枯燥而单一。

其四，有的地方高校形势与政策课教师知识面较狭窄，人文科学知识欠缺。形势与政策课是一门思想性、政治性、科学性、知识性较强的综合性课程，要上好这门课，既需要人文科学的深厚底蕴，又需要社会科学的丰富知识。因此，形势与政策课教师除了要有扎实的马克思主义理论功底，还必须有宽广的知识面。然而，有的高校形势与政策课教师知识储备不够充分，教学视野不够开阔，相关信息不够丰富。

其五，部分形势与政策课教师缺少学术钻研精神。当代大学生获取信息的渠道不断便捷化、多样化，这使得高校思想政治理论课的课堂教学难度增大，高校思想政治理论课教师经受的考验也不小。相对于其他思想政治理论课教师来说，形势与政策课教师的教学水平总体上差距不大。但是，在科研方面，情况有所不同。由于种种原因，形势与政策课教师的科研能力相对较弱，主要表现在以下几个方面。一是形势与政策课的科研氛围不够浓厚。对形势与政策的科研内容、科研成果，学术界至今仍存在不同看法，有些人甚至仍然认为形势与政策课只要把教学搞好就行了，不应当对教师提出科研方面的要求。二是一些形势与政策课教师自身科研意识比较淡薄，缺乏从事科研的基础和经验，而学校在这方面又引导、培训不够。一些教师的教学任务繁重，从事科研的时间不多、精力不足。三是形势与政策课教师科研交流的机会相对其他思想政治课程少些、条件差些。客观上讲，形势与政策课教师要在本课程范围内申报课题并不容易。形势与政策课教师成果的发表或出版比较困难。四是形势与政策课教师更多的是在凭个人的学术爱好或兴趣做科研，大多是单打独斗的形式，没有凝练科研方向，也没有形成科研团队，真正高水平的科研成果并不多。部分地方高校因为自身办学特点否认形势与政策课教师有从事科研的必要，或者不对形势与政策课教师在科研上提出一定的要求，同样是缺乏对该学科的正确认识和理解。

第三，教师队伍管理制度、考核和激励机制不完善。

在形势与政策课教师队伍建设中，有没有一个好的管理制度、考核和激励机制至关重要。管理完善、考核科学、激励健全，就能够最大限度地调动、保护教师的积极性、主动性、创造性；激励机制、考核机制缺失或不合理，就会影响、挫伤教师的积极性、主动性、创造性。而教师的积极性、主动性、创造性如何，又直接影响着课程的发展程度、课程的建设水平、人才的培养质量。然而，部分地方高校形势与政策课教师的激励机制、考核机制都不健全，主要表现在：没有建立针对形势与政策课教师的激励机制，也没有建立优化形势与政策课教师队伍的有效机制，仅仅满足于“课有人上”或“人在上课”，至于课上得怎样，上得好该怎样、上得不好又该怎样，教师队伍如何优化，则缺乏机制方面的约束和保证。这种情况尽管并不多见，但确实存在。这使得一些地方高校形势与政策课教师缺乏工作动力，教师队伍建设缺乏长远规划。

对形势与政策课教师的考核评价不够科学，存在“一手硬、一手软”的倾向。一方面，对形势与政策课教师的业务水平考核评价较“硬”，建立了一套较完善的考核评价机制，对形势与政策课教师的考核评价也主要偏重于对其业务素质的考核评价。另一方面，对形势与政策课教师的师德师风考核评价较“软”，忽视对教师思想政治素质、职业道德素质等师德师风方面的考核评价，缺乏对教师师德师风的培养和提升。这使得一些教师把较多的时间和精力放在提高自己的学历学位上，而对改进课堂教学、提高教学质量、做好教书育人、增强综合素质等方面投入不够。形势与政策课的教学与科研激励机制不够健全，还表现在课程教学观摩交流、学术交流、合作攻关、科研经费、课题经费等相关政策方面支持力度不大。

二、形势与政策课教师的特殊素养要求

形势与政策教育是“跨界教育”，既有思想政治教育的属性，又有人文素质通识教育的特征；既要给学生传授必要的知识，又要培养学生形势把握和政策分析的技能；既要对学生进行思想、政治、经济、外交、文化和政策等方面的教育，又要引导学生培育道德情感、坚定政治立场。它把道德教育、人文教育和科学教育等有机地融为一体，强调把教育的着眼点放在人的综合素质的全面提高上。形势与政策课紧跟社会现实和学生思想实际，既对当前形势与政策以及重大事件进行理论阐述，又针对学生思想存在的实际问题及关注的时事热点进行指导，帮助学生正确分析国家面临的政治、经济形势和国际形势，以及现实社会中存在的各种问题，增强学生辨别是非的能力。这一切，对教师的知识教学水平有着较高的要求。只有建设一支政治素质高、业务素质好、敬业精神强、人格魅力大的高水平形势与政策课教师队伍，才能真正提高该门课程的教育教学质量。从一定意义上也许可以说，做一个好的思想政治理论课教师不容易，做一个好的形势与政策课教师更不容易。形势与政策课的性质和特点决定了形势与政策课教师既要具备一定的马克思主义理论修养，对国际国内形势有一定的研究，又能把握当代大学生的思想脉搏。教学水平的提高不是自然而然的过程，也不完全是个人的事，需要有组

织、有计划、有步骤地推进，主要应从政治素质和业务素质打造，加强形势与政策课教师队伍的遴选、考核和培养工作方面进行。

(一)形势与政策课教师必须具备较强的政治素质

2005年，中共中央宣传部、教育部《关于进一步加强和改进高等学校思想政治理论课的意见》对高校思想政治理论课教师的角色定位为：高等学校思想政治理论课教师是马克思主义理论和党的路线、方针、政策的宣讲者，社会主义意识形态和精神文明的传播者，要不断提高马克思主义理论素养、提高科研能力和教学水平，做坚定的马克思主义者，做教书育人的表率，做大学生健康成长的指导者和引路人。要坚持正确的政治方向，加强思想道德修养，增强社会责任感，不断完善知识结构，提高教育教学能力。在事关政治原则、政治立场和政治方向的问题上不能与党中央保持一致的，不得从事高等学校思想政治理论课教育教学工作。2008年，中共中央宣传部、教育部《关于进一步加强高等学校思想政治理论课教师队伍建设的意见》对高等学校思想政治理论课教师的素质做出了更严格的要求：“实行教师任职资格准入制度。思想政治理论课教师必须坚持正确的政治方向，热爱马克思主义理论教育事业，具有良好的思想品德，有扎实的马克思主义理论基础和相应的教学水平、科研能力。新任教师原则上应是中国共产党党员，具备相关专业硕士以上学位，工作期间应兼职从事班主任或辅导员工作。在事关政治原则、政治立场和政治方向问题上不能与党中央保持一致的，不得从事思想政治理论课教学。”

作为大学生健康成长的指导者和引路人，党和国家对高校思想政治理论课教师这支队伍的素质提出了严格的要求。形势与政策课的教学内容既包括党和国家的方针、政策，也包括国内外形势和问题。当前，我国社会处于转型期，世界格局多样化趋势日益明显，各种新情况、新问题层出不穷。党和国家的方针、政策，在大的方向上具有稳定性和连续性，但一些具体的方针、政策则要根据各种新情况、新问题做出相应的调整与变动。这就要求形势与政策课的任课教师能适应不断变化的教学内容、具备过硬的政治素质。形势与政策课的重要任务之一就是向学生宣传党和国家的方针、政策，并内化为学生的自觉行动。这就要求教师自己首先是一个坚定信仰马克思主义，坚决拥护党和国家的路线、方针和政策的人，无论何时何地，都不因任何困难挫折而放弃自己的立场和信仰，这样才能以自己的人格魅力引导学生增强“四个意识”、坚定“四个自信”。形势与政策课教师必须具有较强的鉴别力和政治敏锐性，能在复杂多变的形势中从政治的高度观察、分析问题，保持政治上的清醒和坚定，深刻领会和认真贯彻党的基本理论、基本精神，明确在重大政治问题上应该坚持什么、反对什么，始终如一地与党中央保持一致，只有这样才能将学生培养成担当民族复兴大任的时代新人。

（二）形势与政策课教师必须具备多学科知识结构

形势与政策课所涉及的学科领域很多，既包括政治、经济、社会、历史、外交，又包括科技、教育、文化等。这就要求任课教师对各领域出现的问题都能讲得清、说得透，这是该课程对教师的一个特殊要求。形势与政策课教师要注意自我提升，要自强不息、不断进取，努力学习、掌握与课程、与教学、与学生相关的理论知识，包括现代教育理念和大学生教育心理理念的更新；逐步掌握、夯实作为一名教师所应当具备的教学基本功，包括如何钻研教材、如何备课、如何撰写教案、如何使用案例、如何讲课、如何板书、如何制作PPT、如何与学生沟通、如何组织学生开展课堂讨论、如何处置突发事件等。现在高校的形势与政策课教师大多具有硕士及以上学位，在基本理论、基本知识方面总体基础不错，但他们中有些人没有接受过正规的师范教育，工作后也没有系统的助教经历，因此，教学基本功有待提高，这一课必须抓紧补上。形势与政策课就是要进一步强化学生用社会主义意识形态、社会主义先进文化、社会主义核心价值观武装头脑，引导学生树立正确的政治立场，形成科学的形势分析和政策解读能力。在形势与政策课教学中充分体现马克思主义中国化的最新理论成果，发挥理论联系实际的优良学风，紧紧围绕大学生普遍关心以及改革开放和社会主义现代化建设中的重大问题教育和引导学生，是形势与政策课教师的重要任务。形势与政策课教师必须吸取马克思主义理论之外的各学科知识，及时了解政治、经济和自然科学的最新发展动态，提高对政策的敏感性，不断更新、完善和优化自己的知识结构。形势与政策课的交叉性特点需要任课教师拥有专业而渊博的知识，对教学所涉及的哲学、政治学、经济学、社会学、历史学、法学、国际关系学等学科都有一定程度的学习和研究，有丰富的社会实践经验，能够理解并深入领会党和政府的思想路线以及各项方针政策。同时任课老师要能够在课堂内外和学生进行广泛的交流，用马克思主义的立场、观点和方法，及时地帮助学生认识问题、分析问题、解决问题。教师只有具备这样的素质，才能激发学生的听课热情，才能上好形势与政策课，达到开设形势与政策课的目的。

(三)形势与政策课教师必须具备高度的敏感性

所谓时效性，是指为保证教学效果的时间性要求。在形势与政策课教学中，教师只有及时地利用新近发生的时政事件对学生进行有关教育，才能产生理想的效果。形势与政策课的这一特点，要求任课教师能在一个重要的教学内容出现后，迅速做出反应，及时开展教育教学工作。如讲授党的十九大精神，如果能在十九大召开期间进行相关教学，效果就较好。国内外形势的发展变化非常快，具有动态性和时效性的特点。这就要求任课老师有对形势发展变化的敏感性和及时把握、正确分析的能力。形势与政策课教学强调要“坚持理论联系实际”，“教学内容贴近实际、贴近生活、贴近学生”。但长期以来，高校思想政治理论课教师包括形势与政策课教师，缺乏社会实践，存在理论教学与社会实际相脱节的现象。特别是青年教师，很多是从学习理论的学生直接成为教授理论的教师的，缺少把理论与实际相结合的能力，高校要组织并鼓励青年教师积极参加形式多样的社会实践，使其从实践活动中更深刻地认识形势与政策课教学和研究的目的、意义，并转化为自觉的行动，努力充实自己，提高教学水平和科研水平。

同时要看到，尽管国内外形势发展变化快，但是我们党和国家的重大方针政策在一个时期是基本稳定的，有变动也是“微调”；国际上的一些热点问题发生的历史背景和时代背景在一定时期内也是固定不变的，变化的只是解决这些热点问题的方式和方法。这又是形势与政策课的变与不变的辩证性特点。按照要求，形势与政策课要贯穿大学生在校学习过程的始终，就是说这门课在大学里要给每一级的学生开设四年。这就要求担任形势与政策课教学任务的老师对课程有宏观把握的能力，对教学有长远的计划，既要看到这门课的动态性和时效性，也要看到其中一些内容的稳定性，合理地安排教学内容，从而避免相同的年级在不同的学期由不同的老师（或专职或兼职）上课所造成的要么毫无逻辑、要么内容重复的局面。同时，形势与政策课教材编写带有不可避免的滞后性的特点，要求教师在教材内容选择和教学安排上更加机动灵活，对时事政治和热点问题具有较高的敏感性。尽管安徽农业大学和安徽师范大学等地方高校在形势与政策课教材编写中已经着力体现动态性和时效性，但是任课教师在参照教材系统讲授课程内容的同时，也必须经常从《人民日报》《半月谈》等报刊上获取最新的政策解读和案例材料，丰富上课内容，以满足这门课的理论性、知识性、政治性和时效性的多重要求。

三、教学团队有机配置的思路和途径

建立一支有着过硬的政治素质、全面的知识体系、扎实的教学基本功底、结构合理高素质的教师队伍是现今加强形势与政策课程建设的关键。当前，形势与政策课中较为突出的矛盾在于此课程的高要求与教师队伍素质相对较低之间的矛盾。形势与政策课要求任课教师政治上有共产主义信念与坚定的无产阶级立场；业务上有较为深厚的马克思列宁主义、毛泽东思想、邓小平理论、“三个代表”重要思想、科学发展观和习近平新时代中国特色社会主义思想的理论研究基础，有着较为广阔的知识面与较强的创新意识；能力上对新事物有较强的观察分析能力与口头表达能力。此外，还要有无私奉献的精

神。可是，就目前情况而言，从事形势与政策课教学的教师多为兼职人员，很难有充足的时间与精力去搜集资料、编写讲稿，更谈不上对当前形势与政策有深入的研究。再加上，部分教师理论水平有限，专业基础不牢，在教学过程中常常感到力不从心。因此，提高任课教师的综合素养就显得尤为重要了。

高校形势与政策课教学队伍是一个比较特殊的群体，其职责不仅仅是传道、授业、解惑，更重要的是形势与政策的宣讲者、传播者，在整个社会大背景下，着眼于培养学生正确的世界观、人生观和价值观。这就要求高校形势与政策课教学队伍从“教书匠”的角色中摆脱出来。要把目前高校形势与政策课开设情况不理想完全归责于任课教师肯定是不客观的，教育主管部门、高校相关管理者都有责任。如何使形势与政策课真正成为宣传党和国家路线、方针、政策的阵地，传播社会主义意识形态、社会主义精神文明和社会主义核心价值观的有效形式，成为学生了解国际、国内形势的窗口，联系学生学校学习和社会发展的桥梁，需要就如何加强高校形势与政策课教学队伍选拔、配置和培养进行一些探索和思考。

(一)形势与政策课教师的选拔机制

高校应建立和健全形势与政策课教学队伍选拔准入制度，使承担该门课教学任务的相关人员具备相应条件和资格。形势与政策课特殊的教学内容和教学目标需要教师具备特殊的素质。

首先，高校要评价形势与政策课教师是否具备过硬的政治素质，是不是党和国家路线、方针、政策的坚定拥护者，是不是信仰坚定的马克思主义者。毛泽东曾指出:“在政治上要有一个正确的方向，但是光有这个正确的政治方向是不够的，过了三年五年，就把它丢了，那还不是枉然？所以，有了正确的政治方向后，还要坚定，就是说，要有‘坚定正确的政治方向’。这个方向是不可动摇的，要有‘富贵不能淫，贫贱不能移，威武不能屈’的骨气来坚持这个方向。”[①]形势与政策课的重要任务之一就是向大学生宣传党和国家路线、方针、政策，并内化为学生的自觉行动。这就要求教师自己首先是一个信仰坚定的马克思主义者，党和国家路线、方针、政策的忠实拥护者，无论何时何地，不因任何困难挫折而放弃自己的立场和信仰，这样才能以自己的人格魅力引导学生信仰马克思主义。列宁也曾说过，文化任务的完成需要“发扬坚忍不拔、不屈不挠、始终如一的精神。没有这些品质，甚至无法着手做政治教育工作”[②]。信仰坚定的形势与政策课教师必须具有较强的政治鉴别力和政治敏锐性，能在复杂多变的形势中，从政治的高度观察、分析问题，保持政治上的清醒和坚定，深刻领会和认真贯彻党的基本理论、基本精神，明确在重大政治问题上应该坚持什么、反对什么，始终如一地与党中央保持一致，唯有如此，才能正确引导学生认识新时代国内外形势。否则，就可能在不经意间用错误的观点误导学生。信仰坚定的形势与政策课教师必须坚定地维护党和人民的利益，信仰坚定的形势与政策课教师还必须具有实事求是的精神，敢于讲真话，不唯书、不唯上。只有这样，才能赢得学生的信赖。反之，讲大话、假话、空话，或在大是大非面前政治立场模糊，甚至言论前后矛盾、摇摆不定，就会失去学生的信任，还会造成学生思想的混乱。我国著名教育家陶行知说：“你不可以为着饭碗、为着美人、为着生命，而把‘真理’监禁起来或者把它枪毙掉。教师只能说真话。说假话便是骗子，怎么能做教师呢?”[③]

形势与政策课教师必须坚定不移地信仰马克思主义。一个没有坚定信仰的形势与政策课教师，只能是一个不能把握正确政治方向的教师，一个不能得到学生信赖的教师，其教学毫无意义。目前有些高校把是不是共产党党员作为能否成为一名专职形势与政策课教师的必备条件，是准入制度建设的有益探索。

---

① 毛泽东.毛泽东文集:第二卷[M].北京:人民出版社,1993:191.

② 列宁.列宁选集:第四卷[M].北京:人民出版社,1995:591.

③ 方明.陶行知教育名篇[M].北京:教育科学出版社,2005:252.

其次，高校还应该建立业务素质评价指标。形势与政策课老师的一个重要任务就是及时地把我们党的最新理论成果、重要会议精神讲给学生，要把这些讲解清楚，没有较深厚的理论功底是不行。在现代社会，单一的知识结构使教师无法很好地完成形势与政策课的教学任务。因此，对一个优秀的高素质的形势与政策课教师来说，扎实的专业基础知识就是马克思主义理论基础知识，而渊博的知识面就是吸取马克思主义理论之外的各学科的精华，从而使形势与政策课真正起到帮助大学生树立科学的世界观、人生观和价值观，自觉地认同党和国家的路线、方针、政策的作用。

最后，教师的人格魅力也是制度建设中必不可少的。高尚的人格必然产生积极的、健康的感召力、带动力和影响力。形势与政策课教师除了要有事业心和责任感外，更重要的是要言行一致。身教印证言教，身教胜于言教，内在本质与外在表现的统一，是形势与政策课教师赢得大学生信任的前提。表里如一、言行一致可以使教师在大学生中产生较高的威望，这就是我们通常所说的“人格效应”。尤其在各种思想、价值观激烈碰撞的今天，不随波逐流、不趋炎附势，必然会使大学生对其产生敬重之情，对其阐释的理论心悦诚服。

总之，高校在选拔形势与政策课教师，尤其是专职教师时，要制定严格的标准，完善准入制度，为上好形势与政策课提供根本保证。做好准入选拔工作，把好入口关是形势与政策课专任教师队伍建设的前提和基础。高校要在明确形势与政策课专任教师队伍的岗位数量和岗位职责的基础上，坚持公开、平等、竞争和择优的选拔原则，把学历层次高、综合素质好，乐于奉献、责任心强，熟悉教学内容与要求，在思想政治教育的理论和实践等方面有一定的专长，能够理论联系实际并热爱形势与政策课教学的人员选拔到专任教师队伍中来。只有坚持选拔的高标准，才能保证队伍的高水平。那种因为没有人愿意从事形势与政策课教学而降低选拔标准的做法，只能造成形势与政策课专任教师队伍低素质的恶性循环。另外，要扩大队伍来源，尽可能面向兄弟院校选拔相关专业的优秀毕业生，比如思想政治教育、教育学、心理学、社会学等专业人才，在人员选拔上注重学缘交叉有助于提升教学创新能力。

(二)形势与政策课教师素质培养机制

时代的发展，对形势与政策课专任教师的素质要求越来越高，只有不断地对其进行培训，才能真正地提高形势与政策课的教学效果。高校要建立形势与政策课专任教师的培训制度，确保经常性地对其进行系统的和专题的培训，更新其知识结构，提高其工作能力。培训途径主要如下：一是进修深造，完善知识结构。高校要积极创造条件，鼓励和支持形势与政策课专任教师在职或半脱产甚至全脱产攻读博士学位或进修相关课程，使他们成为大学形势与政策课教学的内行和专家。二是进行岗位培训，提高教学能力。一方面，要鼓励形势与政策课专任教师积极参加全国高校形势与政策课骨干教师集中培训和本地高校形势与政策课教育教学研修班培训，或去其他高校访问，学习其他高校的形势与政策课教学经验。另一方面，要通过集中授课学习、教学观摩、教学研讨、参与课题研究等途径，加强形势与政策课教师的校内培训工作。可以把校外的形势与政策课教学专家请进本校“传经送宝”，也可以组织本校优秀的形势与政策课教师传授经验。形势与政策课专任教师还要加强自我培训，要博览群书，不仅要阅读哲学、政治、经济、法律、历史、文学等方面的书籍，而且要学习一些科技知识，只有具备广泛的知识面，才可能与学生有更多的对话域，才可能与学生进行更深入的思想交流。

学校要创造条件，多措并举，切实提高思想政治理论课教师的教学能力和业务水平。一是要积极组织思想政治理论课教师推进专题教学，凝练教学内容，强化问题意识，构建重点突出、贴近实际、学生欢迎的教学体系。二是合理确定教学规模，倡导中班上课、小班研学讨论的教学模式。三是探索教学方法改革，培育和推广优秀教学方法，优化教学手段，加强教学信息化的建设和运用。四是坚持教师讲授与学生参与相结合，注重师生教学互动，充分调动学生学习的主动性、积极性，培养学生的基本能力。五是发挥教学骨干的作用，提倡老中青教师开展传帮带活动。六是实施教师听课互评互学制度，开展教研室集体研讨和思想政治理论课教学观摩活动。七是强化实践教学，建设体现高校特色、与课堂教学相互促进的思想政治理论课第二课堂教学体系。八是坚持知行合一原则，创新考试考核方法，探索建立全面准确评价学生思想政治理论课学习效果的评价体系，注重过程考核。九是组织思想政治理论课教师到其他高校观摩听课，学习同行的先进经验，以提高教学水平。十是利用假期组织思想政治理论课教师深入企业、社区、农村进行调研，开展形式多样的社会实践和学习考察，了解社会实际，把握时代脉搏，增长见识，丰富人生。

(三)形势与政策课教师教学考核与师德考核融合机制

考核工作是高校形势与政策课专任教师队伍管理的重要环节。形势与政策课的考核应该把师德建设放在教师队伍建设的首位，帮助教师树立崇高的理想信念。这要求形势与政策课教师耐得住学科研究的寂寞，坐得住冷板凳。建设师德高尚的教师队伍是提升育人质量的核心，是形势与政策教学可持续发展的关键，也是深入推进人才强国战略，建设社会主义现代化强国的基础。形势与政策课教师的考核中应该着力制定符合学科特征和教学科研实际情况的师德建设文件，开展形式多样的师德教育活动，健全师德考核机制，畅通师德监督渠道，加强对师德典型的正面宣传，划定师德警戒线，将师德教育作为教师队伍建设的重中之重。

在教学考核方面，形势与政策课教师考核可纳入思想政治理论课教师或辅导员的考核体系。为了便于考核，要先确定形势与政策课教师工作责任制，并把责任具体落实到个人。高校形势与政策课专任教师的考核内容主要包括德、能、勤、绩四个相互联系的方面。为提高教学质量，教师的绩效考核应合理设计指标体系，改变目前过分强调科研项目、论文和专著数量的倾向，必须突出教学环节的重要性，才能为教师指明努力的方向。要充分考虑高校形势与政策课教学实践性强的特点，注意考核教师的思想政治素质、理论政策水平以及从事形势与政策教育工作的实绩和能力。为了确保考核的全面准确和客观公正，高校形势与政策课教师队伍的考核可以从上级考核、同行考核和学生考核三个层面进行，考核结果要与职务聘任、奖惩、晋级等挂钩。考核机制要有利于留住有能力、有热情的形势与政策课教师并吸引优秀人才的加盟，还要有利于把不愿意从事和不能胜任形势与政策课教学的教师清理出来，使高校形势与政策课专任教师队伍建立健康的新陈代谢机制。

要建立形势与政策课程教育教学的教研机构和考核制度，负责形势与政策课课程的教学研讨、课程建设；同时还应提高形势与政策课课程及任课教师的地位，将形势与政策课与另外四门思想政治理论课程放在同等重要的位置上，加强对形势与政策课课程的规范和建设、督促和检查、考核和奖励，从而提高形势与政策课教师的教研水平和教学质量。

第二节　教学梯队的培养打造

一、形势与政策课教学梯队培养的必要性

2016年5月17日，习近平总书记在哲学社会科学工作座谈会上的讲话中强调，要“构建种类齐全、梯队衔接的哲学社会科学人才体系”[①]。形势与政策课涉及的知识和学科众多，教师队伍的打造必须按照梯队式布局，突出优势、拓宽领域、补齐短板、完善人才系统建设。一个队伍的整体水平在于配置的协调性，结构优化起到关键作用。大学生通过形势与政策课了解时事政治和国家大政方针，形势与政策课教师要有责任意识，帮助学生正确审时度势，实现自身全面发展。可以说，高校形势与政策课教师队伍建设得怎么样，领导班子的认识和态度是关键。因此，要加强高校思想政治理论课教师队伍建设，首先必须增强高校领导班子对形势与政策课教师队伍建设重要性的认

① 习近平.在哲学社会科学工作座谈会上的讲话[M].北京:人民出版社,2016:27.

识，而这又涉及对形势与政策课重要性的认识。那么，在新形势下，究竟应当如何认识形势与政策课的重要性呢？中共中央宣传部、教育部于2015年7月27日印发的《普通高校思想政治理论课建设体系创新计划》指出："思想政治理论课是巩固马克思主义在高校意识形态领域指导地位，坚持社会主义办学方向的重要阵地，是全面贯彻落实党的教育方针，培养中国特色社会主义合格建设者和可靠接班人，落实立德树人根本任务的主干渠道，是进行社会主义核心价值观教育、帮助大学生树立正确世界观人生观价值观的核心课程。"可以说，这是对新形势下形势与政策课的重要地位和作用的权威的表述。高校领导班子只有把思想统一到这个文件的精神上来，认识形势与政策课的重要地位和作用，才能充分认识加强高校形势与政策课教师队伍建设的重要性，也才可能采取有效举措切实加强高校形势与政策课教师队伍建设。

2015年7月以来，中宣部、教育部先后就加强包括形势与政策课在内的高校思想政治理论课建设出台了几个文件，除前面提到的中共中央宣传部、教育部于2015年7月印发的《普通高校思想政治理论课建设体系创新计划》之外，还有中共中央宣传部、中共教育部党组于2015年9月印发的《关于加强和改进高校宣传思想工作队伍建设的意见》，教育部于2021年11月印发的《高等学校思想政治理论课建设标准》等。应该说，新形势下关于加强高校思想政治理论课建设的方针政策已经明确，现在的问题在于狠抓落实。从高校的实际情况来看，在加强形势与政策课教师队伍建设方面，有以下几项工作应抓紧进行。

一是高校党委应在充分认识形势与政策课的重要地位和作用的基础上，高度重视并切实加强对形势与政策课教师队伍建设的领导，建立健全加强形势与政策课教师队伍建设的领导机制。学校领导班子应每学年召开一次专题会议研究教师队伍建设，把教师的培养培训纳入学校事业发展和人才队伍建设总体规划，把培养专业带头人和中青年骨干教师作为师资队伍建设的重点，加强形势与政策课教师教学团队建设。

二是按照"05方案"的规定，落实课程和学分及对应的课堂教学学时，不挪用或减少形势与政策课课时。

三是按1∶350的师生比配足配强专职教师。新任专职教师原则上应是中共党员，并具备马克思主义理论相关学科背景，且具有硕士以上学位。

四是根据在校生总数按比例拨付形势与政策课教师学术交流、实践研修等培养费用。

五是从实际出发，建立和完善有重点、分层次、多形式的培养培训体系，每年对全体形势与政策课教师至少培训一次。

六是将实践教学纳入教学计划，落实学分、教学内容、指导教师和专项经费。

七是逐步形成形势与政策课教学机构与相关部门协调配合的实践教学工作机制。

八是制定符合形势与政策课教师职业特点的职务职称评聘标准，提高教学水平考核。

二、形势与政策教学梯队的结构优化

（一）教师专业结构的优化

各地方高校现有的形势与政策课专职教师，大多数是其他思想政治理论课的教师，比如有上思想道德与政治课的教师，有上马克思主义基本原理课的教师，他们原有的知识结构已不能满足形势与政策课跨学科特点的教学需要，这就需要花大力气进行在职培训。在职培训可以采取多种形式，可以选派教师积极参加教育部主办的形势与政策课骨干教师学习班，也可以聘请校内外某一方面的专家学者开讲座，就某些问题进行深入的学习探讨，还可以采取在开展教研活动时由骨干教师进行说课等灵活多样的方式。形势与政策课从根本上讲是服务于思想政治教育的，目的是强化马克思主义意识形态和社会主义核心价值观，培育复杂国际背景下具有客观分析能力，理解政治形势和党和国家政策方针的大学生。教师队伍，应该以思想政治教育和国际政治专业为主体，以经济学、哲学、社会学、伦理学、政治学、心理学专业等为重要组成部分。

形势与政策课内容的广泛性要求教师队伍专业结构具有综合性。对于各高校普遍存在的形势与政策课专职教学队伍不足的情况，要根据形势与政策课跨学科的特点，从有利于教学的目的出发，坚持严格的教师遴选制度，大力引进人才，特别是要多方引进具有经济学、国际政治学、国际关系学等学科背景的研究生。教学实践证明，具有多个学科教育背景的教师在形势与政策课的教学上是能够胜任的。同时也要注意从其他相关专业选拔一批思想素质好、政策水平高、育人意识强，有良好的学科背景、学术背景，对国家政策有深入研究的优秀教师来担任形势与政策课专职教师。建设一支具有不同学科专业背景、优势与特点，不同年龄结构的形势与政策课教师梯队，实现教师之间信息共享、密切合作、取长补短，是应对形势与政策课教学内容的多变性与综合性的一条有效途径。由于形势与政策课的时效性强，教学内容涉及多个学科、多个领域，单靠专职教师很难完全胜任这项复杂的工作，要充分发挥学校各级党政领导、相关学科带头人与骨干、校外资深学者的力量，不断充实兼职教师的队伍，集中优势，实现良好教学效果。

（二）专职教师与兼职教师结合

形势与政策课教师队伍可以由三部分组成：从事思想政治理论课教学，具有讲师以上职称或硕士以上学位的教师，他们是这支队伍的骨干；从事学生思想政治教育工作，具有讲师以上职称或硕士以上学位的干部，他们是这支队伍的主体；聘请有关专家学者、学校和地方党政领导、先进模范人物任兼职教师，参与学生形势与政策教育，发挥他们的知识优势，有效提高教育的知识含量。要重视教师的培训工作，定期选派教师参加各种形式的形势与政策教育教学培训班，有计划地组织骨干教师进行社会实践和外出考察。要为教师进修提供方便，使教师不断开阔眼界、丰富教学素材、更新知识储备，不断提高形势与政策课教师队伍的整体素质水平。同时，还要处理好专职教师与兼职教师的比例。

在教师队伍构成方面，目前基本上有两种模式，一是全部为专职教师，二是专兼职教师相结合。“专”也有两种。第一，专职教师全是思想政治理论课骨干教师。安徽农业大学、安徽医科大学的形势与政策课则由形势与政策课程教研室专职教师和其他各门思想政治理论课程的骨干教师承担。有的学校则是由副教授以上的思想政治理论课骨干教师担任教学工作。第二，由长期从事该门课程教学的教师担任，但不限于骨干教师。“兼”则体现为：一是校外专家，二是有条件的从事思想政治教育的领导干部。但专兼如何结合是难题，有些大学的做法是，专职教师负责课内，兼职教师负责课外；专职教师负责上课的教学内容，团委和学工处负责学生组织。形势与政策课教师队伍建设应当走专业化的道路，专业化就是长期从事并热爱形势与政策课程的教学，兼职教师比例过大，不利于该门课程的建设和教学管理。

切实加强形势与政策课教师队伍建设，打造一支专兼结合，政治素质、专业素质过硬的教师队伍。形势与政策课教师队伍素质的高低直接决定了形势与政策课教学效果的好坏。要建设一支以精干的专职教师为骨干，以思想政治教育工作队伍为主体，专兼结合的教师队伍。这支队伍应是拉得出、讲得好，相对稳定、训练有素的。学校党政领导、思想政治理论课教师、学生辅导员和班主任、哲学社会科学相关学科的教师都要积极承担形势与政策课教学任务。

(三)教师年龄结构的配比

完善梯队建设就要注重教师队伍的年龄结构。要加强地方高校形势与政策课青年教师的培养，建立和完善形势与政策课教师队伍培训体系，形成教学和学术研究的梯队。教授本课程需要有宽广的知识面和较深的理论功底，但大部分教师还是靠在实践中探索成长。近几年来，地方高校从事形势与政策课教学的专职教师的学历在提高，但其中马克思主义理论功底深厚的青年教师凤毛麟角。所以地方高校要鼓励青年教师提高学历层次，攻读相关学科的博士学位，这对于提高教师学术水平和改善教学效果有重要的作用。同时还要鼓励青年教师通过教学工作来发现问题，并积极开展科研活动，解决问题，从而推进马克思主义的研究，提高自己的学术水平。与此同时，教师教育培训的力度还需进一步加大，教育部举办的形势与政策课骨干教师培训是教师成长的一个很好的机制，它为教师进行思想交流、解决教学中遇到的问题、统一教学思想提供了平台。建议教育部进一步扩大高校形势与政策课骨干教师培训的范围，给地方院校以更多的机会。各高校应有计划地组织形势与政策课教师进行社会实践，尤其应该给青年教师多提供这样的机会。

处理好老、中、青三代的比例。形势与政策课教学队伍中必须有人生阅历相对丰富的教师，数量不一定很多，但必须得有。他们有丰富的教学经验，能比较准确地把握形势与政策课的原则和方向，对中青年教师的成长有很大的示范作用。中年教师是主体，他们既有一定的人生阅历，又积累了一定的教学经验。青年教师是必不可少的后备力量，一定要做好青年教师的传、帮、带工作，高度重视对青年教师的培养，否则形势与政策课教学队伍就会出现断代，无法进入良性循环的轨道。

(四)课堂教学与网络师资的结合

网络教学成为很多地方高校改革形势与政策课程教学的趋势。网络教学打破了传统课堂授课的地域和时间限制，适应了学生学习的新媒介渠道要求。网络平台授课受众面更广，需要加强形势与政策课教师的网络适应性，培养其网络课件、视频制作的技术，使形势与政策课变得“如影随形”，学生通过网络随时可以学习和关注。对于形势与政策课来说，要吸引大学生的注意力，需要在课程安排、教材设计等多方面做出努力。

使用网络媒体等新式的教学手段以激发学生的学习热情，增强学生的学习氛围。目前，网络媒体已成为一种新式的教学手段，在各高校大规模使用，它既可以拓宽信息来源的渠道，又可以激发课堂教学的活力。但值得注意的是，网络教学手段的运用不应只局限于放影片、看教学视频，它应该是在多种组合的模式之下来进行教学的，如提供示范作用——逻辑分析型，展现事实全貌——呈现过程型，创设情景模式——设疑思维型等。高校形势与政策课教学要与时俱进，利用各种先进技术进行教学手段改革，大力提高形势与政策课教学的现代化水平；要建立素材库，研制开发多媒体教学课件，把文字、声音、动画和视频融为一体，全方位地调动大学生的视、听等感官，使大学生觉得上课犹如在欣赏艺术表演，学得轻松，学得愉快。形势与政策课可以借助多媒体和网络技术“打造”图文并茂的课件，摆脱形势与政策课纯理论的灌输与枯燥的说教模式，营造轻松、愉快的学习氛围，使学生愿意学、乐于学，开辟“自主学习”形势与政策课的新天地。

如今，许多地方高校正在创新教学方法，积极探索课堂教学、实践教学和网络教学相结合的新路子。例如安徽农业大学形势与政策名师工作室项目，加大网络资料库和课程学习网站建设的投入，建设高水准的马克思主义理论文献资料库和集课堂支撑、教学互动、专题辅导、自主学习于一体的网络教学平台。

三、加强形势与政策课教学梯队管理的制度化建设

通过培训、交流、竞赛，形成一支教学水平较高、研究能力较好、学历结构合理、责任意识较强的教学团队。形势与政策课的政治性、思想性、知识性、时效性等特点对任课教师提出了较高的要求，优化教师队伍是提高教学效果的关键。制度性的优化设置可以提高人才筛选效率，提高队伍的教学科研质量，为教学队伍的长期建设提供制度性保障。首先，从思想政治理论课教师中选拔专业理论功底深厚，对教学全身心投入的、不断探索教育教学改革的教师作为形势与政策课教师队伍的骨干；选拔那些把握学生思想脉搏和关心热点、处在思想政治教育工作最前沿的辅导员作为形势与政策课的兼职教师，加强对其指导和培训，使之成为一支以专为主、专兼结合、相对稳

定、水平较高的教师队伍。其次，依托教师考评机制，严格执行形势与政策课教师的准入与退出制度。新任教师只有通过马克思主义学院（思想政治理论课教研部）的综合考评才能任教形势与政策课，如有不合格者，实行退出机制。这种能上能下的管理有效地保证了形势与政策教学团队的活力，保障了混合型教学团队师资质量的稳定。最后，教研室高度重视青年教师的培养，采取“以老带新”、开展同行交流、定期举行观摩教学和举行公开课等办法，不断提高青年教师的授课水平，为形势与政策课程提供可持续发展的力量。

通过开展校内的教学观摩月、教学技能比赛、外出学习教师返校报告会、教学沙龙、名师教学工作室等活动，为教师提供互相交流学习的机会，通过交流心得、互相观摩、共同探讨教学上面临的问题与困惑以及解决问题的建议和方法，提高教师参与教学的积极性、主动性。通过派出教师到国内外高校或科研机构进修访学、参加高水平短期培训和学术会议不断完善教师的专业知识结构，拓宽教师的学术视野和国际化视野，提升教师的国际交流能力。通过派出教师到科研院所和高新技术企业进行实践，提高教师理论与实践相结合的能力，造就一支同时具备理论教学素质和实践教学素质的“双素质型”专业教学团队。多元化的交流平台能在一定程度上拓宽教师的视野，缓解教师职业倦怠。同时，通过交流创新，教师能提高自身的教学科研能力，同时也可以提升形势与政策课教学的质量。考虑到形势的变动性和政策的连续性，接受培训的人员宜相对固定，以培养一支相对稳定的形势与政策课师资队伍，然后由这支队伍对本校的师资进行培训，以切实全面提高教师的思想政治素质和业务能力。

第三节　教学人员的有效激励

建立激发教学积极性、科研活力的形势与政策课教学队伍，需要改进人才队伍建设的长效激励机制，完善人才队伍晋升、科研资金分配和教师评价体系，建立健全分类评价机制，科学设置考核周期，引导教学研究人员潜心钻研、打造精品。随着改革的深入，高校各个教学部门都推出了全员聘用、聘任制度。高校形势与政策课专任教师队伍建设也需要引入健康的竞争机制，使优秀的教师脱颖而出，迸发出更大的工作动力。缺乏激励的竞争容易导致队伍不稳定，为了稳定形势与政策课专任教师队伍，增强其战斗力和凝聚力，使这支队伍感到工作有干头、前途有奔头，高校要根据考核结果，在职称评定、津贴待遇等方面为形势与政策课专任教师队伍建设创造更加有利的条件。要认真落实中共中央宣传部、教育部关于进一步加强形势与政策教育相关文件的精神，确保符合条件的形势与政策课专任教师顺利评上高级职称，为教师教学和科研提供便利条件。建立健全激励教师改进教学方法的奖励制度，开展形势与政策课教师的评优表彰工作。在评选“教学名师”、奖励教学成果和科研成果等方面向形势与政策课教师适当倾斜，以充分调动形势与政策课教师队伍培养全面发展之大学生的积极性。

目前形势与政策课教师队伍不稳定以及教学质量不高的原因主要有两个。一是教师普遍认为形势与政策课教学很难找到学科归属，教这门课程没有学术前途，他们更愿意转行或者只愿意做个兼职教师而不愿做专职教师。二是部分教师认为在形势与政策课上投入很大，但是获得的成效却很少，即使会有成效，也很难得到学校和教育主管部门的肯定，因此很多形势与政策课的任课教师不愿意在形势与政策课的教学研究上花太多的时间和精力，任课教师教学、教研的积极性和主动性严重地被影响了，形势与政策课的课程建设和教学质量的提高也在不同程度上受到了影响。完善制度、规范管理、制定切实可行的评估和激励机制是形势与政策课教师队伍建设的保证。

一、完善教师培训和成长机制

在教师队伍建设的过程中，学校要将终身教育和分类培养的教师教育理念贯穿始终，通过制定科学的制度、组建稳定的队伍、建立完善的体系、开展系统的培训、实施有效的考核，将不同阶段、不同层次的教师队伍建设工作融会贯通，将学校对教师的职前培养转化为职前职后一体化的教师职业终身教育，解决教师职前教育、入职教育和职后教育相脱节的问题，满足教师在入职后继续学习的愿望与需求，帮助教师尽快适应工作岗位，更好地履行岗位职责，提升教师的综合素质和育人能力，以提高高等学校教师队伍的整体水平。注重培养、提升水平是形势与政策课教师队伍建设的基础，探索实行专题负责人制，开展集体备课、教学观摩。专题负责人由副教授以上的教师担任，从教育部社科司每学期的形势与政策课教学要点入手，将形势与政策课所讲内容划分专题，每个专题负责人组织教师根据自己的兴趣与研究方向，选择相应内容为做好教学工作进行理论思考和深入研究。实践证明，专题负责人制不仅做到了定时开展学术理论研讨和教学经验交流，通过教师相互听课，取长补短，发现问题及时交流和反馈，还起到“传、帮、带”的作用。

形势与政策教育作为一门课程来实施，就必须遵循教育教学规律，加强教学制度建设，实行规范化管理。以安徽农业大学为例，近年来，马克思主义学院坚持按课程建设要求把形势与政策课程纳入学院总体教学计划中，使其成为必修课；教务处统一安排上课时间，统一组织考核、考试；每年计算成绩一次；学生毕业时必须修完形势与政策课规定的学分；通过加强对形势与政策课教师专业化管理制度的建设，制定队伍建设规划，落实培养经费及措施，切实保障形势与政策课教师的权益，提升形势与政策课教师的地位和专业化水平。

引导形势与政策课教师参加社会实践活动。近年来，安徽农业大学围绕乡村振兴战略、“一带一路”倡议、社会主义核心价值观建设和庆祝建党100周年等活动，有目的、有计划地引导形势与政策课教师走出校园进行社会调查，先后去过华西村、小岗村等地，拓展了教师教学视野，丰富了教学素材，增强了教师理论联系实际的教学能力，提高了教学效果。定期开展培训。为开阔教师视野，丰富其知识，提高其教学水平，安徽农业大学马克思主义学院在经费紧张的情况下，仍积极寻找机会组织形势与政策课教师参加培训。培训结束后，参加培训的教师都要对其他教师进行再培训，在交流学习中提高教师的教学水平。坚持对青年教师的培养工作，试行青年教师导师制。坚持新进辅导员经过1年培养，第2年再走上讲台的做法。通过跟班听课、观摩教学、集中培训等措施有效提高新教师思想政治素质和业务素质。

二、完善职称评定和岗位聘用制度

教师具有较高的教学水平是提高教学效果的重要因素。一方面，对教师结构进行合理化调整，坚持走教师队伍梯队优化配置的道路。另一方面，加强形势与政策课师资队伍建设，为形势与政策课教师定期组织培训班和交流会等，有计划地组织形势与政策骨干教师与学生一起参加社会实践活动。在实践中，每学期开设一套课程，每个任课老师都要选择一个主题进行更深入的研究，并和有兴趣的人分享。形势与政策课是大学思想政治理论课的重要内容，需要探索出一套适合并有效推动其发展的教学模式。每一位承担教学任务的教师在集体备课后都要认真思考和总结，并结合学校特色和专业特点，采用更加生动的授课内容和灵活多样的授课形式，使形势与政策课的实效性得到加强，从而成为大学生喜爱的课程。

教学本应是教师的首要任务，但是在科研导向的大背景下，学校在人才引进和职称评定等重要环节过度关注科研能力而对教学能力的关注不够，这就直接导致教师本身为了科研而科研，因为科研成果所带来的利益和影响远远比教学来得快，高等学校和教师个人重科研、轻教学现象普遍存在而且较为严重。由于教师把大量的精力都投入科研工作中，学校的人才培养质量必然会受影响。虽然人才培养、科学研究、社会服务和文化传承与创新都是高等学校的使命，但人才培养是核心，是高等学校的根本任务[①]。也就是说，学校要引导教师正确处理教学与科研的关系，扭转高校普遍存在的重科研轻教

① 刘建军.谈思想政治理论课教师怎样做科研[J].思想理论教育导刊,2014(1):62.

学的现象，通过制定科学的教学业绩评价体系、设立教学专项奖励等教学激励机制，将教师的各类教学成果和所承担的本科教学工作量作为职称晋升的必备条件，促使教师把主要精力放到本科教学工作中。教学激励政策的有效实施，让积极从事本科教学工作的教师找到自身的价值，激励教师在教学工作中不断地创新知识，增强教师队伍的可持续发展能力。要改善和提高高校形势与政策课教师的人事待遇，落实形势与政策课的人员编制、经费投入，改善教学科研条件，创造良好的工作环境，使形势与政策课吸纳更多优秀青年教师。

三、落实收入分配和科研资金投入

根据形势与政策课程的特殊性，学校在授课教师的课酬方面应给予适当倾斜，单列计算课时量，适当提高课酬。在职务聘任、科研立项、国内外学习进修和福利待遇等方面要充分考虑形势与政策教育教学工作的特点，在政策上予以扶持。财务处应对核实与发放形势与政策课课酬以及大学生社会实践专项基金使用款项负起责任。通过提高课酬，从物质上激发教师教学的积极性，使他们更安心于形势与政策课的教学与科研，从而保证形势与政策课教师队伍的稳定。目前高校形势与政策课教学队伍不稳定，除与教师自身的思想认识有关外，还涉及学科发展和收入水平等实际问题。

马克思指出："理论只要说服人，就能掌握群众；而理论只要彻底，就能说服人。"[①]形势与政策课要有说服力，教师要能够说服学生，除了要提高教师的教学水平外，还要提高教师的科研能力。可以说，教学与科研是相辅相成、相互促进的。在高校，离开科研的教学难以提高，脱离教学的科研意义不大。教学提出问题，科研回答问题。形势与政策课越发展，建设越深入，对教师科研能力的要求就越高，对教师高水平、有特色的科研成果的呼唤就越迫切。因此，学校应当整合资源，大力提高形势与政策课教师的科研能力。

① 马克思，恩格斯．马克思恩格斯文集：第一卷[M]．北京：人民出版社，2009：11.

一是广泛开辟课题申报渠道，积极组织教师申报校内外各种层次、各种类型的课题，可以设立形势与政策课教育教学研究专项课题。二是组织团队攻关，开展教学重点难点疑点问题研究，为深化教学改革、增强教学效果提供有力支撑。三是鼓励教师从实际出发开展调查研究和理论探讨，研究回答课程建设、教学改革、人才培养中的理论和现实问题，注重哲学社会科学研究成果在形势与政策课教学中的运用。四是邀请校外专家学者来校举办学术讲座、开展学术交流，丰富教师的学术信息，开拓教师的学术视野，指导教师开展科学研究。五是建立形势与政策课科研组织机构，为教师开展科研搭建平台，在科研经费上提供必要的支持。六是在有条件的情况下，马克思主义学院（思想政治理论课教研部）可以在网站开设形势与政策课研究栏目。七是在科研评奖活动中要注意形势与政策课教师的研究成果，同时积极推荐形势与政策课教师参评校外的各种科研成果奖。八是根据工作需要，支持形势与政策课教师参加各种类型的专题研修和学术活动。形势与政策课教师主要是理论政策宣传工作者，这使得其他专业教师乃至学校的部分管理者认为形势与政策课不具有学术性，没有依托的学科，忽视甚至轻视学科建设，形势与政策课教师在学校中不受重视。这让许多期望在学术研究上有所作为的青年教师不能安心于形势与政策课的教学研究工作，“身在曹营心在汉”，积极寻找机会转岗，导致优秀教师大量流失。鉴于此，我们提出如下建议。

第一，教育主管部门应加大对本门课的宣传力度，扩大其社会影响，使从事该课程教学的老师有社会认同感。

第二，加强学科建设。主观上形势与政策课青年教师也认为，形势与政策课没有什么可依托的学科，进行相关的学术研究没有什么希望，以致科研水平整体偏低，反过来又影响了形势与政策课教师的声望，使期望在学术研究上有所成就的青年教师普遍存在转岗的想法。当前，形势与政策课所依托的马克思主义理论学科是一门政治性、科学性和实践性很强的学科，只能加强，不能削弱。

第三，要克服形势与政策课教师教学与科研的矛盾，使两者从相互脱离走向相互融合，从相互制约转向相互促进，把教学是否具有科研含量和科研是否立足并服务于教学纳入评价和考核范围，使教学评价标准与科研评价标准相一致。教学与科研相结合。立足形势与政策课教育教学中出现的新情况、新问题，积极鼓励形势与政策课专兼职教师申报省部级教育教学研究项目、学校和学院党建和思想政治研究课题，特别是在学院党建与思想政治课题上做到立项优先、经费资助优先。通过开展教研活动，提升教师的科研能力和教学水平，增强形势与政策课教育教学的前瞻性。

四、建立健全师德、教风和学术水平综合考核机制

一门课的教学效果，归根结底还是要看有没有高水平的、师德过硬的教师队伍。所以，充实教师队伍，提高教师水平，直接关系着形势与政策课的教学效果及影响。思想政治课上得好与不好，取决于教师的水平，取决于教师上课“走不走心”。在这样的背景下，形势与政策课的师资建设尤为重要。通过考核机制的完善，激励教师不断自我提升，改进教学和科研水平。高校应按照有理想信念、有道德情操、有扎实学识、有仁爱之心的好老师标准，不断加强教师队伍建设。

改革考核评价模式，建立考评机制。第一，加强教师的教学督导。要将形势与政策课教学工作纳入学校教学督导工作的范畴，对教师和学生与其他课程一样要求，督导员要经常深入形势与政策教育教学课堂，检查教育教学程序，通报教学情况，了解学生到课学习状态。形势与政策课的任课教师与其他课程的教师一样参加教学评估考核。这样不仅可以规范形势与政策课的教学程序，强化对任课教师的要求，提高教学质量，而且使形势与政策课逐步走上规范化、制度化的轨道。第二，围绕形势与政策的教育教学内容，采取灵活的考核方式，将开卷考试与闭卷考试相结合，课堂成绩与课外成绩相结合。应突出考核学生理解党的方针、政策的能力和分析思考问题的能力，不要用单一的闭卷考试评价学生，应把考核贯穿于教学的整个过程和环节，

把学生参与社会实践、调查研究、课堂讨论、出勤情况和学生的综合表现等情况结合起来予以评价。通过有效激励机制的建立和完善，推动形成崇尚精品、严谨治学、注重品质、讲求责任的优良学风，营造风清气正、互学互鉴、竞争融合的学术生态，教育引导形势与政策课教师树立良好师德、教风，提升学术科研水平。可以从以下几个方面进行师风师德的考核与建设：

第一，明确思想政治道德要求。强化师德考核，完善师德考核制度，在业绩考核、职务聘任、评优晋级等方面实施师德一票否决制度。通过考核对思想政治理论水平、教学水平确实不能胜任的教师及时调换，确保形势与政策课的教学效果和教学目标。形势与政策课教师应当坚持正确的政治方向，有扎实的马克思主义理论基础，在事关政治原则、政治立场和政治方向的问题上与党中央保持一致，坚守政治底线、法律底线、道德底线、学术底线；必须具有良好的思想品德、职业道德、责任意识和敬业精神，严格遵守国家的法律法规和学校的规章制度。

第二，完善教师考核评聘体系。高校要结合形势与政策课实际，制定教师工作业绩考核办法和职称评聘管理规定。德、能、勤、绩全面考核，重点考察师德师风、教学能力和教学实效，确定师德师风考核一票否决的标准，将考核的结果作为思想政治理论课教师职务评聘、岗位聘任、年度考核、表彰奖励的基本依据。要鼓励支持辅导员、班主任骨干兼任思想政治理论课教师，鼓励支持思想政治理论课教师从事辅导员、班主任工作，将其纳入考核范围，推动两支队伍的有机融合。

第三，改革教学和科研评价方式。将教书育人效果、课堂教学质量、教学改革成果等作为重要评价标准，鼓励教师把主要精力放在研究教学内容、创新教学方法、提高教学实效上，将更多的时间和精力投入课堂教学中，将教改成果与科研成果同等对待，将教学获奖与科研获奖同等对待，将教学课题与科研课题同等对待。

第四，科学进行师德评价。一般地说，师德评价主要可分为奖惩性评价和发展性评价两种类型。前者是对教师进行道德区分，体现的是一种工具性目的；后者是对教师进行人文关怀，体现的是一种实质性目的。对师德表现进行奖惩仅仅是手段，提升教师的师德水平、师风修养才是评价目的之所在。因此，在进行师德评价时，不仅要关注师德评价的关系性价值、社会价值，而且要关注其超越性价值、个体价值。评价活动应有助于促进教师的道德自省和品质提升，既彰显它对教育行为的反思、规范和导向意义，也显现其对教师品质的塑造、完善和发展意义。

第五，构建先进典型宣传表彰机制。各高校应从实际出发，选树形势与政策课教师中的教学能手、教学标兵，宣传长期从事形势与政策课教学的一线优秀教师的先进典型，在学校各类教师表彰体系中为形势与政策课教师确定一定比例，进行统一表彰，并从制度、政策等方面予以充分的保障和体现。

五、改善工作环境和工作条件，加强党建和思想政治工作，注重人文关怀

在现代高校人才机制中，形势与政策课教师与其他教师一样，工作压力比较大，家庭负担比较重，他们对工作环境、工作条件的要求在提高，对人文关怀、精神慰藉的要求在增强。因此，加强高校形势与政策课教师队伍建设，除了做好上述工作之外，还要改善工作环境和工作条件，加强党建和思想政治工作，注重人文关怀。

第一，高校要切实把国家“努力提高思想政治理论课教师待遇”和“创造良好的工作环境”的要求落实到位，保证形势与政策课教师在物质待遇、职称评定、学术交流、培训进修和个人先进评选等方面不差于其他专业教师①。

第二，与其他学科同等配备办公用房和教学设备、基本图书资料、国内外主要社科期刊、声像资料、教学课件以及办公设备等，充分满足教学及办公需要。

---

① 刘宇文，夏婧.关注需要的多样性：高校教师激励的基点[J].国家教育行政学院学报，2015(9)：27-32.

第三，学校党政部门、科研处和马克思主义学院（思想政治理论课教研部）各负其责，相互配合，逐步落实形势与政策课教育教学、人才培养、科研立项、社会实践、经费保障等各方面的政策和措施。

第四，加强党建和思想政治工作，关心形势与政策课教师的工作、学习和生活，关注形势与政策课教师的内心感受，倾听形势与政策课教师的意见建议，使教师有一个舒适良好的教学、科研、工作和学习的环境，让他们感受到一种积极向上、一视同仁的工作氛围，从而激发他们工作的积极性和创造性，增强其职业认同感和职业幸福感，使他们心情舒畅、奋发有为。

第六章　地方高校形势与政策课教学质量保障机制

教学质量保障机制是地方高校人才培养质量的基础，同时也是社会主义大学保持正确办学方向的基本保障，而不仅仅是保障正常教学秩序的一系列制度设置和硬件条件。教学质量保障机制系统中，组织管理机制、主体机制、评价反馈机制与激励机制等都要围绕特定的目标运转。就我国的大学而言，所有教学质量保障机制都要服从和服务于为中国特色社会主义事业培养可靠的建设者和接班人，都要服从和服务于高校立德树人的根本任务。这与地方高校培养应用型人才的办学定位并不相悖，而是相统一的。

第一节　教学质量保障机制概述

人才培养质量是高校办学水平的首要标准，教学质量保障机制是人才培养质量的根本保证。教学质量不仅是高校教育工作成败的决定因素，更关系到人才培养的质量，影响着国家教育方针的贯彻落实，对国家宏观战略的实施有重要的影响。当今世界科技进步日新月异，国与国之间综合国力的竞争归根结底是人才的竞争，人才培养质量的高低从根本上决定了国家发展动力的强弱，只有扎实提升人才培养质量，才能有效推动教育强国战略的顺利实施，为实现国家战略目标提供有力支撑。只有完善、高效的教学质量保障机制，才能保证优秀的人才培养质量，因此深入研究教学质量保障机制有着重大的现实意义。

一、高校教学质量保障机制及其结构

高校教学质量保障机制也不能单纯理解为教学过程的支持条件或者教学质量的监控系统。高校教学质量保障机制是一个系统工程，涉及高校、政府、社会等多个方面。教学质量保障机制主要包括教学基础设施、师资队伍、教学管理、考核评估等方面。教学基础设施是教学质量保障机制的基础，包括与教学活动相关的硬件和软件条件，如教学设备、教学场地、后勤保障等。师资队伍是教学质量保障机制的核心，是保障教学质量的决定性因素。教学管理的关键在于在教学过程中通过计划、组织、协调和控制，统筹各种教学要素，保障教学活动有序高效运行。考察评估是保证，是监测教师教学和学校教学管理活动效果，评定教学活动的价值，指出其优点和缺陷，促进高校改进教学活动，达成教学目标的过程。除此之外，要保证高校教学达成既定目的，取得良好的教学效果，不仅要建立完善的教学保障机制，还要有监督教学保障机制运行效果的评价机制。

按照系统论的观点，所谓机制，就是保障系统有序运行的程序和力量的总和。系统内部各要素之间紧密联系、相互作用维持系统作为一个整体而存在，促进系统变化发展。而系统朝向特定目标演化，则是因为系统内部各要素之间按照一定规则有序组合并发挥作用。这一有序组合所构成的就是机制。高校教学质量保障机制本身就是一个复杂的社会系统，其内部各种子系统、多种要素相互影响、相互作用，一方面保持系统的存续，另一方面促进高校教学质量保障机制不断发展变化。

高校教学质量保障机制不仅内含高等教育评估、监督、考核系统，还包括教育教学日常运行机制，促进教学活动有序运行，有助于提升教育教学质量的各种子系统和要素都可以包含在教学质量保障机制之中。从结构上看，高校教学质量保障机制包含五个紧密关联的子系统。

第一，组织管理保障机制。教学组织管理保障机制就是教学组织系统约束教学活动，激发教学活力的一系列制度安排。就高校教育教学质量评估来说，组织管理是在国务院和省政府领导下，各级教育委员会、教育行政部门联合建立评估领导小组，具体负责高等教育教学质量评估工作。然而高校教育质量组织管理保障机制是一个大范畴，不仅仅指评估工作的组织管理，更包含高校日常教学的组织管理。高校的教学组织管理保障机制是高等教育教学质量保障机制的子系统，不仅包含教学评估人员、督导人员，更包含管理决策者、管理者、教师、学生等。“除了教学系统，还有科研系统、后勤系统、学生工作系统、人事管理系统、成人教育系统，等等。”①直接的教学组织管理保障机制在学校层面的教学质量管理工作一般是高校教务处负责组织实施，分管教学的副校长是教学质量管理工作的决策者和领导者，是教学质量第一责任人；在中级层面是各教学院部和职能部门；基层组织是各系、教研室，此外学生工作系统也参与直接的学生管理，成人教育系统独立负责成人教育。教学组织管理保障机制不仅包含内部子系统和要素，更包含内部各系统运行的规则，如备课制度、听课制度、评课制度、教学例会制度、教学督导制度、师资培训制度、人事管理制度、后勤保障制度等。

第二，目标机制。高校教学质量保障机制的任务就在于实现高校立德树人培养目标，为国家和社会培养德才兼备的建设者和接班人。这是高校教学质量保障机制的重中之重，其他机制都要围绕这个目标展开。高校实现育人目标的渠道多种多样，如科研、实践、学生社团等，但教学始终是立德树人最为重要的渠道，教学目标机制首先要保证教学活动是紧密围绕社会主义办学方向展开的。高校教育质量高低最终体现在毕业生的质量上。毕业生质量一方面要看其知识和能力是否扎实，是否符合社会需要，另一方面要看毕业生是否具有高度的社会责任感和使命感。要想实现这一培养目标，高效的目标整合机制必不可少。一方面，高校内部教学组织的目标与个体成员目标不尽一致；另一方面，个体成员如能认同教学组织目标就能形成强大的管理效能。从理论上说，高校人才培养目标在于增进社会共同福祉，而不是出于私

① 周兴国，李子华.高校教学管理机制研究[M].合肥：安徽人民出版社，2008：31.

利，这样才能保证对参与教学活动的每个个体都有利，才能保障教学系统每个要素朝向既定教学目标努力。但现实中教学组织目标与个体成员目标不可能绝对一致，可以发现很多高校教学管理部门为了实现预期教学目标而出台的各项教学管理规范并不都能得到广大师生的一致认同。这需要教学组织目标机制的设计尽可能地考虑教学组织目标与个体成员目标的一致性，以维持目标达成机制的高效性。

第三，主体机制。高校教学质量保障机制的主体大致可以分为四种类别。其一，高校内部教学主体，包括校级领导层、校职能部门和院系负责人、教师与学生。这是主体机制中最为基础性的主体，其中高效精干的管理团队把握人才培养方向，落实学校政策，维持教学秩序，是保障机制有效发挥作用的前提条件。教师是主体机制的中心，拥有良好职业操守的高水平师资队伍是教学质量最为直接的保障。因为教学活动是由教师完成的，从教材编写到日常授课，教师都起到了主导作用。学生是学习活动的主体，也是教学质量保障机制的最终目标客体，优质的生源、学生的自觉学习与自我管理、科学的学习方法等，对于教学质量保障有着重要的积极意义。其二，教育行政管理主体，包括国家与地方教育机关高等教育管理者。政府部门是高等教育的主办方、主要投资者与质量评估方，通过政策指导、经费投入和法律规范从宏观上保障高校教学活动。政府部门有完整的教学质量评估标准，评估连续性好，评估结果权威性高，对高校教育教学活动产生方向性主导作用。其三，专业评估与研究主体，包括专业性教育评估机构、高等教育协会、行业协会等。这是一种外部评估主体，也被视作中介组织。“中介组织作为高等教育质量评估主体有利于产生多样化的评估标准。”[①]其四，行业企业主体，包括行业和企业相关专家。这是主体机制中重要的社会主体，一方面为高校健康发展提供所需的人财物，另一方面对高校人才培养及社会服务提出具体要求，通过反馈机制反映高校教学活动与社会需求的符合程度[②]。

① 罗瑞荣.高等教育质量评估主体的特点分析[J].华东交通大学学报,2007(S1):5.

② 徐爱萍.基于主体协同的高等教育质量保障机制构建[J].江苏高教,2013(3):49-51.

第四，评价与反馈机制。教学质量评价与反馈是高校教学管理的重要环节，通过教学质量评价可以形成正确的导向和激励作用，调动教学主体的积极性，促进教学改革创新，提升整体教学质量。高校教学质量评价可以分为校外评价和校内评价两种机制。校外评价既包括国家层面的和社会组织的教育质量评估机制，也包括社会对高校的口碑等非正式评价，涉及高校工作环境条件，如经费投入、师资队伍、生源质量等。环境性指标如校园文化、教风、学风等；过程性指标如人才培养计划、教学管理、职称晋升制度等；成果性指标如学生知识、能力与思想道德素养等。校内评价也是一个复杂的体系。针对教师教学活动的评价机制，既包括同行评价、学生评价、督导评价、领导评价，也包括教师自评等；针对二级学院的评价机制包括专业建设学科建设评价、教学管理评价等；学院对系和教研室的评价机制包括课程建设、师资建设、教学管理、教学计划执行等；针对学生，每门课程几乎都有详细的过程评价和期末考核评价方案。评价反馈机制的设计要坚持如下原则：一是方向性原则，要与党和国家大政方针相一致，体现社会主义办学方向；二是客观公正性原则，评价标准要力求科学合理，在评价过程中公正对待每个参评对象；三是全面性原则，教育教学评价涉及教学全要素全过程，要避免过分强调某一方面而掩盖了其他方面的片面评价；四是可行性原则，评价方案和指标需可比可测，便于操作；五是激励性原则，评价机制要与激励机制挂钩，而不是单纯收集教学信息。

第五，激励机制。如何调动高校、教学管理部门和教职工教育教学工作以及学生学习积极性，在最大限度上保证教学活动高效实施，提升教育教学质量，是高校教学管理理论与实践长期重点关注的问题。高校主管部门将高校教育教学质量评估与拨款挂钩，评估质量直接影响未来教育经费拨款额度，同时对于质量评估合格或优秀的高校颁发合格证书或优秀证书以示奖励。高校内部教育教学奖励机制中，对教师的激励多种多样，主要包括教学考核评优评奖、教学竞赛评奖、教学研究项目激励、职称晋升激励等，对于调动教师研究教学改革积极性，提升教学效果，保障教学质量有着重要的意义。对教学管理人员的激励也是高校教学激励机制的重要组成部分，并在很大程度上影响着高校教学管理效能，其构成要素包括教学管理工作的挑战性、成就感、认可度、升迁空间或发展机会等。在思想和行动上加大对一线教学管理人员的重视，加强教学管理队伍建设，为教学管理人员营造舒适、轻松的工作环境，完善教学管理人员培训机制，为教学管理人员提供多样化晋升空间等，都是教学管理人员激励机制的一部分。除此之外，营造良好的行政文化，有利于提升教学管理人员工作的积极性与创造性。学生激励机制在高校教学质量保障机制中占据特殊地位，从“教”与“学”两个角度来讲，老师讲得好是前提，学生学得好才是关键。因此在高校教学质量保障机制中，学生激励机制的地位丝毫不逊于教师激励机制。对学生的激励在学生成长成才过程中极具导向作用。首先要设计科学合理的综合评价标准，不能仅仅依靠考试成绩评定奖励及其等级，这会导致学生只重考试分数，不重能力拓展和思想道德自我修养，甚至会出现为了评奖而考试作弊的现象。学习成绩、学习态度、教师评价、学生评价、社会实践、思想道德修养等都要成为学生评优评奖的参考依据。其次要实施物质奖励与精神奖励并重的奖励方式，物质奖励要能够满足学生物质生活需要，过少不能调动学生积极性，过多不利于学生身心成长；精神奖励要形式郑重，在校内形成较高的知晓度。此外，学生激励还要结合学生实际情况，对学生未来发展能起到引领作用。

总体而言，高校教学质量保障机制是一个复杂的系统，不存在普适高效的教学质量保障机制。完善、高效的教学质量保障机制的设计需要综合运用管理学、心理学等多学科理论并结合地方高校实际情况，如师资力量、校园文化、学科特点、生源质量等。

但需要强调的是，地方高校教学质量保障机制的设置要坚持正确的政治方向。在2018年9月召开的全国教育大会上，习近平总书记以“国之大计、党之大计”高度概括了教育在新时代的重要地位。地方高校要紧密围绕“培养什么人、怎样培养人、为谁培养人”这一根本问题设置教学质量保障机制，确保立德树人根本任务的全面贯彻落实。

二、发达国家高等教育教学质量保障机制借鉴

发达国家现代意义上的高等教育起步较早、种类齐全、层次多样、实力雄厚，在教学质量保障机制设置与保障机制运行方面有着丰富的可资借鉴的经验。其中，英国、美国、荷兰和法国的高等教育教学质量保障机制经过长期改革，各具特点，构成了国际上具有代表性的四大高等教育教学质量保障机制。

英国高等教育的历史可以追溯到大约800年前，从牛津大学和剑桥大学建校到19世纪30年代都属于精英教育；19世纪30年代之后到二战结束，开始转向大众化；二战之后，高等教育大众化趋势明显加速。20世纪90年代，只有5000多万人口的英国，高校在校生规模就达到了百万①。早在1964年，为了保障高校教学质量，英国就成立了全国学位授予委员会；20世纪80年代末，形成了以全国学术委员会、大学基金委员会、多科技术学院和其他学院基金委员会为主体的教学质量保障体系②。1992年，英国设立高等教育基金委员会，下设教学质量评估委员会，监督指导教学质量管理，并将教学质量与拨款额度挂钩。经过多年的努力探索，到2002年，英国以高等院校的审计取代学术评估，重点监督高校教学质量保障机制的运行有效性，而不再直接评估教学质量，不仅减轻了反复的多重评估给地方院校带来的沉重负担，节约了时间、精力和经费，而且提高了评估效率，促进了高校教育教学质量保障机制的高效运行。

在评估之外，英国高等教育教学质量保障机制还有一些显著特点。其一，文化机制与制度机制高度融合。除常规评估检查等一系列机制保障教学质量之外，英国高等教育历经数百年的发展，其间沉淀下来的追求教学质量的文

① 朱镜人.英国高等教育“大众化”述评[J].高等教育研究，1997(6)：94-99.

② 缪苗，许明.20世纪90年代以来英国高等教育质量保障机制的变迁[J].比较教育研究，2005(12)：62-67.

化和荣誉感形成独特的教学质量保障文化机制，并且自觉不自觉地融入在教学保障制度机制的运行中。其二，师生良性互动的本科生导师制。以剑桥大学和牛津大学为例，本科生导师制让每个本科生都有专业导师，指导选课，开展课外辅导；教与学的融合机制，学生作为学习的主体也广泛参与教学活动，除一般性课外活动外，学生还会参与教学情况评估，学生代表、授课教师与基层教学组织负责人联合组成教学委员会，形成教与学深度融合的教学质量保障机制；适度集中与高度自治的组织机制，校级层面负责学院资源的配置，掌控人、财、物的调配，学院层面负责学科建设与教学管理，拥有学位授予、专业设置、课程设置、经费使用、师资配备等方面的高度自治权力，基层系所负责日常教学管理。

根据联邦宪法规定，美国教育部等政府机构无权干涉高校教育教学，高校由各州政府管理。美国高校通过非官方的高等教育认证体系构筑教学质量保障机制的基础，而这些非官方的专业机构和民间组织的教学质量评估结果又得到政府认可。美国高校教学质量保障机制由校外保障机制和校内保障机制构成。校外保障机制主要包括院校认证和专业认证。美国虽然尊重各地方高校办学自主性与多样性，但区域认证机构也会制定统一的高校认证标准，用来评估高校师资、课程设置、教学质量、教学管理与教学设备等各方面的情况，只有符合认证标准的高校才能获得认可资格。专业认证机构则是由同一专业成员构成，认证对象是专业院系或独立学院。专业认证涉及专业培养目的、教学计划、师资力量、科学研究、教学过程、学习状态、学生的学习与产出、专业强项与弱项分析、专业改进措施等。校内保障机制主要是高校自评，通过有目的的自我评估指标的引导，收集本校教育教学各方面信息，为认证评估提供基本资料。通过自评对自身进行全面认识，总结经验，找出不足，并制定针对性整改措施，改进教学管理制度，调整发展战略，促进教学质量提升。校内自评直接与学校规划、资源分配以及优先设置新专业挂钩。

此外，高度市场化的高等教育体制使得美国高校之间竞争异常激烈，为了保障教学质量，美国地方高校设置了很多其他保障机制。例如，奖学金、助学金制度，用来招收更为优秀的学生，保证良好的生源质量；面向全球的优秀教师招聘机制，通过扩大教师自主权、设置教师学术休假制度、提供高额科研启动经费、提供优质工作生活服务等措施吸引优秀教师；师资培训机制，教师自愿或因教学质量差而被通知参与严格保密的教学方法咨询，总结教学经验，改进教学方法，提升教学效果；软硬件保障机制，通过提升教学与学习环境质量提高教学质量与学习效率，包括优美的校园环境、丰富的图书资料、齐备的教学设施等，让教师和学生在优雅舒适便利的环境中教学与学习。

20世纪50年代，荷兰推动高等教育规模大幅扩展，在很短的时间内实现了高等教育由精英教育向大众教育的转变。然而，免费的持续扩张的高等教育让国家财政承受越来越大的压力，教育质量也因为教育规模的扩大而出现普遍下降的现象。尤其是20世纪六七十年代，高等教育的快速发展催生了大量职业教育学院，很多高校毕业生无法满足社会需要，引起了社会和政府部门的高度关注。20世纪80年代，荷兰开始加快高校教学质量保障机制改革，改变之前高度中央集权式的低效率教学管理机制，将高等教育质量管理及评价责任下放给高校，赋予高校更大的教学质量管理自主权，形成了独具特色的教学质量保障体系。荷兰高等教育教学质量评估由校内和校外两部分组成。校外评估由非政府组织荷兰大学协会和高等职业教育学院协会负责，评估内容涉及教学、科研、社会服务等方面；校内自评体系由高校自主设计，内容包括师资、课程、教学、国际化水平与对外交流、毕业生质量等方面。这是一种高校自我管理的教学质量保障机制，评估结果与政府的教育拨款没有直接关联。政府部门通过高等教育视察团关注评估报告，监管高校教育教学质量，监督高校落实评审委员会评审整改意见，对于整改不落实或落实不到位的高校予以警告甚至撤销学历学位的官方认定。2002年之后，荷兰制定了专门的高等教育认证制度，设立了独立的由大部分高校认可的认证组织，负责制定课程认证政策框架，并认可校外评估机构资质，获得认可的评估团体则根据政策框架制定评估准则，开展评估活动。

法国高等教育教学质量保障机制也独具特点。法国高等教育机构大致可以分为三种类型，颁发国家本硕博文凭的公立大学、独具特色的颁发国家工程师文凭的工程师学校、颁发国家核准文凭的私立商业管理学校。法国还成立了独立的不受利益相关方影响的高等教育评估高级委员会，委员会专家来自不同国家和不同领域，负责工科和商科之外所有高等教育机构的教学评估。工程师职衔委员会是法国工程师专业认证领域的权威机构，也是欧洲高等教育质量保障组织成员，委员一半来自高校，一半来自企业，负责对工程师和工程师学校进行认证，制定工程师学位培养标准和培养模式。此外，法国还设有教育督学机制，其中国民教育总督学负责评估教育内容、教学方法与质量，参与师资建设和教学大纲的制定；行政总督学负责监督学校经费使用情况、检查学校管理机制运行情况、审核行政人员招聘标准等；图书馆总督学负责检查图书馆组织运转情况。总体而言，法国高校评估认证机构分工明确，认证评估流程规范，通过定期的评估认证确保法国高等教育教学质量得到保障。

从高校内部管理机制来看，就法国公立大学而言，其教育经费部分来自国家财政，但各高校都有相对的经济独立性。经费使用上，由教育部协调安排；管理机制上，每所高校都由教育部委派一名秘书长参与人事安排、后勤管理、校务、学生生活、经费使用等方面的行政管理工作；校内组织管理方面，由民主选举产生的校长和行政管理委员会、学术委员会、学生学习与生活委员会进行日常管理，具有较高的自治权力。高校内部还设有专门自查自评机构，一方面负责对本校日常教育教学活动展开自我评估，另一方面与教育部保持沟通，根据评估结果督促整改，确保教育教学质量。

除了以上四国的教学质量保障机制之外，其他国家也有一些有特点的值得借鉴的教学质量保障机制。例如，20世纪80年代开始，澳大利亚逐步建立全国性的高等教育教学质量保障机制，1992年建立高等教育质量保障委员会，独立审核高校教学质量保障机制与程序，并以此为依据分配奖励性财政拨款。此后该委员会对全国高校教育保障体系进行了为期三年的质量审核，内容涉及整体规划、教学项目管理、课程设计实施与评价、教学效果、教学支持与服务等各方面。2000年，澳大利亚大学质量委员会成立，澳大利亚高等教育教学质量保障体系形成。在这个体系内，高校教育教学经费由联邦政府保障，并接受政府监督考核；日常教学与质量保障由高校承担；地方政府负责高校资格认定和学程经费保障；大学质量委员会则根据各高校自主提供的发展计划对高校进行外部评估。澳大利亚在此基础上对高等教育教学质量保障体系进行多次改革创新，不断强化高校教学管理与保障。

再如，加拿大的高校一般是省级立法批准成立的，省级政府通过经费划拨从宏观上进行管理。高校日常管理由校长、院长、教师学生代表、行政人员组成的校务委员会负责。由地方知名企业家、社区领导、社会贤达共同组成的董事会负责筹措高校办学经费，并对高校日常办学活动进行监督，保障高校不偏离既定办学方向，不违背办学理念。在国家层面，成立加拿大教育部长理事会，负责全国教育政策协调保障与对外交流，其下设的教育质量保障委员会负责制定全国学位资格要求框架、申报新学程质量评估程序与标准等，从宏观上对高校教学质量标准进行全面规定。地方性高校协会负责自律性评估，定期对省内高校已有学程进行评估。校内质量保障机制由单位评估和学程评估构成：单位评估是针对院系领导任期业绩的行政性评估，综合评估任期内教学科研、师资建设、财务、学程质量等；学程评估是由省内自律性教学质量评估组织负责的针对高校教学设施、师资队伍、学术研究等方面展开的学术性评估。

建立完善的高校教学质量保障机制是发达国家的普遍做法，主要经验归结起来有以下几点。其一，立体化的教学质量保障机制。从国家、地方到高校不同层面建立不同层次的教学质量监督保障机制，各种层次的教学质量监督保障机制各司其职，形成立体的严密的教学质量保障体系。其二，内部保障与外部保障相结合。从教学监控来看，各国对高校教学质量的监控都是由内部评估和外部评估两部分组成，高校在外部评估之前都会开展校内自评，而且学校自评的重要性要远超校外评估。校外评估监控高校教学目标的实现，考察教学经费投入与教学结果。校内自评涉及人财物各个方面，包括教学定位、规划执行情况、日常教学活动、毕业生质量等方方面面，其评估结果也是校外评估的重要参考依据。其三，注重学生学业产出。发达国家所有的教学质量保障体系都侧重于对学生学业产出的关注，一方面评估体系以多种形式考查学生的学习情况，另一方面学生广泛参与教学评估过程，无论是校内自评还是校外评估都会广泛听取学生的意见。此外，各高校都建立了完善的学生评教机制，并根据学生评教情况改善教学方式，提升教育教学质量。其四，师资队伍建设是构建高校教学质量保障机制的重要内容。在教学质量保障机制中，师资保障是最为核心的部分。从发达国家的经验来看，所有高校无论是师资评聘机制、师资结构设置、师资培训机制、师资考核机制都有完善的严格的规定。同时，教师是教学质量保障机制与监控体系的主体，也是客体，是教学评估的重要参与方，无论何种评估都要广泛听取教学代表的意见。另外，教师也是同行评议的主体。其五，高校拥有高度的教学自主权。虽然不同国家对人才质量的要求不同，教学监管机制各有特色，但高等院校都是自治机构，拥有高度的教育教学自治权力。这种自主办学地位基本都是通过立法的形式保障的。例如1984年的法国高等教育法规定高等院校享有法人资格，在教学、科研和行政财务等方面享有自主权；美国联邦法典“教育总则法”规定任何国家政府部门、机构、官员或雇员都不得对任何教育机构、学校的教学计划、管理、人事等加以指导、监督或者控制。其六，教学质量评估机构的独立性。发达国家专门的高等教育评估机构都是政府、高校与社会之间的桥梁，从评估标准的制定到评估方式的选择，再到评估结果的公布，都不在政府的控制和干预之下，但评定结果却得到政府部门的认可，又能保证评估具有权威性。

三、我国地方高校形势与政策课教学质量保障机制基本状况

国内对于教学质量保障机制的研究起步很晚，在20世纪90年代之前很少

见到相关研究，1999年高校大规模扩招之后相关研究不断增多。从文献调研的情况看，思想政治教育教学质量保障机制的相关研究几乎与一般意义上的高校教学质量保障机制研究同步出现。现有研究集中探讨了高校一般的和具体某类课程的教学质量保障机制设置经验，或介绍国外高校教学质量保障机制情况。

(一)我国高校教学质量保障机制概况

迅速扩大的招生规模让高等教育质量面临严峻的考验。与发达国家数百年的积累不同，我国现代意义上的高等教育起步较晚，面临着发达国家不曾遇到过的问题。1999年我国普通高校在校生只有178万多人，2009年达到2285.15万人，2018年上升到3833万人，20年间我国高等教育在校生总数增加了20.5倍左右。“一般来说，招生规模的骤增势必影响学校各方面运行的质量，同时也使高等教育面临多样性的挑战。”[①]与高校在校生规模持续迅速扩大相伴随的是不断增加的教育教学质量压力，国内专家学者普遍认为牺牲教育质量换取高等教育大众化的发展模式是不可取的。因此，在高等教育规模迅速扩大的背景下，正确处理好教育发展数量与质量的关系是不可回避的问题，如何完善教育教学质量保障机制也成为专家学者们讨论的焦点问题。

20世纪90年代，我国高等教育质量评估有三种方案。1990年，国家教委发布第一个系统的高等教育教学质量保障机制相关政策文件——《普通高等学校教育评估暂行规定》，标志着我国高等教育教学质量保障机制建设正式启动。教育部在1994年启动普通本科高校教学工作水平评估，对1976年以来新建本科院校开展合格评估；1996年启动高等教育质量优秀评估，对100所高水平重点大学进行优秀评估；1999年对介于合格与优秀之间的高校进行随机性水平评估。

2002年6月，教育部将三种评估方案合而为一，颁布《普通高等学校本

① 李奇.论我国高等教育质量保障体系的建构[J].国家教育行政学院学报，2010(11)：25.

科教学工作水平评估方案（试行）》，标志着我国本科教育教学质量经过多年研究与试点，开始步入制度化规范化轨道。2003年，教育部明确了“五年一轮”的水平评估机制。2004年发布教高厅〔2004〕21号文件，对评估方案进行了修订。评估指标涵盖办学指导思想、师资队伍、教学条件与利用、专业建设与教学改革、教学管理、学风、教学效果等7个大项，外加特色项目，形成7+1的一级指标体系。至2008年，共有589所高校参评。2009年又确立了“五位一体”的评估机制，包括高校自评、国际评估、教学基本状态数据常态监测、分类院校评估（审核评估和合格评估）和学科专业认证及评估（工程教育专业认证、医学专业认证与专业评估），形成了多主体多形式的高等教育教学质量保障机制。高校教学工作评估标准分为：人才培养效果与培养目标的达成度，办学定位、培养目标与经济社会发展需求的适应度，师资和教学资源对学校人才培养的支撑度，教学质量保障体系运行的有效度，学生和用人单位的满意度等五个方面。

我国高等教育教学质量保障体系具有鲜明的政府背景。高等教育多是政府出资兴办的，高校是政府领导和管理的，高等教育质量的监控评估也是政府主导的，政府行为在高校教育教学质量保障体系中占据十分重要的地位。即使有社会中介机构参与高等教育教学质量评估，但是不具有政府背景的中介机构也基本得不到认同，而得到认同的中介机构又是在政府支持下成立的并接受政府财政拨款。事实上，不具备政府背景的中介机构很难参与到教育部主导的高等教育质量评估当中。在高等教育办学主体日益多元化，民办高校、合资高校逐渐兴起的情况下，完全由政府主导的高等教育质量评价机制并不能高度契合市场化发展的需求。为此，需要鼓励社会中介组织的发展，构建政府、高校、社会组织良性互动的综合性教学质量评价机制。

在现有教学质量保障体系中，高校自主性不高。高校本是高等教育办学主体，学校管理层、教师、学生分别是教学活动的管理主体、教学主体、学习主体，但是在教学质量评估过程中，这些主体都无法参与评估标准、过程的设计制定，反而变成了评估客体，只能在评估标准下被动查缺补漏，甚至在评估标准的影响下改变了自主办学的思路与定位，或者为了应付评估而专门制定一套教学方案，评估之后又回归日常教学模式，让评估失去了应有意义。高校是对自身教育教学情况最为了解的教学质量评估利益攸关方，客观的自我评估能够准确反映高校办学质量。高校管理人员、一线教师、学生代表和评估专家都应该是评估主体，共同参与评估标准和过程的设计，能更为准确地掌握高校教学质量状况，保证评估对高校的引领作用，赋予高校更高的评估自主性可以充分调动办学主体参与评估的积极性。

加快完善立法工作也是我国高等教育教学质量保障机制建设的努力方向。我国高等教育法制化较西方发达国家晚很多，与1965年颁布的美国高等教育法相比，我国的高等教育法晚了30多年，而高等教育保障教学质量机制法制化则是西方高等教育发展的普遍经验。要加快高等教育立法，以立法的形式明确高等教育经费保障，明晰政府、社会与高校的权责界限，以便为高等教育教学质量保障机制建设提供法律保障。

除此之外，还要建立多元化教育经费保障机制。我国高等教育经费来源较为单一，尤其地方高校绝大部分办学经费来自政府财政拨款。然而财政拨款始终无法完全满足地方高校发展需求，地方高校要服务地方经济发展，实现产教融合、校企合作，注重培养应用型技术技能型人才，增强学生就业创业能力，地方高校转型发展也需要更多经费投入。拓宽教育经费来源渠道，完善教育成本分担机制，合理确定政府、社会和受教育者分担比例；完善并落实教育税收政策；探索金融支持地方高校发展新模式；支持地方高校发展校办产业；完善社会捐资助教机制，鼓励校地共建优势学科。

（二）形势与政策课教学质量保障机制的政策环境

国家高等教育教学质量保障机制的宏观构建与完善，为微观上高校课程教学质量保障机制的建设完善与有效运行提供了强有力的支撑。地方高校形势与政策课教学质量保障机制离不开高等教育保障机制的大环境。除此之外，形势与政策课相关政策是其教学质量得以保障的重要条件。在国家层面，自

20世纪80年代以来，党中央、国务院以及教育部等就高校形势与政策教育出台一系列专门政策规范，为大学生形势与政策教育提供了基本依循。

第一，起步阶段，形势与政策课教学质量保障机制初步建立。1987年5月29日，党中央发布《关于改进和加强高等学校思想政治工作的决定》，将形势、政策教育纳入教学计划。1987年11月20日，国家教育委员会发布《关于高等学校思想教育课程建设的意见》指出：关于形势政策教育课大多数院校缺乏计划，没有专人负责，有的甚至放任自流，亟须采取有力的措施改变这一状况；为了让形势与政策教育发挥应有的作用，规定每学期都应该开设，可以采用大报告会的形式授课，课时数则由各高校根据需要安排，帮助大学生认清形势和任务，激发爱国主义精神，增强民族自信心，珍惜安定团结的局面，为建设有中国特色的社会主义而奋发学习，健康成长。形势与政策课程的开设有了中央文件的保障实施。

国家教委在1988年5月发布了《关于高等学校开设“形势与政策”课的实施意见》，进一步明确了形势与政策课的课程性质、课程任务、教学内容、教学安排、教材等；1996年10月又颁发了《关于进一步加强高等学校〈形势与政策〉课程建设的意见》，对形势与政策课教学管理与课程建设做了较为细致的规范。1998年，中宣部、教育部联合颁布《关于普通高等学校“两课”课程设置的规定及其实施工作的意见》，确定了“7+1”的高校思政教育课程体系，形势与政策课作为思政课的重要组成部分被纳入教学计划，并对学时数、考核方式等做了明确规定，形势与政策课教学保障政策机制初步建立起来。

第二，发展完善阶段。2004年8日，中共中央、国务院印发的《关于进一步加强和改进大学生思想政治教育的意见》提出：“学校要紧密结合国际国内形势变化和学生关注的热点、难点问题，制定形势政策教育教学计划，认真组织实施。”对形势与政策课的课程定位、教学管理、授课形式、教材编写、课程改革、师资队伍和保障机制等做出规范。2004年11月17日，中共中央宣传部、教育部联合发布《关于进一步加强高等学校学生形势与政策教育的通知》，明确了形势与政策课在大学生形势与政策教育中的“主渠道、主阵地”地位，把《时事报告》列为形势与政策教学必备参考资料，并对本科、专科形势与政策课的学分、学时、教材等做出了细致的规定，形势与政策课成为大学生的必修课程。2005年2月7日，中共中央宣传部、教育部发布《关于进一步加强和改进高等学校思想政治理论课的意见》，把形势与政策课程纳入高等学校思想政治理论课课程体系，从总体上对学科建设、课程规范、教材、教学方式方法、教师队伍、组织领导等多方面做了进一步规范。就目前来看，地方高校普遍认识到形势与政策课作为形势政策教育教学主渠道的重要地位，基本建立起一系列有效的保障机制，确保形势与政策课教学的规范化、科学化，形势与政策课教学实效得到较好保证。

第三，新时代新政策。进入新时代，国际经济政治格局发生深刻变化。以美国某些政客为首的西方反华势力，面对日益发展的社会主义中国，难掩内心的焦虑、失落甚至是恐慌，对我们的经济打压、政治孤立和军事恐吓从未放松过，而且在西方反华政客黔驴技穷之际，对华打压政策和意识形态的渗透也越发紧张。进入新时代，面对中华民族伟大复兴的战略全局，一方面我们有制度优势，有道路自信、理论自信和文化自信；另一方面我们也面临经济社会发展中长期存在的结构性矛盾，需要有更大的政治智慧和政治勇气不断改革创新，探索新时代社会主义现代化强国之路。

面对更加复杂的国际国内形势，形势与政策课教学活动面临更大挑战，应时代需要，国家对形势与政策课教学政府保障机制做出了重大调整。教育部印发《新时代高校思想政治理论课教学工作基本要求》，进一步确认了形势与政策课是本专科生每学期必修课的课程地位，明确提出教研室（组）要组织教师集中学习党中央重大方针政策和决策部署，及时将党的理论创新最新成果贯穿融入教学，充分体现课程的思想性、理论性、时效性。所有思政课专职教师、所有思政理论课教研室都有责任对学生开展形势与政策教育，形势与政策课与其他思政课相互配合呼应，形成协同效应，共同构筑大学生形势与政策教育主阵地。2019年8月，中共中央办公厅、国务院办公厅印发了

《关于深化新时代学校思想政治理论课改革创新的若干意见》，对新时代高校思想政治理论课的职能定位和总体要求进行了深刻阐述，对教材体系建设、教师队伍建设、专项经费保障等进行了新的规划，进一步明确地方党委政府、高校党委主要领导干部讲授形势与政策课的任务要求，为新时代形势与政策课教学改革与创新提供了根本遵循。

(三)形势与政策课教学质量保障机制面临的问题

经过多年努力，我国地方高校基本形成了较为完善的形势与政策课教学质量保障机制，高校形势与政策教育教学质量水平在不断提升，大学生形势与政策素养得到持续提高，但在形势与政策课日常教学与管理中也存在一些普遍性问题。

第一，只重教学质量监控，忽视学习质量监管。很多地方高校在设置形势与政策课教学质量保障机制时，对质量监控理解有偏差，在教学监管上只注重教学过程监控而忽视了学生学习质量监管。作为立德树人的主体，绝大部分形势与政策课教师在课前都会花大量的时间和精力准备授课内容，并不断提升自身教学水平和育人能力，但很多地方高校因课程设置本身的问题，教师只担任个别专题的授课任务，无法在课堂上对学生进行持续监管。即使是同一教师承担一个班所有专题的形势与政策课授课任务，也无法改变因为学生对形势与政策课不重视，较其他课程旷课率高的现象。形势与政策课教师在课下更不可能对学生进行有效的学习指导与监管，学校层面也没有专门针对形势与政策课学习过程的监管机制，因而出现了学习监管的缺失。如果不在客观上制定出更多的针对性监管措施，就不可能达到应有的教学效果。教学是“教”与“学”的统一过程，“教”得再好都要落到最后的“学”上，学生的学习效果才是形势与政策教育效果的决定性因素，只注重“教”的监控而忽视了“学”的监管，实际上是本末倒置，导致教学总体效果差，甚至出现负面效果。

第二，教学质量保障机制照搬照抄，不切实际。理论上说，没有最好的教学质量保障机制，只有最符合地方高校实际的教学保障体系。地方高校应该结合校情，建立贴合本校实际的形势与政策课教学保障机制。但现实中，很多地方高校的形势与政策课教学质量保障机制并未充分考虑课程培养目标、课程定位、本校师生素质和管理经验等条件，盲目向重点院校看齐，照搬照抄其他优势院校教学质量保障体系，或者不顾形势与政策课课程性质与特点，照搬照抄其他课程教学机制与教学模式，导致日常形势与政策课教学运行不畅，教师备课授课虽然花了很多时间和精力，但学生学习积极性不高，教学效果也无法保障。当然，重点院校在形势与政策课教学质量保障机制建设上起步较早，有大量的经验值得地方院校学习，但绝不能生搬硬套，而要结合自身实际，有选择地学习借鉴。

第三，教学保障体系缺乏长效保障机制。一般而言，教学保障体系是稳定的、长期有效运行的，但很多地方高校虽然建立了较为全面的形势与政策课教学质量监管体系和保障系统，却忽视了保障机制长期有效运行的监控机制建设。教学质量保障机制本身没有多大问题，却无法保证高效运行。例如，某些地方院校在评估期间，一切工作都为了应付评估而运转，形势与政策课教学质量保障机制运行所需各种条件都能够得到有效供给，教学与学习效果良好，但是一旦评估结束，保障条件就不再全面供给，保障机制就得不到落实，甚至只停留在纸上。因此，建立完善的形势与政策课教学质量保障机制的长效监管制度必不可少，这需要地方高校长期投入，保持形势与政策课教学质量保障机制的长效运行，更需要上级监管部门的有效监管。

第四，教学管理考核机制缺乏人文关怀。所有教师都应该严格遵守教学纪律，这是基本要求，本也不是问题。但很多地方高校在形势与政策课教学管理中，职级权威和行政命令占据主导地位，教学管理部门也是通过各种教学规章制度约束教师的日常教学行为，要求教师按照规定履职尽责。这种他律式的管理模式把每位教师都当作潜在的教学纪律触犯对象，教师则小心翼翼地按照教学规章执行教学任务，生怕出现教学差错甚至教学事故。形势与政策课教师需要有更高的精神境界和道德追求，并通过言传身教感染学生，模范地遵守教学纪律是最起码的要求，但是他律式的教学管理模式却在实际上拉低了形势与政策课教师的职业境界。在这种教学管理考核机制中，教师没有积极性主动性，更缺乏教学创造性。为此，需要充分听取一线形势与政策课教师的意见，改革不合理的规章制度；加大青年教师业务培训力度，贯彻落实青年教师指导老师制度，让“传帮带”机制发挥应有作用；还应该在规章制度操作过程中融合一定限度的容错机制。

第五，教学方法创新与培训重视不够，支持力度有限。就思想政治理论课而言，其他四门课程依托教研室，开展定期与不定期的教学研究活动，可以有效提升教师教学能力，提高教学效果。而形势与政策教研室教师构成复杂，而且兼职教师占大多数，定期组织集中教研活动有一定难度，加之部分地方高校并没有真正重视形势与政策课教学方法创新，集体教研活动只停留在文件上，无法得到真正落实。学校层面没有足够的重视，导致各部门与各学院也无法集中优势力量形成合力支持形势与政策课教育教学的保障机制。相对于其他四门思政课而言，形势与政策课并未引起某些地方高校领导以及部门管理人员的同等重视，导致部分高校专门的形势与政策课教学培训明显滞后于其他思政课。就省级培训而言，形势与政策课的教学培训支持力度也相对弱于其他四门思政课程。建立形势与政策课教学方法创新与培训长效保障机制是提升形势与政策课教学实效的必然选择。

总体而言，地方高校形势与政策课教学质量保障机制是形势与政策课顺利开展的有效保障，虽然在现实中形势与政策课教学质量保障机制还存在很多缺陷，有些是认识上的，有些是制度设计上的，有些则是大环境影射的，但这些不足都是可以弥补的。优化教学质量保障机制也是当前提升形势与政策课教学实效的重要努力方向。

（四）形势与政策课教学质量保障机制设置的原则

如前所述，形势与政策课与知识传授型专业课程不同，与其他四门思想政治理论课相比也有很大特色。课程性质决定了形势与政策课授课内容涉及众多学科，是一门综合性很强的课程，最为重要的是不但和一般思想政治理论课一样要肩负起大学生世界观、人生观、价值观教育任务，而且更具时效性与现实性等特点。独特的课程性质和目标任务决定了形势与政策课教学质量保障机制设置也有异于其他课程。

1.理论与实际紧密结合的原则

形势与政策课虽然不像其他几门思想政治理论课那样需要讲授深度的理论知识，但并不是说其可以完全脱离理论。一方面，形势与政策课需要马克思主义基本理论的指导，用马克思主义形势与政策观进行科学的形势与政策分析，对学生进行正确的政策解读与时势解析。另一方面，以国际国内经济政治形势和国家大政方针为授课内容的形势与政策课又是一门异常强调实际的课程。这要求形势与政策课必须将马克思主义基本理论充分融合在形势与政策的解析之中。形势与政策课教学质量保障机制要围绕这个要求进行设置。在整个思想政治理论课程体系中，形势与政策课介于理论与实际之间，具有沟通理论与现实的独特地位，思想政治理论课教学体系的设置要充分考虑其特殊性，而不能混用一般的思政课教学机制，这是基本保障。

2.系统性原则

从内容上看，形势与政策课涉及众多学科，形势与政策课教师要储备丰富的多学科相关知识才能胜任授课任务，这就要求形势与政策课授课教师在加强自学的同时，与其他相关学科教师建立紧密的联系，便于深入了解与教学内容相关的专业性问题，而后才能把形势与政策内容讲清楚。以新冠肺炎疫情为例，形势与政策课教师不仅要讲清楚党和政府是如何领导全国人民众志成城抗击疫病，最大限度保障人民群众生命健康的，还要讲清楚新冠肺炎的基本病理知识以及防护知识，这就需要医学相关专业提供协助。从师资构成看，形势与政策课兼职教师在师资队伍中占比很高，构成复杂，有辅导员、班主任、二级学院及校中层领导、校高层领导和校外专家学者、政府以及企业相关人员。这更需要建立一个高效运行的系统管理机制，沟通协调各方，形成教学合力，保障形势与政策课教学质量。

3. 长效性原则

作为高校思政教育的重要环节、思政课的重要组成部分、形势与政策教育的主渠道，形势与政策课教学活动有着重大的现实意义。形势与政策教育效果需要长期坚持才能保障，建立健全形势与政策课教学质量保障长效机制势在必行。形势与政策课教学质量保障机制常态化不能仅仅依靠政府层面的教学评估，也不能仅依赖于完善的师资、培训、教材、教研、备课等直接关联性保障机制，还要建立完善的教学评估督导机制和教学效果激励机制等间接保障机制。教学评估督导机制又包括领导评估、专家评估、同行评估和学生评估。领导层面需要校领导和相关二级学院共同组成督导组，通过深入课堂随机听课，检查课件、讲稿，召集座谈等方式对形势与政策课授课情况予以实时监控。专家评估则是由校内外高水平专家组成评估小组定期评估高校形势与政策教育质量。同行层面和学生层面则分别由校内同行和学生根据自己了解的情况对形势与政策课授课教师的授课情况予以客观的综合打分。同时，督导机制要与激励机制相配合，形成长效机制，根据督导机制搜集反馈的情况，分学期对授课效果好、评价高的教师予以适当的物质与精神激励，以调动教师的积极性与主动性。

4. 灵活性与可行性原则

地方高校大多具有地方特色，要么与当地产业具有紧密的联系，要么被打上当地文化的鲜明烙印。形势与政策课要结合地方高校办学特色设置贴合实际的高效可行的教学质量保障机制。与教学模式的设置一样，形势与政策课教学活动也没有通用的高效保障机制。形势与政策课要在教育部宏观教育教学相关文件精神的指导下，在省教育部门的统一领导下，根据各地方高校自身师资力量、办学特色、管理文化等一系列软硬件条件综合考虑，设置灵活可行的教学质量保障机制。

地方高校教学资源相对有限，给予形势与政策课充足的教学保障存在一定的困难。在国家日益重视形势与政策教育的大背景下，地方高校对形势与政策教育的重视程度在持续提升；形势与政策课教学质量保障机制设置在多元化趋势逐渐明显的同时，也在不断完善。这为形势与政策课教学实效的提升奠定了坚实的基础。

第二节 形成完备的制度体系

完备的制度体系是确保形势与政策课教学实效的基础。目前纳入思政课教学体系之内的形势与政策课教学与研究都有相对完善的制度体系，基本能够满足日常教学工作需求，但是形势与政策课教学与研究都有区别于其他思政课程的特点，思政课或全校统一的制度体系无法满足形势与政策课教学与研究的全部需要，因此形势与政策课也需要有一些独立的专门制度规范。

一、师资保障制度

师资力量是教学质量保障机制中第一位的保障条件。地方高校专职形势与政策课教师有限，且教学任务繁重，造成师资力量构成与一般专业课以及其他思政课有较大差异。形势与政策课应建立复合式的教学团队，共同完成教学活动[①]。为此需要协调专职与兼职、校内与校外师资力量，建立复合式形势与政策课师资保障机制。思政课专职教师队伍理论水平较高、熟悉教学内容，是形势与政策课师资力量的主体部分；辅导员、班主任、学校中层领导干部以及校领导经过严格选拔，构成形势与政策课不可或缺的骨干力量，尤其是辅导员等师资队伍与学生联系密切，了解学生学习、生活以及思想状况，掌握学生成长认知规律，经过专业培训可以出色地完成形势与政策课教学与研究任务；政府机关以及企事业单位领导干部、劳动模范、道德模范、杰出人物等是形势与政策课师资队伍的重要组成部分，他们掌握丰富的社会经验，

① 高燕，李扬.创新教学机制提升大学生对高校“形势与政策”课的获得感[J].思想理论教育导刊，2017(11)：124-126.

对党和国家大政方针有深刻的理解，能够向学生传达人民群众生产生活一线的实践经验，对课堂理论教学做必要且生动的补充，既有利于调动学生的学习积极性，加深学生对课程内容的理解，又易于形成协同效应，引导学生树立正确的世界观、人生观与价值观。三个部分师资力量共同保障形势与政策课教学效果，但是需要构建完善的组织协调机制以保障三个部分师资力量实现优势互补，发挥最大的教学保障效应。

在校外师资力量保障方面，天津市有积极的经验可供借鉴。天津市建立了市委常委和市政府领导每人联系一所高校的“一对一”制度①。全市聘任市级和校级特聘教授分别为24人和108人，市委常委、社会名人成为形势与政策课教师的一员。让市领导亲临形势与政策课教学一线，每年承担1次课的教学任务，不仅是对形势与政策课重视的体现，更重要的是对保障形势与政策课教学效果具有重大意义。市领导长期从事管理工作，对党和国家的政策有全面而深刻的把握，了解群众生产生活实际，既有较高的政治站位，又有丰富的实践材料，能够把政策讲实讲透，易于学生理解接受内化。

除此之外，还要建立并完善专兼职教师退出机制。2014年9月9日，习近平总书记看望北京师范大学师生时指出，做好老师，要有理想信念，要有道德情操，要有扎实知识，要有仁爱之心②。2019年3月18日，习近平总书记在学校思想政治理论课教师座谈会上指出，“思政课是落实立德树人根本任务的关键课程”③。办好思政课关键在教师，思政课教师肩负着立德树人，培养社会主义建设者和接班人的伟大历史使命。思政课教师必须首先符合“四有”好老师的标准，具备过硬的素质。形势与政策课教师和其他思政课教师一样，需要有坚定的政治信念、高尚的师德修养、深厚的理论功底，同时还要有敏锐的政治洞察力、过硬的理论分析能力，能够适应形势与政策课政治性与时

① 高燕，李扬．创新教学机制提升大学生对高校“形势与政策”课的获得感[J].思想理论教育导刊，2017(11)：124-126.

② 习近平．做党和人民满意的好老师：同北京师范大学师生代表座谈时的讲话[M].北京：人民出版社，2014：4-9.

③ 习近平．思政课是落实立德树人根本任务的关键课程[M].北京：人民出版社，2020：2.

效性等方面的要求。事实是，并不是每一位授课教师都能够完全符合形势与政策课的教学要求，对于业务方面有缺陷的教师，可以通过培训、加强指导等方式提升其能力，帮助他们胜任教学工作，经过培训与指导仍不能符合教学任务要求的，要及时清理；而对于政治意识淡薄、师德修养不过关的人，则要坚决清理出形势与政策课教师队伍。

二、集体备课制度

简单来说，备课就是授课教师在上课前做的各项准备活动，主要包括钻研本门学科的课程标准、教科书和相关的参考资料、了解学生学习的实际情况、研究教学方法、编制教学进度计划和撰写课时计划（教案）等①。个人备课可以尽可能地发挥授课教师个人特长，使得授课更具有独创性，但是个人的知识结构以及掌握的资料总是有限的，备课往往限于个人视野又容易陷入封闭片面的困境。集体备课刚好相反，可以群策群力，集中集体的智慧，对课堂教学进行全面的设计，但是又会导致一刀切式的授课模式，抹煞教师的个性与创造性。受教师时间与精力的限制，集体备课容易陷入流于形式、偷工减料、程式化管理、禁锢教学新理念等困境②。在时间和精力有限的条件下，集体备课往往被看作一种负担，学校并不是把授课教师集中在一起共同备课，而是把备课任务平均分配到人，然后把每个人的备课成果捏合在一起，有些教师甚至直接下载网络教案、课件，应付集体备课任务。集体备课统一的管理、硬性的规定不仅限制了教师的创造力，更在传统的教学理念的影响下出现重“教”轻“学”的倾向，强化了重教学预设、重教学方法、重教学材料的倾向，却没有花费更多的精力思考学生学习方面的特点与要求，因此虽然授课教师在备课上花费了大量的时间和精力，却无法在授课过程中吸引

① 李瑾瑜，赵文钊.“集体备课”：内涵、问题与变革策略[J].西北师大学报(社会科学版)，2011(6)：73-79.

② 罗祖兵，周婷婷.教师集体备课的困境与突围[J].教育理论与实践，2015(8)：50-52.

学生的注意力，更是难以确保教学效果。

尽管集体备课有诸多局限，但是对于形势与政策课而言，集体备课不仅有优势也有必要性。首先，这是由形势与政策课的政治性决定的。形势与政策课教学活动要让大学生正确认识国情、党情，正确理解党的理论与大政方针，采用集体备课的方式能够“确保每一位教师都能坚持正确的政治方向，在大是大非问题上与党中央保持高度一致，树立正确的政治立场、政治信仰、政治认知和政治判断”[①]。尤其是地方高校形势与政策课专任教师人数少，不得不大量任用兼职教师授课，虽然兼职教师大多具有相关知识背景和基本的授课能力，但是总体上与思政课专职教师相比，毕竟有一定的理论素养差距，政治敏感性与对政治方向的把握相对来说也较为薄弱。因此，更需要通过集体备课统一授课教师的政治认识水平，让每一堂形势与政策课都能够充分把握正确的政治方向。其次，教材与课件的统一性为集体备课提供了便利的条件。目前来看，地方高校要么采用教育部推荐的形势与政策课教材、课件，要么采用按照教育部高校形势与政策课教学要点组织编写的教材与课件，但不论如何选择，对于一所高校而言，形势与政策课的教材与课件大多是统一的。思政课四门主干课程教材一般是统一的，教案也多半是统一的，但是教学课件大多会因为授课教师不同而各有特色。因此，与其他思政课相比，形势与政策课教材、教案、课件大多都是高度统一的，更具备集体备课的有利条件。最后，集体备课可以充分利用不同专业知识背景教师的才智，提高备课效果。与其他思政课程相比，形势与政策课大量的兼职教师任教，使得教师队伍构成更加复杂，教师专业知识背景、年龄结构与理论专长相差更远，这既是统一形势与政策课教学要求的难点，也为集体备课发挥其优势提供了更大的便利。讲授同一专题的授课教师，通过集体备课，实现相互间的取长补短，优势互补，尤其是能够让教学经验丰富的老教师发挥“传帮带”作用，缓解年轻教师备课压力，提高整体备课效果。

---

① 李国宝，管新华．高校思想政治理论课集体备课问题探讨[J]．思想理论教育导刊，2016(2)：102.

三、教学监督与考核制度

教学始终是高校的中心工作，教学质量始终是教学工作的核心，也是教育工作的生命线。完善的教学质量监督检查制度是高校强化内部管理，培养优良教风、学风，促进各类教学资源高效合理利用，增强高校自我发展能力的重要保障。对于形势与政策课来说，兼职教师多、教师构成复杂，大班授课、学生接受能力和对待本课程的态度有差异，授课内容涉及范围广，对教师综合授课能力和学生的学习主动性要求较高，想要保证良好的教学效果，更需要有完善的教学监督与考核制度。

首先，落实课程的过程考核。地方高校形势与政策课程大多采用撰写小论文的方式进行期末考核，其优势“在于操作简易，成本较低、时间安排也较灵活”[①]，学生可以就本学期授课内容选定题目，在规定时间内提交合格论文一般就可以通过考核。但是，这种只重结果不重过程的考核方式会导致“实际上有相当一部分学生是从网上复制、粘贴资料，随意拼凑或找本书手抄一篇小论文去蒙混过关”[②]，形势与政策课的教学质量也难以得到保障。有鉴于此，需要增大形势与政策课过程考核的比重，严格考勤、强化课堂考核，同时也可以改变单一的论文考核方式，增设期末考试。

其次，完善学生述学与督导、教师评学制度。地方高校基本都建立了较为完善的学生评教制度，学生大多可以通过校园网直接参与评教，对形势与政策课教师教学质量的监督起到了积极作用。但是少有高校建立学生述学制度。在功利心理的驱使下，很多大学生只重视对就业有直接帮助的专业技能型课程，尤其是对于地方应用型大学而言，大学生普遍不重视思政理论课，更是轻视边缘化的形势与政策课。学生述学，可以让大学生定期反省学习活动，在一定程度上能够端正其学习态度。如果说述学能够让大学生端正学习

① 范松仁，涂平荣．高校“形势与政策”课考核方法的实效性探讨[J]．思想理论教育导刊，2008(12)：102.

② 范松仁，涂平荣．高校“形势与政策”课考核方法的实效性探讨[J]．思想理论教育导刊，2008(12)：102.

态度，那么完善的督导和授课教师的评学机制则可以对大学生造成外在压力，促使大学生改变不良学习习惯，促成良好学风的形成。另外，大学班级学风与辅导员的有效引导有分不开的关联，可以把督导、教师评学与辅导员的绩效挂钩，绩效考核优秀的增加绩效系数作为奖励，不合格的扣相应绩效作为惩罚，以鼓励辅导员加强班风、学风建设。

最后，完善教学督导、领导、同行以及学生评教制度。目前各地方高校大都建立了较为完善的教学督导、领导、同行以及学生评教制度。教学督导和部门领导以及校领导深入课堂，了解授课教师授课情况，对于授课效果产生积极作用的做法予以肯定和鼓励，对于不足提出建议，帮助授课教师改善教学方法、增强授课技能。同行相互评教有利于在形势与政策课授课教师间形成良好的相互学习氛围，在相互学习中共同成长，提高整体授课能力。学生评教分为多种途径，督导随堂听课时通过随堂调查实现部分学生对教师授课的评价；学校集中组织教学检查的过程中组织学生代表开展座谈也可以对教师授课进行评价；期末有所有学生都参与的基于校园网络的大规模评教。评教一般也是和授课教师的绩效挂钩的，有助于鼓励教师开展教学研究、革新教学方法。

现有评教制度的不足之处在于，很多高校的形势与政策课没有独立的评教体系，每学期开设的形势与政策课不同专题又可能是由不同授课教师分开授课。对于一个班级来说，换一个专题就要换一个教师，学生在两节课内很难对授课教师的授课效果有深入的认识，在期末评教时又是对一学期所有形势与政策课教师的综合评价，无法精确到每个授课教师。由于形势与政策课教师队伍较为庞大，上课时间相对集中，大部分授课教师几乎是同时段上课，教学督导随堂听课覆盖面有限，也不可能涉及所有形势与政策课的授课教师，领导和同行听课评课也不能保证覆盖所有授课教师，每学期评教在现有体系里存在死角，因此，建立独立于现存评教系统之外的专门的形势与政策课评教制度，是强化课堂管理、提高教学实效的必然选择。

形势与政策教研室应该承担更多的评教责任。形势与政策教研室是形势与政策课教学管理的基层组织，有责任进行日常教学管理工作。首先，需要按照权责一致的原则制定完善的评教制度，教研室主任作为形势与政策课教学组织管理第一责任人，应该更多深入课堂教学一线，听取授课教师授课情况和学生的意见建议，并对授课教师授课情况做出客观准确的评价。与此同时，也应该赋予教研室主任评价更高的权重。其次，马克思主义学院领导要更多关注形势与政策课教师教学质量监督，深入课堂听课指导并给予评价。再次，专兼职教师应该增加相互听课次数，与评课制度相结合，严格同行评教制度，为同行评教提供基本条件。最后，完善学生评课制度，建立一课一评学生评课机制，每次课上完学生都可以在教务系统对教师授课情况进行评教，期末授课效果根据学生评教平均分确定。

四、学生代表座谈会制度

学生代表座谈会制度一直是高校了解大学生学习与思想状况，在此基础上研究教学及管理规律、组织教学改革、稳定教学秩序、提高教育教学及管理实效的有效途径，也体现了高等教育以学生为本、以育人为本的办学理念。多数地方高校都有较为完善的思政课学生代表座谈会制度，一般由思政课教学单位或各教研室在期中或期末召集各班学生代表开展座谈，听取他们对于教学与教学管理的意见、建议和评价，并将信息反馈给相关教师、教学管理部门，为教学研究和教学管理改革提供依据。

形势与政策课是思政课的一部分，学生代表座谈会制度也得以贯彻沿袭，但是很多高校都没有或只有少量的专门从事形势与政策课教学的教师，兼职教师太多，形势与政策课课时又相对较少，每个教师可能只担任一个固定专题的教学任务，与学生接触有限，学生对教师的教学特点并不能有全面的把握。在座谈会上，学生代表通常不知道或记不住形势与政策课任课教师的姓名，更不可能进行细致的授课信息反馈，于是很多形势与政策课的学生代表座谈会流于形式，根本起不到应有的作用。

针对形势与政策课的特点，学生代表座谈会也不能再沿袭传统的座谈形式，可以尝试采取随堂问卷调查的形式取代固定的学生代表座谈会。针对部分地方院校形势与政策课每个教师只讲授一个专题的特点，随堂问卷调查既可以把座谈会所要获取的信息容纳其中，又可以让学生针对当堂授课的教师提出意见和建议，也可以对整个形势与政策课的教学及其管理发表看法。形势与政策教研室负责收集学生反馈的信息，把特定教师在不同班级授课时出现的共性问题反馈给教师个人，并告知教学管理部门，一方面能够起到座谈会应有的作用，另一方面又提高了针对性，为教师努力提升自身教学水平指示方向，为形势与政策教研室集体备课提供参考。

五、兼职教师试讲与培训制度

从目前来看，地方高校形势与政策课的教师队伍大多由少量的专职教师和大量的兼职教师组成，兼职教师包括学校各部门各级党政干部和辅导员，其中辅导员占据了较大比例，这是形势与政策课与专业课程甚至其他思政课程都不同的一大特点。辅导员担任形势与政策课教师有天然的优势，因为他们本来就肩负着学生的日常教育与管理工作，在学生中也有一定的威信。他们的工作也是当前高校思想政治教育不可或缺的一个重要环节。他们对学生日常学习情况、生活状况、思想状况、兴趣爱好都有一定的了解，也便于深入学生学习和生活中收集形势与政策课教学相关的信息。但是，党政干部、辅导员担任形势与政策课兼职教师也面临困境。首先，党政干部和辅导员工作忙、任务重，很难有充足的精力和时间投入备课与相关研究工作，学生工作也有很多不确定因素，为了处理紧急情况可能无法兼顾正常上课秩序。其次，相对于专职教师而言，部分党政干部和辅导员知识结构较为单一，理论水平也有限，而形势与政策课不仅涉及的知识面很宽，而且还有很强的政治性，对授课教师的理论素养也有一定的要求，这刚好是很多兼职教师所缺乏的。最后，在兼职教师中有很多是刚刚毕业的硕士研究生，他们与学生在年龄上差距不大，没有足够的教学经验，不能灵活运用教学方法，加之授课时信心不足，往往难以准确把握教学重点，教学效果也难以得到保证。

在思政课师生比远达不到标准要求的情况下，形势与政策课聘用兼职教师任教似乎是必然的选择，事实证明，绝大部分兼职教师是可以按照要求完成授课任务的。在无法很快改变现有形势与政策课教师队伍结构的情况下，把好师资队伍准入关口对保障教学质量相当重要。试讲是选拔形势与政策课兼职教师的理想手段之一。基本做法是邀请形势与政策教育教学卓有成效的教师或外校专家组成评委团，让报名参加选拔的教师准备一堂微课（20分钟左右）进行模拟授课。评委从教师教学基本素质、教学方法、教学内容和教学效果等多方面进行综合评分。其他在任的形势与政策课教师旁听，提出参考意见。在选拔形势与政策课任课教师的同时，邀请专家现场点评，既保证了选拔的公正性和专业性，又能让所有任课教师和参与选拔的教师认识到自身的长处与不足，取长补短，从而提高整体教学水平。

除了严格选拔程序和要求之外，还要完善形势与政策课兼职教师培训制度。可以对新任兼职教师进行岗前集中培训，结合集中备课和重点听课制度加强对新任兼职教师的指导和现场培训；也可以定期举行形势与政策课讲课比赛，在比赛现场邀请专家做专题培训，这种专题培训的优势在于可以根据参赛教师的临场表现进行专业性和针对性都很强的现场指导，能够高效地提升教师队伍整体教学水平；还可以鼓励形势与政策课教师参加省内举办的专题培训和省内外的各类相关学术研讨会，或者集中组织授课教师到省内外有典型经验的兄弟院校观摩学习。

六、教学研究制度

就安徽省内部分地方高校的情况来看，不仅形势与政策课在教学上存在重“教”轻“学”的现象，而且很多授课教师在日常教学中还存在只“教”不“研”的情况，只把授课当作教学任务，而不做深入的教学研究。很多高校形势与政策教研室就一个教研室主任，即使有专门的教师，人数也非常少。即使是形势与政策教研室的主任，也不是专职于形势与政策课的教育教学，而是兼做其他思政课教学工作，很少有思政课教师把形势与政策当作自己的研究领域。对于其他党政干部和辅导员等形势与政策课的兼职教师而言，形势与政策的教学工作虽然可能是他们唯一的授课工作，但是教学工作毕竟本来就是“副业”，在繁杂的日常工作之余能够顺利完成形势与政策的教学任务就已经不大容易了，更没有多少富余的精力和时间投入教学研究中去。即使部分兼职教师有相关教学改革的想法也限于理论水平难以做深入的研究，于是兼职教师中从事教学的多，潜心于形势与政策课教学研究的少。学校层面，也存在重科研，轻教研的情况。部分高校省级科研项目有奖励，有科研工作量，而同级别的教研项目不仅没有相应的奖励，甚至也不计算工作量，这种做法极大地挫伤了形势与政策课教师从事教学研究的积极性。

教学研究是改进教学方法，提高教学效果的有效途径。提高形势与政策课教学实效，需要授课教师积极开展教学研究工作，而教研活动的开展又有赖于完善的教研制度，可以建立定期的教学研讨会制度。学校层面要对形势与政策课教学研究予以一定支持，包括邀请领域内知名专家来校做学术讲座，在教研项目立项上提供支持，鼓励开展相关教学研究。教务处是教学研究的管理机构，有责任推动教学研究的深入开展，监督形势与政策课教研室定期教学研讨会制度的建立与实施，参与并监督日常开展的教研活动。教研室是教研活动的制度制定和组织实施单位，教研室要落实日常教研活动的组织工作，设定教学研究方向，负责教研活动考勤，积累教研资料，总结教研成果，组织项目申报。任课教师要深入研读形势与政策课相关教育教学理论专著与文章，按时参加教研活动，积极踊跃发言，深入思考教研相关问题，做好教研活动笔记，有条件的情况下积极申报相关教研项目，撰写并发表教研文章。建立起学校、教务处、教研室和授课教师共同参与合力共建的教研活动平台，在完善的教研制度规范下，有计划、有步骤地开展卓有成效的教研活动，才能有力地推动形势与政策课教学改革，逐步提高教学实效。

总的来说，地方高校形势与政策课要建立教学方法创新保障机制。形势与政策教研室是形势与政策课教学方法创新的基本单位，专职教师是教学方法创新的主体力量，辅导员等兼职教师是重要的创新主体，校外讲师团可以为形势与政策课教学方法创新研究提供建议和意见。探索建立地方高校形势与政策课教学方法交流沟通长效机制，定期召开专门研讨会，共享教学方法创新经验，以优势资源高校带动师资等相对薄弱高校提升教学能力；强化学科间交流互鉴，充分借鉴其他学科优秀教学方法，取长补短，经过改革创新，将优秀教研方法引入形势与政策课。

七、听课、说课和评课制度

听课、说课和评课制度不仅是强化教学质量管理的重要环节，也是授课教师交流教学心得体会，提高整体教学水平的重要方法。校领导、教学督导听课制度属于教学管理范畴，侧重于教师教学质量的监督，教师在其中被动进行教学改革。教学单位的定期听课、说课和评课制度是以改进教学方法、优化教学设计为目的，主动推动教学改革的制度设计，侧重于教学方式方法的研讨。就形势与政策课而言，目前很多地方高校都建立了完善的初期说课，期中听课、评课的制度。

形势与政策课说课制度高效可行的做法是，每个专题都设专题组组长，由教学经验丰富的教师担任，负责组织实施集体说课。在学期初，专题组组长负责召集讲授该专题的所有教师在集体备课的基础上展开说课。与其他四门思政课程每位教师系统讲授一门课程的要求不同，部分地方高校形势与政策课一般不要求每位教师从头到尾参与每个专题的讲授，只需要讲授其中的一个专题即可，因为形势与政策课程的每个专题内容相差很远，甚至不同专题完全不属于同一个学科领域。一方面，授课教师难以做到每个专题所涉及的领域都有所研究，尤其是不可能精通相差较远的多个学科；另一方面，参与所有专题的讲授需要授课教师在备课上花费大量的时间和精力，因而可能会影响备课效率和授课效果。于是很多地方高校选择让每位教师宣讲一个专题的做法，而不是一位教师讲授所有专题。这种教学模式决定了形势与政策课不能像主干课程那样把教研室所有授课教师都集中在一起共同参与说课，而只能按照专题小组分开说课，这也是地方高校形势与政策课较为常见的说课方式。这种说课方式下，每位授课教师只需要参加一个专题的说课活动，可以大幅度提高说课效率，减少授课教师时间和精力投入，提升课堂教学效果。

也有一些地方高校将形势与政策课教学任务安排给当期承担主干课程教学任务的教师，比如承担某个班级马克思主义基本原理课程的教师同时负责该班本学期形势与政策课教学任务，授课教师在给定的专题中选择若干专题开展教学活动。这种教学模式给予授课教师一定的自主性，却给集体说课带来一定困难。每位老师选择授课的专题不同，所以需要所有授课教师全程参与所有专题的说课活动，或选择性参加自己授课专题的集体说课。但无论如何，每位授课教师都必须参加多个专题的说课活动，这增加了授课教师的时间和精力投入，降低了说课效率。

期中的听课和评课，一般采用两种方式进行。一是，同一专题的教师自主安排相互听课，这种听课方式可以让教师自主选择授课教师进行随堂听课，好处是能够为同专题教师向优秀教师学习提供方便，尤其是对于刚刚进入形势与政策课授课教师队伍的新手来说，更是一个向老教师学习，迅速提高授课技巧的途径。二是，不同专题教师相互听课，一般一个专题安排一个授课教师固定的授课节次作为听课对象，其他所有课程时间不相冲突的形势与政策课授课教师集中听课。听课结束之后举行评课会，经过充分的相互点评，授课教师可以充分认识到自身不足，取他人之长补自身之短，在相互帮助的过程中，提高整体授课实效。

八、激励机制

激励机制在思想政治理论课教学质量保障机制中占据重要地位。一般而言，人们的行为都是有动机的，而动机的激发来自人的内在需求，因此内在需求是行为发生的原动力。思想政治理论教育中的激励机制的意义就在于不断采取科学的有益方法，鼓励学生和教师在学习和工作中表现出更高的积极性、主动性与创造性。对于教师和学生来说，考核评价机制是形势与政策课教学质量保障的外部压力机制，而激励机制是内部动力机制。从地位和作用来看，内部动力机制要比外部压力机制拥有更大权重。

形势与政策课教学激励机制要注重物质激励与精神激励相结合。用物质利益鼓励师生做好形势与政策课教学具有直接效果，但单纯的物质激励并不能起到良好的作用，必须同时采用精神激励。精神激励从情感上激发师生做好形势与政策课教学与学习的上进心和积极性，能够收到比物质激励更为持久的效果。两种激励手段相辅相成。

教学激励与学习激励相结合。形势与政策课优秀的成绩评定等次确实对激发学生学习兴趣有一定作用，但更多学生只是为了通过课程拿到学分，很多追求更高成绩评定等次的学生是出于奖学金的评定考虑，而不是真的喜爱这门课程。要完善形势与政策课学生学习激励机制，在成绩评定激励之外，设置更多的精神与物质奖励，比如给予参加专题辩论的学生颁发奖励证书，对参加实践教学成绩优异的学生给予物质与精神奖励等。与此对应的是，要完善教师教学激励机制，对于教学评价优异的形势与政策课教师颁发专门荣誉证书并给予一定的物质奖励。

九、理论保障机制

随着科学技术的迅猛发展，尤其是移动网络技术的加速发展与快速普及，大学生获取信息的渠道越来越便利，接触到的信息也越来越复杂，在意识形态阵地争夺战日趋激烈的新时代，负面信息对大学生的影响也越来越大。这就需要思想政治理论与时俱进，因时而新，同时也需要思政课教师在及时做好理论创新与学习的同时，时时关注社会热点，并用所掌握的理论展开深度解析，积极回应大学生在思想政治教育过程中面临的各种新情况新问题，回应大学生的现实关切，解决他们的思想困惑，为他们成长成才提供强大的精神指引。

思想政治理论创新是思想政治教育教学机制中必不可少的环节，加大理论创新力度是完善思想政治教育教学机制的必然选择。在新时代，思想政治理论创新就是要深入研究习近平新时代中国特色社会主义思想，追踪时代课题，回应社会热点，讲清楚思想的历史脉络与时代背景，讲清楚思想的丰富内涵和科学体系，讲清楚思想的理论品格和实践要求，还要讲清楚思想的科学思想方法和工作方法。就形势与政策课而言，要善于运用马克思主义的立场、观点和方法直面社会热点问题，借助课程时效性强的特点，及时回应各种错误社会思潮的挑战，帮助学生牢固树立道路自信、理论自信、制度自信和文化自信。

十、校外保障机制

虽然学校教育是思想政治教育的主要组成部分，但并不代表思想政治教育只是学校的责任。在学校之外，社会与家庭也应当承担起相应的思想政治教育任务。因此对于思想政治理论教育教学质量保障机制的讨论并不能仅局限于高校范围内，而应扩展到更广阔的社会领域。

复杂的社会环境导致思想政治教育校外保障机制建立面临较大困难。地方高校在校生大部分时间在学校学习和生活，但课余与假期有大量时间是处于家庭环境或者更为复杂的社会环境之中的。思想政治教育教学在各地方高校都有一整套的保障机制确保教学效果，但在校外，保障机制相对薄弱。随着市场经济的不断发展，利益主体多元化越来越明显，难免会产生诸多与主流价值观相违背的现象。一旦学校正面价值观教育与社会现实之间发生冲突，学生并不牢固的价值观会面临重大冲击甚至因此而崩塌，因此，思想政治教育教学的校外保障机制尤为重要。

构建思想政治教育教学校外保障机制。首先，各级党委和政府部门要认识到社会不仅是思想政治教育教学效果的检验场域，更是思政教育的主体，公平公正的社会氛围、风清气正的社会环境对于提升社会总体思想道德水平有着重要的积极意义。其次，要建立完善的覆盖全民的思想政治素养评价机制，将评价结果作为个人升迁、薪酬待遇提升的重要参考依据。最后，要整治文化市场，清理媒体环境，培养并宣传社会和家庭思政教育先进典型，弘扬社会主义核心价值观。

第三节　构建协调的组织分工体系

“组织保障是最根本最关键的保障，也是前提性的保障。”[①]2016年12月，习近平总书记在全国高校思想政治工作会议上明确指出：“各级党委要把高校思想政治工作摆在重要位置，加强领导和指导，形成党委统一领导、各部门各方面齐抓共管的工作格局。”[②]2019年8月，中共中央办公厅、国务院办公厅印发《关于深化新时代学校思想政治理论课改革创新的若干意见》（下文简称《意见》），进一步明确要严格落实地方党委思政课建设主体责任，规定党委常委会每年至少召开1次专题会议研究思政课建设，强调了党委领导班子成员要联系高校，讲思政课特别是讲形势与政策课。思想政治教育不仅仅是高校的责任，各级党委对思想政治教育工作以及思政课建设负有主体责任。

形势与政策课是培养当代大学生综合政治素质的重要途径，形势与政策

① 索绍新．地方高校转型中思政教育创新保障机制构建探析[J].河北师范大学学报(教育科学版),2017(1):114.

② 习近平．习近平谈治国理政：第二卷[M].北京：外文出版社,2017:379.

教育是思想政治教育的重要组成部分，有自身特点，因此既要按照教育教学一般规律搞好教学管理工作，又不能把它当作一门专业课来建设，也不能单纯地运用思政课建设的一般方式、方法规范形势与政策课教学。形势与政策课教育教学本身是一个系统工程，教学与管理涉及面非常广、难度很大，需要在校领导统筹协调下，全校的各个教学部门与职能部门通力协作，而不能仅仅依靠思政课教学单位。

一、校领导统筹协调

“高校党委书记是思想政治理论课建设的第一责任人”①，自然也是形势与政策课的第一责任人。校党委是高校形势与政策课教育教学工作的政治领导核心，要对形势与政策课教育教学进行总体指导。作为一项基本的教育教学工作，“‘形势与政策’课不仅是党委的事，更应是行政和校长分内的工作”②。行政部门应该为形势与政策课日常教学提供保障条件，确保教学计划得以顺利贯彻执行。推动“建立高校党委书记、校长带头抓思政课机制”，共同营造良好的形势与政策课教学环境。

首先，完善体制机制保障良好的教学与教研氛围。提高形势与政策课教学实效的前提条件是学校各级领导和各职能部门必须形成统一的认识，始终高度重视形势与政策课的教育教学工作。这需要在校领导的统筹协调下理顺管理保障体制。在教学时数上，按照中共中央宣传部、教育部《关于进一步加强高等学校学生形势与政策教育的通知》的要求，确保每学期16课时，本科四年2学分，专科1学分的形势与政策课教学计划落实到位。在教学管理上，落实以教学为中心的层级管理模式：校领导在学校层面负责组织协调，形势与政策课教学单位负责教学组织工作，教务部门负责教学管理与监督考

① 中共中央宣传部，教育部．关于印发《普通高校思想政治理论课建设体系创新计划》的通知：教社科〔2015〕2号[EB/OL].(2016-03-02)[2021-08-30].http://mkszyxy.fjnu.edu.cn/8a/77/c2890a100983/page.htm.

② 汪风涛．构建高校“形势与政策”课教学保障机制初探[J].民族论坛，2007(9):51.

核，人事部门负责师资培养，财务部门负责教学与实践经费落实，其他教学院部负责学生管理和兼职教师安排。各部门的分工与协作都需要在学校层面做出统一部署，因此都离不开校党委、行政的统筹协调。除此之外，学校层面还需要建立完善的形势与政策课教学研究激励机制，把教学研究提升到与科研同等重要的地位，同级别教研项目获得同科研项目相同的奖励与工作量酬劳。如此才能提高形势与政策课教师教学研究的积极性，达到以“研”促“教”的效果。

其次，校党委书记或分管校领导要亲自参与形势与政策课教学工作。2015年7月，中宣部、教育部发布的《普通高校思想政治理论课建设体系创新计划》明确指出：高校所有校领导要带头讲思想政治理论课。根据2019年8月中共中央办公厅、国务院办公厅印发的《意见》，高校党委常委会每学期至少要召开1次专题会议研究思政课建设，党委书记和校长每学期至少要给学生讲授4个课时的思政课，领导班子其他成员至少讲2个课时的思政课，尤其是着重指出可重点讲授形势与政策课。校领导班子亲临形势与政策课课堂上课，不仅能彰显对课程的重视，鼓舞教师从事形势与政策课教学的志气，还能够对形势与政策课课堂教学进行指导，提升教师的教学能力与水平。

校领导亲自授课可以起到垂范作用，带动各级各部门形成高度重视思政课教学工作的良好局面。校领导讲形势与政策课符合中央文件精神，也有一定的便利。校级领导不一定具有思想政治教育相关学科背景，尤其是理工科出身的校领导可能与思政课学科背景相差较远，而思政课四门主干课程都具有很强的理论性，需要系统而深厚的理论知识储备，专业背景相差太远可能会导致教学工作很吃力。校领导一般在行政事务上较为繁忙，很难投入更多的时间和精力在不熟悉的学科领域之中，因此系统地讲授思政课课程，对于理工科知识背景的校领导而言有较大压力，也很难保证授课实效，反而有可能降低校领导在学生中的威信。相对于系统而艰深的思政课四门主干课程而言，形势与政策课理论性相对较低，课时数相对较少，而且涉及众多学科领域，更便于具有理工科知识背景的校领导参与教学工作。

再次，综合衡量工与酬，建立合理的教学课酬分配机制，充分调动形势与政策课全体教师的工作积极性。《意见》指出，各地要因地制宜设立思政课教师和辅导员岗位津贴，纳入绩效工资管理，相应核增学校绩效工资总量。提升思政课教师待遇，加大激励力度是增强思政课教师认同感、荣誉感和责任感的重要手段。

除了一般性政策待遇外，形势与政策课工与酬也要有更加明确的规范。形势与政策课教学工作多是以教学团队分工协作的形式开展的，部分学校的分工较为复杂。在大班授课的过程中，课堂教学一般是专职或兼职教师完成的；网络教学需要维护网络平台，需要录制教学资源，需要专人（未必是授课教师）负责及时处理学生在平台上提出的各种问题；形势与政策课 的考核一般是论文考核，课程论文批改以及期末成绩的登录也是由教辅人员完成的，除此之外，还有大量的相关配套教学工作。每一项教学相关工作的完成都需要教师以及教辅人员等教学相关人员的辛勤付出，为了调动与形势与政策课教学相关人员的积极性，需要充分考虑各种工作的工作量，合理分配课时酬劳或补贴等。此外，分管校领导还需要定期赴形势与政策课教学一线开展调研，听取教师、教辅人员以及学生对教学工作的意见和建议，以便及时解决教学中遇到的问题。

最后，保障培训经费落实到位。按照《意见》规定，本科院校按在校生总数每生每年不低于40元，专科院校按每生每年不低于30元的标准提取专项经费，用于思政课教师的学术交流、实践研修等，并逐步加大支持力度。形势与政策课的教学内容具有很强的时效性，每学期的授课内容都会有很大的变动，尤其需要对授课教师进行定期的专业培训，并鼓励他们积极参与省内外相关学术活动，以提高专兼职教师的教学与科研水平，增强教学实效。除此之外，有条件的高校还应该积极投入资金引进或与其他高校联合开发思政课网络教学平台，为形势与政策课的网络教学提供支撑条件。

二、思政课教学部门落实教学与教研工作

2008年9月，中共中央宣传部、教育部联合下发《关于进一步加强高等学校思想政治理论课教师队伍建设的意见》，提出各高等学校应当建立独立的、直属学校领导的思想政治理论课教学科研二级机构。2015年9月，教育部下发了《高等学校思想政治理论课建设标准》，进一步指出要独立设置直属学校领导的、与学校其他二级院（系）行政同级的思想政治理论课教学科研组织二级机构。目前，地方本科院校大多成立了独立的思想政治理论课教研机构，或已更名为马克思主义学院，负责组织本校本专科学生以及研究生的形势与政策课教学与研究工作。2019年8月，中共中央办公厅、国务院办公厅印发的《意见》又进一步指出要将马克思主义学院作为重点学院，马克思主义理论学科作为重点学科，思政课作为重点课程加强建设，在发展规划、人才引进、公共资源使用等方面给予马克思主义学院优先保障。

马克思主义学院负责形势与政策课学科建设，选拔和培养形势与政策课学科带头人，培养学术研究梯队，开展学术研究；负责专兼职教师的选拔、培训与考核，组织形势与政策课教材编写、集体备课、专题教学，对接校内外专家学者等工作。马克思主义学院对本校形势与政策课日常教学、学术研究与学科发展负有直接领导责任，为形势与政策课教学与研究工作顺利展开提供直接的组织保障。

虽然很多地方高校马克思主义学院都设有形势与政策教研室，但专门或者主要从事形势与政策教学与研究工作的教师并不多，所以地方高校形势与政策教研室规模大多并不大。教研室主要负责教学计划的讨论与执行，下达教学任务，检查督促并反馈日常教学情况；召集集体备课与教研活动，落实听课、评课制度；建设和维护网络教学平台；组织学生座谈，听取学生的意见和建议等工作。形势与政策课教研室是最为基层的组织保障。

形势与政策课与其他四门思政理论课程一起构成系统的思政课教育教学

体系，是其他四门思政课程不可或缺的补充，是高校思政课不可分割的一部分。每一门思政理论课程都有较强的系统性，但大都限于特定领域，而形势与政策课程刚好相反，涉及社会生活的各个方面，但不论是专题教学还是时政报告都不强调理论知识的系统性，而重在运用马克思主义理论知识分析现实问题。如果思政教育是一座堡垒，那么主干课程就是钢筋框架，而形势与政策课好比混凝土，二者紧密结合才能使堡垒坚不可摧。《高等学校思想政治理论课建设标准》规定，思政课教学部门（指马克思主义学院、思想政治理论课就教研部等专门的思政教学与研究部门）要“承担全校本、专科学生和研究生思想政治理论课教学任务，统一管理思想政治理论课教师……承担马克思主义理论科学研究、学科建设、研究生培养等工作”。形势与政策课是大学生形势与政策教育的主阵地，做好形势与政策教学工作是形势与政策教研室的首要任务。

精选教学内容。在教材选用上，教育部虽然每学期都会印发形势与政策课教学要点，但是各地方按照要点组织编写的教材风格各异，侧重点也有较大差别。因此，对于地方高校而言，选用的教材既要符合教育部印发的形势与政策课教学要点，又要考虑地方与高校的特点。教材确定之后，教研室还要配合马克思主义学院认真做好专题筛选工作，尽量选择政策性和时效性都很强的专题，选择在经济社会方面有重大影响、社会关注度高，尤其是关于党和政府政策创新的专题。网络上的相关材料很丰富，但缺乏学理性，需要形势与政策教研室及时组织授课教师对网络材料进行梳理加工，进行学理分析，以实现教学内容的更新和优化组合。

选拔兼职教师。师资队伍建设是教学工作的基本内容，组织开展兼职教师的选拔是思政课教学部门的工作，多数地方高校由马克思主义学院负责。思政课专职教师一般具备良好的形势与政策课授课能力，兼职教师一般由政工干部或辅导员担任。形势与政策课教师不仅需要有一定的思政理论功底，还需要有敏锐的政治洞察力，尤其需要有对党和政府大政方针的学习能力和领悟能力。绝大多数具有相近学科背景的辅导员和政工干部都可以胜任形势与政策课教学工作，但是也不乏兼职教师忙于日常工作，投入教学工作的精力和时间非常有限，对教材内容领会不深入，对授课课件不熟悉，上课读课件和讲稿内容，不仅无法引导学生正确认识时事与政策，反而会导致学生对授课内容的质疑甚至产生逆反心理。在教务部门支持和配合下，组织专家选拔教学效果优秀的教师，同时淘汰教学态度不端正、教学过程不认真、教学评价不合格的教师也是马克思主义学院的职责。

组织课程培训。形势与政策课的培训大致可以分为校内培训、全省统一组织的课程培训以及教育部组织的全国性培训。省级形势与政策课培训，一般由形势与政策教研室根据教师个人申报情况汇总上报，思政课教学部门负责总体协调把关，确定参加培训的授课教师名单，并在培训结束后组织全体授课教师听取参训教师的培训总结汇报，实现培训效益最大化。校内培训无论是校内专家培训还是校外专家培训一般都是由思政课教学部门组织的。思政课教学部门负责校外专家的邀请接待等工作，也需要学校层面在专家接待和培训报酬支付上予以支持与配合。校内专家一般由校内教学经验丰富、理论功底深厚、教学效果良好的形势与政策课教师担任。思政课教学部门负责培训专家的选定，组织授课教师尤其是新进教师参加培训以及撰写培训心得。地方高校形势与政策课教师参加全国性培训的机会相对较少，但全国性培训授课专家层次更高，参训教师收获更大，对本校形势与政策课教师整体教学与科研水平提升效果更明显。教育部可以分学期或者在寒暑假每学年组织两轮全国性形势与政策课教学与科研相关培训，以让地方高校形势与政策课教师获得更多的高水平培训机会。

组织集体备课、定期说课、相互听课、集中评课。备课、说课、听课和评课是增强教师授课能力、提高课堂授课效果的有效途径，也是形势与政策教研室日常教学组织工作的一部分。形势与政策教研室主任负责拟定各方面工作制度，比如专题负责人组织集体备课制度、新进教师说课制度、期中集中听课评课制度等，并负责各项制度的具体落实。思政课教学部门作为形势与政策教研室的直接上级管理层级，负责审批教研室制定的各项备课、说课、听课和评课制度并监督制度的落实。

组织实践教学。实践教学是形势与政策课教育教学的重要环节。课内实践教学的内容与形式在形势与政策教研室指导下由各专题小组的授课教师集中讨论决定，对于特定的某一方面的专题，课内实践形式是相对固定的，只不过每学期的授课内容不同，因而需要讲一次更新一次。例如，经济政策相关专题。2015年秋季学期的形势与政策课着重介绍上半年总体平稳的经济运行态势，“但‘稳增长’在国际经济深度调整复苏疲弱，国内经济处于‘三期叠加’阶段的大背景下面临前所未有的挑战。然而，上半年我国经济基本面良好，在宏观经济政策的微刺激下，下半年有望实现经济企稳复苏”[①]。2016年春季学期的经济专题在讲经济形势的同时侧重于介绍供给侧结构性改革政策，与2015年秋季学期相比在内容上有较大差异。课内实践形式比如小组讨论、辩论、演讲等一般较为固定。课外实践是形势与政策课的重要实践形式之一。就大学生暑期思政课实践而言，形势与政策教研室在学校和思政课教学部门的统一部署下设置好形势与政策课的相关选题，做好兼职教师指导学生开展实践的培训工作，引导学生选题、调研与撰写调研报告。就形势与政策课实践基地建设而言，形势与政策教研室要在思政课教学部门指导下，在学校和社会层面的支持下，选择典型实践单位，组织学生赴实践地参观调研，引导学生将课堂所学与实践活动紧密结合起来，撰写实践心得体会。

推动教学网络化，负责网络教学平台的维护。教学的网络化对于形势与政策课来说既是不可抗拒的趋势，也能够切实提高课堂教学的实效。形势与政策课网络教学一般都依托于思政课。因为网络教学平台的建设需要一定资金投入和技术支撑，加之很多教师的观念并未转变，目前地方高校思政课网络教学平台并未全面普及。思政课教学部门需要做好思想准备，充分认识到思政课教学网络化的必然趋势及对提高教学效果的积极意义，最终推动学校层面积极参与其他地方高校网络教学平台建设或直接引进已经成熟的网络教

① 本书编写组.形势与政策：2015—2016学年（第一学期）[M].合肥：合肥工业大学出版社，2015：49.

学平台。对于已经建立起网络教学平台的高校，形势与政策教研室有职责组织教师积极探索网络教学的方式方法，负责日常网络教学内容的更新，并及时解答学生在网络平台上提出的问题，对学生的网络讨论进行正确、有效、及时的引导。

组织授课教师开展课程考核，完成成绩评定与录入。地方高校形势与政策课一般不以考试的形式进行期末考核，而是多以课程论文的形式进行考察。无论是无纸化的网络课程论文考核，还是最终提交纸质论文材料，都需要有教师对学生的文字材料进行评阅。每学期都有大量的学生必修形势与政策课，因此提交的论文材料总量也相当多，教师评阅形势与政策课的课程论文不仅要给出分数，评定等次，还需要给出评语，并把评阅后的成绩录入系统，因此评阅工作量相当大，是一项艰苦的工作。“大多数高校思想政治理论课教师工作量过重已是不争的事实，他们除了科研任务外，普遍存在课多、班大、学生人数多等教学问题，要对堆积如山的试卷和论文一一认真批改确实有难度，加上多数高校对此工作均是无偿劳动，他们也难免随波逐流。”①目前，还有一些地方高校的形势与政策课授课与论文评阅并不是由同一位教师完成的，授课由专兼职教师完成，论文评阅多是由另一批专兼职教师承担。因为学生论文评阅工作量大，相对于授课而言，评阅工作薪酬较低，因此很多辅导员或其他教师都不愿承担论文评阅任务。为此，需要学校层面给予论文评阅以一定的酬劳倾斜，同时也需要形势与政策教研室做好论文评阅的动员组织工作。

地方高校形势与政策课存在过程考核失位现象。首先，专题式教学导致每个专题可能由不同的授课教师担任，很多地方高校形势与政策课教师只承担同一批学生两节课的授课任务，难以与学生有深入的交流，学生的听课情况、课堂互动情况也无法纳入期末考核。其次，最终考核方式大多为论文考察，论文评阅教师不一定是授课教师，并不清楚学生上课的听课状况，只能

① 范松仁，涂平荣．高校“形势与政策”课考核方法的实效性探讨[J]．思想理论教育导刊，2008(12)：102.

根据论文内容评定成绩。在这种教学模式下，过程考核是失位的。在这种情况下，学生到课率只能由辅导员督促确保，听课状况只能依靠授课教师的授课技巧和授课内容的吸引力，缺乏有效的约束机制。也有一些地方高校同一个班级的形势与政策课授课、论文评阅都由同一个教师完成，这种教学模式能够为过程考核提供有效的机制保障，但在以论文考察为主要考核方式的情况下，过程考核始终无法充分发挥应有的作用。

创新教学方法。“教学方法的创新关系到形势与政策课的生命力。”[①]创新教学方法是提高形势与政策课教学效果的主要途径。但是就安徽省地方高校情况看，专门的形势与政策课教学研究力量非常薄弱，很多高校少有或根本没有专门从事形势与政策课教学与研究的思政课教师，把形势与政策课教学研究当作研究方向的思政课教师更在少数。形势与政策课教研力量的不足导致教学方法单一，重知识的灌输，轻现实的分析；只强调教师的主导性，教师一言堂，课堂教学也缺乏有效的师生互动；教学观念落后，教学手段陈旧，即使采用多媒体教学也存在单纯地读课件、播新闻、放影片等敷衍教学的现象，现代化的网络教学方法更是难以推广普及。也有一些教师直接把思政课一般的教学方法用作形势与政策课教学，并不进行专门的教学研究。然而，形势与政策课“集政治性、政策性、时效性、针对性、教育性、综合性、学术性、实践性等特点于一体，它的主要任务不是要求学生学习某种专业知识，而是教会学生观察分析形势、理解掌握政策的方法”[②]。形势与政策课的独特性，要求其教学活动采取独特的方法与手段，结合大学生的思想状况与心理特点，把专题教学与时政教学结合起来，把理论教学与实践教学结合起来，把网络教学与课堂教学结合起来，灵活运用启发式、研讨式、辩论式、案例式等多种教学方法，综合运用多媒体、网络平台等教学手段，注重形势与政策课教学的“针对性、实践性、效用性，力求形势与政策教育生动形象、入

① 龚小平，黄洪雷．高校形势与政策课教学方法及手段改善研究[J].高等农业教育，2009(4):53.

② 龚小平，黄洪雷．高校形势与政策课教学方法及手段改善研究[J].高等农业教育，2009(4):53.

情入理、润物无声”[1]。思政课教学部门应该安排部分教师以形势与政策课教学和研究为主要任务。形势与政策教研室应当针对形势与政策课的教学特点，组织教师承担起该领域的教学研究工作。

三、职能部门与其他教学院部协力配合

形势与政策课教育教学是一项系统工程，除了学校层面的统筹协调和思政课教学单位落实工作之外，还需要学校各职能部门和教学院部的积极协力配合。

教务部门是形势与政策课教学的管理、考核、监督与组织的重要支撑单位。首先，为了保障形势与政策课教学工作的正常顺利进行，教务部门需要合理安排形势与政策课授课节次，尽量避免早、晚授课。然而，很多高校形势与政策课都不是从刚开学第一周开始的，因此授课节次安排都在其他课程安排好之后，为了不和其他课程授课时间和地点冲突，只能穿插在其他课程节次间隙，往往不可能安排在较为理想的时间段。也有高校把形势与政策课授课节次安排在学校例行会议时段，一般例会期间是不安排其他课程的，如此可以保证形势与政策课授课时间、地点不会和其他课程冲突，但是也会因为很多辅导员或政工干部要临时参加会议而打乱原有教学计划。也有高校对形势与政策课重视程度很高，提前为形势与政策课预留专门的教室，有效地保障了授课节次的合理安排。其次，保障形势与政策课教学硬件与软件设施的良好运转。教学硬件包括教室条件和各种教学设施等。目前来看，几乎所有高校尤其是新校区的教室都是宽敞明亮的阶梯教室，具备良好的通风采光条件，在后勤的维护下，教室卫生条件也基本能保持良好状态，能够满足教学要求。各种教学器材包括课桌椅、黑板、讲桌等的保障维护对于各地方高校来说也不是问题。多媒体技术和网络技术在形势与政策课教学中的应用是

① 龚小平，黄洪雷．高校形势与政策课教学方法及手段改善研究[J]．高等农业教育，2009(4)：53.

不可抗拒的趋势，也能在提高教学效果上起到积极作用。软件设施包括网络教学平台等。作为教学主管部门，推动教学硬件现代化是其应有的责任。形势与政策课的教学内容特点也要求必须采用多媒体教学，有条件的高校已经引进或开发了网络教学平台。这需要学校层面的投入，尤其需要教务部门的支持。再次，做好形势与政策课的教学监督。一方面，形势与政策教研室管理对专职教师能够起到良好的作用，对于兼职教师虽然也有一定的约束力，但是限于兼职教师的选聘过程中，教研室不是兼职教师的上级管理部门，在日常教学中对兼职教师的监管有限。然而，形势与政策课又以兼职教师为主，绝大多数兼职教师责任心很强，能够认真履行教师职责，但也有个别兼职教师教学态度不认真，教学准备不充分，因此需要教务部门在全校层面上严格对形势与政策课教学秩序的管理。另一方面，形势与政策课课时少，学生多，师生相互不熟悉。经验丰富、课堂掌控能力强、教学方法运用得当的教师可以保持良好的课堂纪律，而很多教师尤其是新进教师很难做到这一点。这就需要教务部门联合各教学院部做好学风监督工作。最后，鼓励形势与政策的教学研究。按照很多高校教研与科研独立管理的做法，教学研究划归教务部门管理。由于专门从事形势与政策课教学研究的教师很少，很多高校这方面的教学研究都是薄弱环节，需要教务管理部门予以特别的鼓励，包括核算教研工作量、教研项目审批倾斜、教研项目奖励等。

人事部门是形势与政策课师资配置与管理单位。形势与政策课是对大学生进行国际、国内形势和党的路线方针政策教育的主渠道，是一门极具特殊性与重要性的课程。针对目前专门从事形势与政策课教学的教师缺乏的情况，学校人事部门应该给予形势与政策课师资队伍建设更多的支持，可以考虑做专门的制度设置，鼓励思政课教师专门从事形势与政策课的教学与研究工作。除此之外，人事部门还需要在形势与政策课教师培养上给予更多关注，包括组织校内专家做专业讲座，召集全校形势与政策课教师开展专门的教学竞赛，邀请省内外知名专家来校讲学，给予专门从事形势与政策课教学的教师更多外出进修的机会，鼓励形势与政策课专兼职教师参加全国以及省内的专业培训与学术会议等。

财务部门是形势与政策课各项经费的保障单位。按照《意见》规定，本科院校按在校生总数每生每年不低于40元的标准提取专项经费，用于思政课教师的学术交流、实践研修等。2019年，安徽省在校本科生人数为664949人，粗略计算全省思政课专项经费应该在2600万元以上。在学校层面经费保障的基础上，校财务部门要保证专项经费专款专用，落实到位。有了充足的经费保障，才能有形势与政策课教育教学活动的正常开展，才能保证形势与政策课教师得到及时的有针对性的培训。除此之外，形势与政策课实践教学中，实践基地建设与社会实践也都需要财务部门给予一定的经费支持。

各教学院部深入参与，全力配合。对大学生进行形势与政策教育也是各个教学院部的职责。一方面，各教学院部是形势与政策课兼职教师的直接主管单位，要鼓励担任形势与政策课教学任务的教师认真做好教学工作，为教师提供更多的便利条件，尽量减轻承担形势与政策课兼职教学任务教师的其他工作量，让他们能够有更多的时间和精力投入形势与政策课的教学与研究中去。另一方面，各教学院部也是学生的直接管理部门，要加强学风建设、强化课堂纪律管理，这是保障形势与政策课课堂教学实效的有效途径。目前，很多高校都很重视学风建设，无论是公共课还是专业课、基础课都强调良好的课堂纪律。但是由于形势与政策课课时少、师生相互不熟悉，加上很多学生对形势与政策课并不重视，以致形势与政策课不仅难以保持良好的课堂纪律，甚至连出勤率都比其他课程要低得多。因此，作为学风建设主要责任单位，各教学院部要督促学生端正学习态度，让学生认识到认真对待每一门课程的重要性。辅导员或班主任要不定期深入形势与政策课课堂，了解学生出勤与课堂纪律情况，加强学生管理，保证形势与政策课教学良好的课堂秩序。此外，各教学院部还要协助思政课教学部门做好形势与政策课的实践教学工作，实践教学前期需要宣传实践教学政策与安排，实践教学过程中还要保持与学生的联系，加强学生实践教学中安全意识教育等。

兼职教师是形势与政策课教育教学工作的中坚力量，肩负着形势与政策课教学的主要任务。在兼职教师队伍中有个别教师代课只是为了完成教学工作量要求，往往以应付的态度对待形势与政策课教学，授课效果不佳。兼职教师首先需要充分认识形势与政策课的独特性与重要性，端正教学态度，及时参加形势与政策课的集体备课与定期的教研活动，认真做好课前教学准备和课后教学总结。专门从事形势与政策课教学的教师并不多，因此兼职教师还要努力学习思想政治理论知识，提高理论涵养，钻研形势与政策课教学方法，开展专门的教学研究。

后　记

形势与政策课是理论武装时效性、释疑解惑针对性、教育引导综合性都很强的一门高校思想政治理论课，是帮助大学生正确认识新时代国内外形势，深刻领会党的十八大以来党和国家事业取得的历史性成就、发生的历史性变革、面临的历史性机遇和挑战的核心课程，是第一时间推动党的理论创新成果进教材进课堂进学生头脑，引导大学生准确理解党的基本理论、基本路线、基本方略的重要渠道。

2007年以来，本人及团队就开始进行地方高校形势与政策课教学的内容形式、队伍建设、体制机制、管理创新等方面的研究和探索。2014年，本人主持申报并获批立项安徽省首批“弘扬核心价值观名师工作室”——“地方高校‘形势与政策’课教育教学”名师工作室，为本团队研究提供了平台和经费的支持。安徽农业大学形势与政策课教学也逐渐形成了“依据要点、分级培训、研定选题、编印教材、集体备课、团队参与、集分授课、综合考核、辐射带动”的全校联动、辐射推广的教育教学模式。2019年，团队重要成员龚小平副教授获批安徽省高校思想政治能力提升项目（弘扬核心价值观名师工作室）“新时代‘形势与政策’课教育教学创新名师工作室”项目。2019年，本团队在十多年建设经验和成果基础上成功获批教育部高校示范马克思主义学院和优秀教学科研团队建设（重点选题）项目——“‘形势与政策’课教学管理机制创新实践研究”。本书为此项目建设的成果之一，对地方高校形势与政策课教育教学的现状、内容、形式、体制、机制、改革、创新等进行了系统的研究，并计划在此基础上就形势与政策课教学管理机制创新实践进行深入探索，为新时代高校形势与政策课教学管理机制的创新实践提供进一步的理论支撑。

本书著者均为本团队重要成员，且长期从事地方高校形势与政策课教育教学和研究，具有丰富的教学成果、实践经验和较强的研究能力。在本书的撰写工作中，团体成员付出了许多的精力，收集了大量的资料，积累了丰富的素材。具体分工如下：序言黄洪雷，第一章龚小平（4万字）、杜宇能（1万字），第二章徐玉祺（3.5万字）、杜宇能（1万字），第三章龚小平（5.5万字），第四章张栋（6.5万字），第五章黄洪雷（3万字）、龚小平（1万字）、徐玉祺（1万字），第六章张栋（4.5万字），后记黄洪雷。

本书在撰写、出版过程中，得到了许多领导和同行的大力支持和无私帮助，也借鉴参考了许多高校好的经验和做法，特别是得到了安徽省高等学校思想政治理论课教学指导委员会委员、安徽师范大学出版社社长张奇才教授的悉心指导、大力支持和热情帮助，得到了出版社谢晓博、陈艳、刘翠以及其他编辑的指导和帮助，在此一并表示感谢。书中难免有不妥之处，敬请读者批评指正。

黄洪雷

2021年5月